Nu

Nunu Kaller

KAUF MICH!

Auf der Suche nach dem guten Konsum

K&S

Für Papa.

Vorwort

„Wieso steh ich jetzt eigentlich da und will das kaufen?", denke ich mir, als ich vor einem Couchtisch auf einem Flohmarkt stehe. Der Kauf an sich entspräche total meinen Kriterien, ich bräuchte kein schlechtes Gewissen haben. Er wäre ökologisch korrekt, weil alt und Second Hand, ich brauche sowieso einen neuen Couchtisch, der Tisch erfüllt in Sachen Größe und Stil meine Wünsche – und auch der Preis passt. Aber irgendetwas in mir hält mich plötzlich davon ab, mich über diesen Fund zu freuen. Ich war nämlich gar nicht wirklich auf der Suche nach einem neuen Couchtisch.

„Wieso bilde ich mir ein, dass ich den brauche? Ich habe doch genug Möbel?!", denke ich und spüre in dem Moment förmlich, wie die Gedankenspirale losgeht. „Moment mal, wieso denke ich gerade darüber nach, was ich denke, wenn ich kaufe? Spinn ich?" Ein Gedankenkreisel hat es so an sich, dass er erst einmal immer schneller wird, bevor er erschöpft zur Seite fällt. Ich selbst falle zwar nicht, fühle mich aber so: Mir ist schon lange wichtig, was und wie ich konsumiere. Aber in diesem Moment vor dem Couchtisch stelle ich mir zum ersten Mal die Frage: Warum eigentlich? Warum will ich überhaupt kaufen, warum freue ich mich beim Kaufen?

Konsum ist eines der bestimmenden Themen meines Lebens. Nicht im Sinne von Shopaholic, sondern im Sinne von „Was tun wir mit unserem Konsum eigentlich unserer Umwelt an?“. Seit Jahren beschäftige ich mich damit, welche Umweltauswirkungen die heutige Produktion hat, wie uns Produkte unter einem grünen Deckmantel verkauft werden und wie vor allem Fast Fashion die halbe Welt kaputt macht. Fast sechs Jahre lang arbeitete ich für Greenpeace als KonsumentInnensprecherin und setzte dort unter anderem die internationalen Textil-Kampagnen in Österreich um. In dieser Zeit habe ich viele Umweltkatastrophen gesehen, die unser Konsum auslöst, aber auch viel über Menschen gelernt.

Mir fiel immer stärker auf: Es ist sehr vielen Leuten zwar nicht egal, was ihr Konsum in der Welt auslöst, aber sie können mit einer gewissen kognitiven Dissonanz verdammt gut leben. Sie denken sich zwar, boah, grauslich, wie es den Schweinen in den engen Ställen geht, kaufen aber trotzdem im Supermarkt die Knacker um 1,99 Euro im Dreierpack – weil die Schweine im Stall in dem Moment geistig sehr weit weg sind. Kapitalismus schlägt Umweltschutz.

Ich habe in der Zeit bei Greenpeace auch gelernt, dass man Themen ganz nah an die eigene Lebenswelt holen muss, damit Betroffenheit einsetzt: Kampagnen zum Umweltschutz fetzen mehr, wenn es um die persönliche Gesundheit geht. „Oh, Regenwald in einem Land, das ich nie besuchen werde, brennt ab? Uuijee, blöd, gibst mir bitte mal die Erdbeerschokolade?“ Eine Botschaft kommt nicht in den Herzen an, solange die eigene Umgebung sicher erscheint. Aber wenn einem Greenpeace dann erklärt, dass sich in der Erdbeerschokolade durch die Raffination des Palmöls (für dessen Anbau Regenwald in rauen Mengen gerodet wird) ziemlich bedenkliche krebserregende Stoffe befinden, lässt man die zweite Rippe dann doch liegen und denkt sich: Boah, wäh. Kauf ich nimmer.

Genauso verhält es sich mit der Kleidung. Bei der Kampagne „Detox my fashion" testeten wir regelmäßig Kleidung auf umweltgiftige Chemikalien. Einmal, es war einer der ersten Reports, die ich begleiten durfte, testeten wir Kinderkleidung. Und fanden natürlich mehr als ausreichend ungesundes Zeug. Der Clou bei Kinderkleidung ist nämlich: Es gibt zwar eine relativ strenge EU-Richtlinie, die Kinderspielzeug betrifft – klar, Plastikfiguren mit giftiger Beschichtung sollten nicht in Kindermündern landen –, aber ein fetter Plastisol-Aufdruck eines Disney-Charakters[1] auf einem Pulli für Dreijährige fällt nicht unter diese Richtlinie – auch wenn Kinder liebend gern am Ärmel oder Kragen lutschen oder solche Plastikaufdrucke in unbeobachteten Momenten gern mal auch direkt abschlecken.

Unmittelbar nach der Veröffentlichung des entsprechenden Reports stand mein Telefon nicht mehr still, unzählige besorgte Mütter riefen mich an und fragten, ob sie jetzt ihr Kind vergiftet hätten. Einige waren sogar so gestresst, dass ich ihre Tränen hören konnte. Ich konnte sie zwar beruhigen, dass das Tragen der Kleidung per se jetzt nicht schädlich sei, aber wenn man kein Risiko eingehen wolle, solle man auf bedruckte Kinderkleidung verzichten. Nach dem Wahnsinn, dass genau diese Textilproduktion in China Flüsse vergiftete und somit die Kinder dort gefährdete, fragte keine Einzige der Mütter. Nur das eigene Kind war wichtig. Das ist eine völlig natürliche Reaktion, die Sicherheit der Liebsten ist immer der erste Gedanke. Aber was ich dabei lernte: Du bringst Menschen dazu, ihr eigenes umweltschädliches Verhalten zu überdenken, wenn du ihnen zeigst, dass sie möglicherweise selbst, ganz direkt und unmittelbar, gefährdet sind.

Meine Auseinandersetzung mit dem Thema Konsum war

---

1 Oh Elsa, mit dir habe ich ja eine eigene Rechnung offen …

also schon beruflich stark gegeben. Als ich vor dem Couchtisch stand (den ich übrigens nicht kaufen würde), fiel dieser neue, mir bisher unbekannte Groschen, der mich zur eigentlichen Frage brachte:

Was macht Konsum eigentlich *mit uns*?

Warum kaufen wir, warum identifizieren sich so viele über das, was sie gekauft haben, und überhaupt, was soll das Ganze? Warum wissen wir darüber Bescheid, welche Produkte schädlich sind, und kaufen sie trotzdem? Wird uns das eingeredet? Was ist denn das bitte für ein gemeines Zusammenspiel von Marketing und Unterbewusstsein? Wie kann ein Konsumverhalten funktionieren, das umweltverträglich ist, aber auch uns selbst irgendwo zwischen Kaufsucht und Minimalismus guttut und gesund ist? Das, was wir kaufen, definiert uns leider, ob wir wollen oder nicht. Aber: Was wird uns da eigentlich alles eingeredet? Was macht es mit uns, wie werden wir gelenkt und wohin geht die Reise unserer Psyche eigentlich, wenn wir es übertreiben mit dem Kaufen?

Ich halte mich für eine Person, die inzwischen relativ gut Bescheid weiß, wie man umwelttechnisch „richtig" konsumieren sollte. Und trotzdem denke ich mir vor einem Couchtisch am Flohmarkt in Sachen Ethik und Konsum einen gordischen Knoten ins Hirn, völlige Überforderung setzt ein – und am Ende bleibt nur der Gedanke übrig: Bitte was ist eigentlich wirklich guter Konsum? Worauf soll ich wirklich achten, auf die Ökologie? Meinen Kontostand? Mein Glücksgefühl?

Es passierte das, was immer passiert, wenn mich ein neuer Gedanke überrollt: Das Thema ließ mich nicht mehr los. Und so war es auch diesmal.

Warum kaufen wir?

An einem herrlich warmen Novembertag spazierte ich durch Tel Aviv. Diese Stadt wollte ich immer schon mal sehen, den faszinierenden Hedonismus in einem Land, das gerade mal so groß ist wie Niederösterreich oder Mecklenburg-Vorpommern und das von mehreren Nachbarn nicht wirklich gemocht wird, erleben. Libanon, Gaza, Syrien – alles keine wirklichen Sehnsuchtsorte in Sachen Tourismus, und dann mittendrin Tel Aviv mit all seiner Lebensfreude. Ich hatte mich kurzfristig dazu entschlossen, einen Urlaub hier zu verbringen. Die Stadt enttäuschte nicht, stundenlang spazierte ich an wunderschönen Gebäuden im Bauhaus-Stil vorbei, kaufte mir Falafel-Sandwiches (ich kann in Wien übrigens nie wieder Falafel essen – an jeder Straßenecke in Tel Aviv schmecken die besser als irgendwo in Wien) – und genoss unglaublich kitschige Sonnenuntergänge direkt am Strand. Es war ein perfekter Urlaub für mich, ich war allein, konnte stundenlang herumspazieren und permanent umplanen, was ich als Nächstes machen wollte, völlig kompromisslos.

Bei einem dieser Spaziergänge landete ich am Flohmarkt in Yaffa, der Altstadt. Dort gibt es eine interessante Mischung aus

Ständen mit altem Krempel und Läden lokaler DesignerInnen. Perserteppich neben Latexkleid, quasi. Ich sah mir hier mal die alten Möbel an, dort überlegte ich, eine senfgelbe Leinenhose anzuprobieren und schlenderte die Stände entlang. Dann sah ich ihn, den wohl faszinierendsten Laden des Marktes. Er sah aus wie eine alte Garage mit hochgefahrenem Rollladen. Drinnen standen auf Holzregalen fein säuberlich Unmengen an braunen Fläschchen nebeneinander. Auf dem Tisch hinter der Kasse sah ich ein paar größere Kanister, eine Waage und einen großen Trichter. Es war eine Parfumerie, in der ich dabei zusehen konnte, wie direkt vor Ort Alkohol und ätherische Öle in einer genauen Mischung abgefüllt wurden. Es war fantastisch! Der Anblick, die verschiedenen Gerüche, die vom Laden wegwaberten, mal Rose, mal Grapefruit. Wozu im Duty Free Shop nach Sonderangeboten suchen, wenn man hier dabei zusehen konnte, wie das eigene Parfum abgefüllt wird?

Das eigene? Ja. Obwohl ich mir vorgenommen hatte, nicht auf die vielen Kaufverführungen zu achten, sondern mich auf die Echtheit der Stadt zu konzentrieren, in das Lebensgefühl einzutauchen, die Menschen zu beobachten und nicht die Auslagen, konnte ich nicht widerstehen. Ich *musste* in diesen Laden. Ich *musste* an den fertig abgemischten Parfums schnuppern. Bereits vor dem Laden roch ich eine unwiderstehliche Mischung aus Grapefruit, Basilikum, Lavendel und Vanille. Und noch bevor ich den Laden betrat, war mir klar: Ich würde eines der Parfums mit heimnehmen.

Nun ja … ich nahm drei Parfums mit nach Hause. Und kam eventuell sogar am nächsten Tag wieder, um noch eines zu kaufen für meine Mutter[2]. Der Kauf war einfach ein wunderschö-

---

2 Und schickte unter Umständen sogar noch zwei Wochen später einen Bekannten, der gerade auch dort urlaubte, hin, um der Mama ein anderes Parfum zu kaufen, das ausgesuchte mochte sie nicht.

nes Erlebnis. Nicht nur damals, sondern auch jetzt, Monate später, wenn ich darüber schreibe, spüre ich in mir dieses ganz eigene Hochgefühl, das mir vermittelt: Ich habe etwas Besonderes gefunden. Ich habe meine ganz eigene Erinnerung aus und an Tel Aviv. Und ich freue mich jeden Tag, wenn ich in der Früh im Bad die kleinen, braunen Fläschchen in meinem Badezimmerregal sehe.

Aber wie zur Hölle schafften es diese kleinen braunen Fläschchen, ein so großes Repertoire an guten Gefühlen in mir auszulösen? Ein Parfum hätte vollends gereicht, warum habe ich mir drei gekauft? Und warum habe ich vor Betreten des Ladens schon gewusst, dass ich mir etwas kaufen würde und mich deshalb schon regelrecht high gefühlt? Am Rosenduft allein kann es nicht gelegen haben.

Kick me, Baby!

Ich mache die Augen zu und erinnere mich an die Situation damals auf dem Flohmarkt in Jaffa: In mir kribbelt es. Es ist eine Art Kick, den ich körperlich empfinde und mir nicht nur einbilde. Diese wunderbaren Zitrusdüfte, die sofort gute Laune machen, diese Regale voll mit kleinen Fläschchen, und schon beim neugierigen Erschnuppern der einzelnen Düfte der Gedanke, wie gut riechend ich zu Hause in Wien herumlaufen werde. Ich sehe mich förmlich, wie ich stolz erzählen werde, dass ich nicht irgendein Parfum aus dem Duty Free Shop mitgenommen habe, das neben dem 39-Euro-Angebotsschild stand, nein, ich würde stolz erzählen, wie ich beim Abfüllen *meines* Parfums in *diese* Flasche in meiner Hand zugeschaut habe. Als ich bezahlt hatte und wieder raus auf die Straße trat, war es, als ob die Sonne gerade nicht nur über mir, sondern auch direkt in meinem Bauch schien und ihn wärmte. Ich war glücklich und hatte das Gefühl, dass dieses Leben einfach ziemlich gut ist (ok, gut, ich war gerade im Urlaub und sehr verliebt in diese Stadt).

Die Wissenschaft jedenfalls gibt mir recht: Ich bildete mir nicht nur ein, dass ich diesen Kick körperlich spürte – da tat sich wirklich etwas in mir. Genau genommen in meinem Hirn. Das bekam nämlich in dem Moment, als ich mich zum Kauf entschloss, eine tsunamiartige Welle an Dopamin reingespült.

Dopamin ist ein Neurotransmitter unseres zentralen Nervensystems, eine Vorstufe von Adrenalin, und wirkt erregend. Einfacher gesagt: Dopamin ist das ultimative Glückshormon, und es wird ausgeschüttet, wenn wir eine Belohnung erwarten. Wenn wir uns etwas trauen und uns das dann Spaß macht – zum Beispiel, wenn sich die Angst vorm Klettern in pure Lust daran verwandelt. Daran ist das Dopamin schuld. Oder, blödes Beispiel, beim Glücksspiel – da ist es schon allein die Erwartungshaltung auf einen möglichen Gewinn, die uns immer wieder doch noch eine Karte mehr beim Black Jack ziehen lässt. Man ist nicht nach dem Geld, das man gewinnen kann, süchtig, sondern nach der Spannung, der Aussicht auf den Gewinn.

Wenn wir shoppen gehen, dann erwarten wir auch eine Belohnung beziehungsweise belohnen wir uns selbst. Und häufiges Suchen nach Schnäppchen, nach Belohnungen, die man sich kaufen kann, kann direkt in die Kaufsucht führen – wir können süchtig nach diesem Kick werden. Dopamin ist einfach das ultimative Glückshormon und wird auch bei regelmäßigem Sex produziert[3].

Unser Dopaminhaushalt ist es auch, der uns vom Sparen abhält, und das ist das richtig Gefinkelte an unserem Gehirn:

---

3 Das erklärt, warum besonders Singles statistisch ein größeres Risiko haben, kaufsüchtig zu werden. Doch zur Kaufsucht später mehr (s. S. 47).

Wenn wir zum Beispiel überlegen, ein bestimmtes Paar Schuhe zu kaufen, dann überlegen wir nicht zuerst bewusst, ob es jetzt eigentlich wirklich gescheit ist, sie zu kaufen. Unser Unterbewusstsein setzt viel früher an und vermittelt uns vorab bereits, wie wir uns fühlen werden, wenn wir diese Schuhe tragen. Und wenn dieses Gefühl gut ist, wenn wir uns schon wahlweise in Wanderschuhen in den Dolomiten einen Sonnenaufgang bestaunen sehen oder in den heißen High Heels bei einem Candlelight-Dinner sitzen (von dem wir hoffentlich nicht aufstehen müssen, weil … aua, High Heels), dann gewinnt das Dopamin-induzierte Glücksgefühl gegen Hausverstand, Kontrolle und Kontostand und wir kaufen die Schuhe. Selbst wenn wir wissen, dass wir in absehbarer Zeit gerade mal den Kahlenberg erklimmen werden und der gute Partner mit Kerzenlicht-Romantik so viel am Hut hat wie Sebastian Kurz mit Flüchtlingen aus Moria und Kara Tepe. Es ist uns in dem Moment egal, wir mögen dieses Gefühl, das wir empfinden, und wollen es durch den Kauf ein kleines bisschen manifestieren.

Dieser Kick setzt also bereits vor dem Kauf an sich ein – und lässt sich übrigens auch abbilden: ForscherInnen können per Magnetresonanz-Screen in die Gehirne von Menschen schauen. Sie haben herausgefunden, dass beim Shoppen (also nicht erst an der Kasse, sondern schon beim Umschauen im Laden) der Nucleus Accumbens sehr aktiv ist. Das ist jener Teil des Gehirns, in dem unser Belohnungssystem zuhause ist. Bei Süchten ist er übrigens ebenso aktiv. Das wiederum haben Forscher schon in den Fünfzigerjahren herausgefunden: Sie pflanzten Ratten Elektroden ins Gehirn, über die das Belohnungszentrum auf Knopfdruck stimuliert werden konnte. Was passierte? Sobald die Ratten gelernt hatten, dass der Knopfdruck leiwande Gefühle macht, wurden sie süchtig danach.

Es ist also diese unmittelbare Befriedigung, die uns Dinge

kaufen lässt, die wir nicht brauchen. Eierschalensollbruchstellenverursacher zum Beispiel. Oder Raumspray mit Hühnersuppen-Duft (kein Scheiß, gibt's wirklich!). Oder den Mozzarellaschneider. Kennt ihr den guten alten Eierschneider aus den Siebzigern? Ich habe als Kind oft erfolglos versucht, ihn zu einer Harfe für meine Puppen umzufunktionieren, Mama kam immer sofort drauf und nahm ihn mir wieder weg. Aber ihr wisst, was ich meine? Genau, die Dinger werden jetzt als Mozzarellaschneider verkauft, weil: Eierschneider haben wir alle irgendwo von der Mama in einer Lade liegen. Da braucht es was Neues. Auch wenn er genauso aussieht – es wird uns eine andere Funktion verkauft[4].

Wenn wir im Ausverkauf ein Schnäppchen machen, kickt uns das übrigens noch härter. Der Grund: Wir übertreffen unsere eigene Erwartungshaltung, wir bekommen noch mehr für unser Geld oder ein Produkt kostet uns weniger Geld als erwartet. Pures Gold für unseren Dopaminhaushalt.

Ich finde das alles massiv spannend, weil ich es so gut nachempfinden kann. Im Sommer 2018 hatte ich nach massiver Überarbeitung und schlechten Erfahrungen eine depressive Phase. Ich zwang mich zu viel Bewegung, saß täglich am Rad, versuchte so, meinen Körper auszutricksen, denn auch Bewegung setzt Glückshormone im Körper frei – selbst wenn man sich das bei Gegenwind und Regen am Rad oft nicht so wirklich vorstellen kann, die Erschöpfung danach ist immer eine glückliche.

Es gelang nur halb so gut wie erhofft, also fühlte ich in mich rein, um herauszufinden: Wonach ist mir? Was würde mich jetzt glücklich machen? Und das Erschreckende war: Ich fühlte

---

4 Wobei: Tchibo hat Lernfähigkeit gezeigt. Im Dezember 2020 wurde er dort als Eier- *und* Mozzarellaschneider angeboten. Fortschritt!

ganz stark den Wunsch danach, einfach gedankenlos shoppen zu gehen, einfach loszuziehen und all das zu kaufen, was mir gefällt und passt. Das war etwas, was ich seit meinem Ich-kauf-nix-Experiment sechs Jahre zuvor nicht mehr gemacht hatte. Ich erschrak vor mir selbst: War ich so am Boden, dass ich sogar meine Prinzipien über Bord werfen wollte? Heute weiß ich: Nein, mein Körper schrie einfach nur nach mehr Dopamin und nach diesem Kick, den mir das Shoppen früher gab – und wohl immer noch gibt.

Wir shoppen nicht nur, wir verarbeiten

All die Erkenntnisse rund ums kickende Dopamin wollte ich unbedingt mit meinen FreundInnen teilen. Ist doch ein Irrsinn, wir kaufen nicht, wir süchteln nach guten Gefühlen!

„Wahnsinn, Shopping ist wirklich gefährlich!“, tippte ich ins Handy.

„Dir auch einen schönen guten Morgen, meine Liebe“, antwortete Ruth. „Alles ok?“

Ich rief sie an. „Ja, ich komm nur grad immer mehr drauf, wie heftig unsere Biochemie auf Kaufhandlungen reagiert. Es ist halt ein echt teures Hobby, um die Stimmung hoch zu halten“, sagte ich und erzählte ihr von meinen Dopamin-Erkenntnissen. Danach gerieten wir ins Tratschen, sie fragte mich nach meinen Tagen in Tel Aviv, ich schwärmte von den besagten Parfums. Ruth fing plötzlich an zu lachen: „Du beschreibst grad genau das, was du analysierst, meine Liebe! Aber jetzt mal ehrlich: Warum wolltest du die Parfums haben? Nicht sagen, du hättest sie gebraucht, ich kenn dein Parfumregal!“

Puh. Gute Frage, die ich mir auch schon gestellt hatte. Irgendwas in mir fühlt sich eben total glücklich, wenn ich kaufe.

Und obwohl mein Einkaufsverhalten nach langen Jahren der Beschäftigung mit dem Thema ein sehr bewusstes ist: Den inneren Shopaholic spüre ich schon immer noch.

„Könnte es sein, dass es eine Art Abwehrmechanismus ist?" fragte Ruth vorsichtig. „So stressfrei geht's bei dir ja auch grad nicht zu." Sie hatte recht, mein Leben war schon mal entspannter, die To-Do-Liste wurde jeden Tag länger, das Nervengerüst war manchmal etwas dünn. So schön die Urlaubsstimmung war, so glücklich mich diese Momente dort gemacht haben – die Grundstimmung meines Lebens in dieser Zeit war Stress von der Sorte, der sich auch in vier Tagen Urlaub jetzt nicht radikal abbauen lässt. Welcher Abwehrmechanismus arbeitete da also gerade in mir?

Wollte ich mich mit den Frauen, die solche von Hand abgemischten Parfums benutzen, identifizieren? Glaubte ich, dass ich eigentlich nicht so bin wie die? Und: Wer sind die überhaupt? Ich schaffte es nicht, mir eine typische Parfum-aus-Tel-Aviv-Nutzerin vorzustellen. Nein, Identifikation fiel also schon mal weg – wenn ich nicht mal wusste, mit wem ich mich da eigentlich identifizieren sollte. Kompensierte ich mit dem Kauf der Parfums Schwächen? Hm, da kamen wir der Sache schon näher. Aber was genau ich kompensierte, wusste ich in dem Moment nicht. Ich suchte in schlauen Büchern nach weiteren Abwehrmechanismen, viele davon konnte ich direkt aufs Konsumverhalten umlegen:

- Projektion – also etwas in das Produkt hineinprojizieren, das man selbst nicht auslebt.
- Rationalisierung – also überzeugt sein, dass man dieses eine Produkt jetzt dringend braucht, aus ganz sachlichen Gründen.
- Sublimierung – Ersatzbefriedigung, weil sexuelle Wünsche nicht befriedigt sind.

- Verleugnung – sich weigern, zur Kenntnis zu nehmen, dass man das Produkt genau überhaupt nicht braucht.

Ganz ehrlich, wir kennen alle diese Mechanismen: Sich etwas Neues gönnen, sei es eine neue Uhr oder ein neues Schmuckstück, weil wir wissen, dass es uns dann besser geht. Sich nach einem harten Tag im Büro zuhause auf dem Sofa mit dem Laptop auf dem Schoß in die wunderbare Online-Shoppingwelt begeben und sich mit einem Glas Wein in der Hand eine neue (Stretch-)Hose aussuchen. Sich im Dauerstress Inseln der kleinen Freude schaffen, indem man sich ein neues Kleid für den Urlaub, auf den man hinarbeitet, leistet. Überfordert sein von Schicksalsschlägen und lieber neue Möbel kaufen als sich der Tatsache stellen, dass man unglaublich traurig oder schockiert ist. Oder beim Heimfahren nicht nur im Supermarkt stehen bleiben, um Abendessen zu besorgen, sondern gleich auch in den Laden daneben reinschauen, ob es dort mal wieder etwas gibt, von dem man das ganze Leben lang nicht wusste, dass man es braucht. Einen Mozzarellaschneider zum Beispiel.

All das und viel mehr sind unbewusste Mechanismen. Und ja, alle davon haben Einfluss auf das Einkaufsverhalten. Welche davon es bei mir sind, weiß ich bis heute nicht so genau. Aber dass ich die Parfums nicht gekauft habe, weil ich ein Parfum in seiner Funktion – also „nicht stinken" – gebraucht habe, das stimmt fix. Und das ärgert mich. Bei allem bewussten Konsumieren und auch dem Eingeständnis, dass ich mir manchmal was gönnen darf, hätte ich mir keine drei Parfums kaufen müssen. Ich weiß zwar, diese Parfums wurden gut hergestellt. Ich habe dabei zugesehen, weit und breit war kein Tierversuch in Sicht und die Dame, die mir die Parfums verkaufte, erzählte mir sogar, dass sie von den zwei Filialen in der Stadt halbwegs gut leben und noch zwei Angestellte finanzieren konnte – von

Ausbeute also auch keine Spur. Aber dennoch: Haben es wirklich drei Parfums sein müssen?

Übrigens, bei meiner Suche nach den biochemischen Vorgängen, die uns zum Kaufen bringen, machte ich noch eine weitere spannende Entdeckung: In einem Experiment des Neurowissenschaftlers Brian Knutson[5] wurde erforscht, wie Kaufentscheidungen getroffen werden. Probanden sahen Bilder eines Produkts und danach dessen Preis, während ihre Gehirnströme gemessen wurden, und mussten daraufhin entscheiden, ob sie das Produkt kaufen würden oder nicht. Man entdeckte, dass beim Anblick des Produkts das Belohnungszentrum stimuliert wurde, beim Anblick des Preises ein ganz anderer Bereich: die Insula. Die wird aktiv, wenn wir irgendwo im Körper Schmerz empfinden, und signalisiert uns: Aua, tut weh. Der Anblick des Preises löste also Schmerz aus. Die Entscheidung, ob die Versuchsteilnehmer das Produkt kaufen würden, war ein Abwägen zwischen Glücks- und Schmerzgefühl. Gekauft wird, wenn das Glücksgefühl beim Anblick des Produkts größer ist als der Schmerz beim Anblick des Preises.

Es geht um Sex

Auf der Suche nach weiteren Antworten auf die Frage, warum wir eigentlich so gerne einkaufen, fiel mir ein: Ich könnte den Gregor fragen. Gregor Fauma[6] ist Verhaltensbiologe, hält spannende Vorträge zu dem Thema und war ein paar Jahrgänge über mir in meiner Schule. Wir trafen uns zum Frühstück in seinem Stammcafé.

---

5 https://www.ncbi.nlm.nih.gov/pmc/articles/PMC1876732/

6 http://www.gregorfauma.com/gregor-fauma/

„Wie erklärst du die Lust am Shopping aus verhaltensbiologischer Sicht? Das Shopping ist ja zum Selbstzweck geworden, es wird ja sogar inzwischen als Retail Therapy[7] bezeichnet. Wie kann man das biologisch erklären?“, fragte ich.

„Konsum ist bei uns Menschen eigentlich evolutionsbiologisch ein absoluter Schlüsselfaktor. Wir haben 15 Millionen Jahre lang unsere Verhaltensmuster ausgetestet und festgestellt: Wer mehr konsumieren kann, lebt länger und lebt länger gesünder. Aus evolutionsbiologischer Sicht ist die Konsumgier also logisch: Sie bedeutete früher Nahrung und sicheres Wohnen. Konsum hat aber auch Einfluss auf unsere Sexualität. Nahrung und Sexualität sind miteinander verschränkt. Diejenigen Individuen, die imstande waren, mehr und bessere Nahrungsmittel heranzuschaffen und diese auch zu teilen, waren in der Gruppe die Angeseheneren und dadurch auf dem Partnermarkt interessanter. Das heißt, genau die haben sich mehr fortgepflanzt, das Verhaltensmuster konnte sich in der Population durchsetzen. Und es gilt bis heute: Je besser du dich ernährst, je höherwertiger deine Nahrungsmittel sind – die ja der Ursprung des Konsums sind –, desto älter wirst du und desto gesünder wirst du alt, und danach streben wir alle.

Ganz interessant aus heutiger Sicht ist, dass die sexuelle Selektion da reinspielt, die Partnermarktkriterien. Dazu gibt's spannende Untersuchungen! Männer wie Frauen haben auf der Liste, was der Partner oder die Partnerin mitbringen muss, an den ersten fünf Stellen relativ gleiche Dinge stehen – nett sein, Humor haben, wir kennen das ja. Aber an der sechsten Stelle wird's interessant, da trennt es sich nämlich auf: Männer wünschen sich eine attraktive Frau – ich sag bewusst nicht ‚schön' – und Frauen wünschen sich einen Mann, der einen sehr guten

---

7 Therapie durch Shopping

Ressourcenzugang hat, wir nennen das kurz Status. Hast du einen hohen Status, hast du einen guten Ressourcenzugang."

„Na aber das ist ja auch historisch erklärbar, weil Frauen einfach bis vor drei bis vier Generationen keinen Besitz haben *durften*!", warf ich ein, die Feministin in mir konnte nicht anders.

„Ja, aber ich bin Evolutionsbiologe und kein Historiker. Das heißt, ich kann dir nur die biologische Warte erörtern. Und auf dieser Ebene gibt es eben Muster, die nach wie vor abgerufen werden. Als reicher Mann kannst du gar nicht so hässlich, ungesund und infektiös sein, dass du nicht angeschaut wirst – und wenn du dazu noch wirklich reich bist, hast du die schönsten, gesündesten Frauen der Welt." Das sei sogar nachgewiesen, meinte er.

„Puh, das klingt schon sehr klischeehaft", unterbrach ich ihn. Frauen hinzustellen, als ob sie nur schön, aber nicht schlau sein müssten, um sich ihren „Ressourcenzugang" zu sichern und dass sie in dem Muster halt immer noch drinstecken würden, tja, blöd, ist halt Biologie, auch da hatte die Feministin in mir gewaltig was dagegen.

„Mag sein, aber wir können es durch Studien bestätigen. Frauen, wenn sie einen Mann grundsätzlich auf Grund von Äußerlichkeiten interessant finden, schauen zweimal hin, wenn diese einen Raum betreten. Sichtbare Statussymbole, teure Gadgets, exklusive Kleidung, gehobene Körperpflege können Hinweise auf guten Ressourcenzugang sein. Die Frauen schauten die Männer an, die mehr verdienten – und darin sehe ich die Wurzel des Konsums. Es geht um den Ressourcenreichtum, um am Partnermarkt besser dazustehen.

Wir fragen uns also ständig: Wo kann ich was konsumieren? Und vor allem: Kann ich kommunizieren, dass ich einen Super-Ressourcenzugang habe, damit es alle wissen? Das ist letztendlich das, worum gerannt wird, day in, day out! Denn das macht mich in meiner Umgebung interessant als Geschlechtspartner."

„Das heißt, es landet beim Sex. Alles landet im Endeffekt beim Sex."

Ich konnte mir das Grinsen nicht verkneifen, denn ich konnte nicht nachvollziehen, was der getupfte Pyjama-Onesie aus Plüsch, den ich mir kürzlich gekauft hatte und der mich sehr glücklich machte, auch nur im Entferntesten mit Sex zu tun haben sollte. Aber apropos Sex:

„Sex ist ja auch ein Bedürfnis, so wie Grundversorgung, Geborgenheit oder Selbstverwirklichung", sagte ich. „Aber bitte, wieso kaufen wir weiter ein, wenn wir eigentlich die Spitze dieser Bedürfnispyramide[8] schon längst erreicht haben? Was wollen wir dann bitte noch? Warum zieht es uns immer noch zum Shoppen?"

„Spannend wird's, wenn man sich anschaut, dass die, die mehr haben, immer noch mehr und noch Besseres wollen, um sich abzuheben von denen, die weniger haben. Dann entstehen die Copybags. Menschen, die sich Louis Vuitton nicht leisten können, sind von oben bis unten zugepflastert mit nachgemachten Louis-Vuitton-Produkten, von der Handyhülle über die Geldbörse bis zur Reisetasche. Das ist natürlich für die, die es sich leisten können, ein Desaster – die müssen sich was noch Exklusiveres suchen, denn jetzt ist Louis Vuitton für sie nicht mehr exklusiv genug. Reiche brauchen dann noch Extremeres, noch Teureres. Etwas, bei dem es dann wieder ein paar Jahre dauert, bis es nach unten durchgereicht wird und es jeder hat, in welcher Ausformung auch immer. War früher der kleine Einser-BMW etwas für die Reichen, ist es zum Auto der Ottakringer Straße geworden – womit es auf einmal uninteressant ist für die Reichen. So wird's auch mit den SUVs gehen. Irgendwann werden sie in Lkws in die Innenstadt fahren, weil immer alles größer

8 nach Maslow

werden muss, mächtiger und höher. Dem Protzen ist kein Ende gesetzt. Auf biologischer Ebene ist das einfach erklärbar: Es ist ein Zurschaustellen meines Ressourcenzugangs."

Dieses Durchreichen einzelner Trends von „oben" nach „unten" beobachte ich auch seit Jahren, vom iPhone bis hin zu den Ugg-Boots, den Fellstiefeln, die zuallererst Pamela Anderson im Hochsommer am Strand trug (was mir bis heute ein Rätsel ist, die Dinger sind aus Schaffell und unglaublich warm) und die es seit Jahren in jedem Billigschuhladen und alle paar Wochen auch beim Diskonter gibt, aus Plastik statt Schaffell natürlich.

Auch in der Wiener Innenstadt fiel mir zuletzt auf, als ich nach einem Kinobesuch in der Nacht mit einem Freund durch die nobelsten Ecken des Bezirks Richtung U-Bahn ging: Dort, wo früher heimische Produzenten wie Adlmüller oder Fürnkranz, Braun & Co oder Kober waren, befinden sich heute Filialen internationaler Ketten.

Wo man früher also in Wien hochwertig Produziertes kaufen konnte, findet man nun eben die Wiener Filiale von Louis Vuitton – die Schuhe sind aber trotzdem in Rumänien hergestellt[9], egal, in welchem Land man sie kauft.

Genauso verhält es sich bei Moncler, Chanel, Emporio Armani, Bottega Veneta, Valentino oder Jimmy Choo. Alles Marken, die ich weltweit kaufen kann und die im Grunde keinen Bezug zu Wien haben – außer, dass man sie eben auch hier aus dem Laden tragen kann. Waren es früher die ehrwürdigen Kaufhäuser, in denen die Reichen sich ihre Statussymbole ershoppten, sind es heute internationale Marken, die sich in der Innenstadt breitmachen. Folgt man der Logik von Gregor, sind deren Produkte wohl auch bald für die wirklich Reichen unat-

9 https://www.sueddeutsche.de/wirtschaft/louis-vuitton-von-wegen-made-in-italy-1.3551431

traktiv. Was wird also die nächste Stufe der Distinktion sein? Im Grunde kann es dann nur noch das vom Bergbauernsohn Gustl Stinkengruber mit Naturprodukten bei Vollmond handgefärbte Leder vom totgestreichelten Rind sein, liebevoll von seiner Mutter Josefine genäht. Wäre zwar völlig überzogen und würde das Handwerk auf eine unangenehm exklusive Ebene heben, aber immer noch besser als „Made in China" ohne Rücksicht auf Verluste in Sachen Umweltverschmutzung.

Aber genau da wäre doch ein Ansatz für besseren Konsum: „Was wäre, wenn Stars und Influencer konsequent nur noch nachhaltige Produkte bewerben würden – wie lange würde es dauern, bis sich das nach unten durchmäandert?", fragte ich Gregor.

„Das könnte eine periodische Lösung sein. Wenn die wirklich Reichen und die It-Boys und It-Girls dieser Welt sich die Signale des Verzichts, dieses ‚Öko statt Marke' anheften, dann zieht sich das in ein paar Jahren auch nach unten durch."

Kann man hoffen. Aber bitte, wie kann es sein, dass wir aus dem Kaufrausch manchmal nicht mehr rauskommen?

„Die Sättigung fehlt. Bei Nahrungsmitteln ist es klar, da sagt dein Körper über Hormonkaskaden und Neurotransmitter irgendwann: Stopp, jetzt fängt es an, schädlich zu werden. Du fühlst dich nicht mehr gut, bist müde. Beim Shopping hast du dieses Sättigungsgefühl schlicht nicht, und in uns geht munter dieser Urantrieb ‚Wenn wir mehr haben, haben wir es besser' weiter. Es ist das Suchen, das zum Suchtverhalten wird. Stell dir vor, du bist Aquarianer und suchst einen besonders seltenen Fisch. Rennst von Laden zu Laden, schaust in alle Becken, ob irgendwo dieser seltene Beifang drin ist. Du bist auf der Suche, weil diese Suche dir einen Kick gibt! Wenn du den Fisch dann findest, freust du dich zwar, aber dieser Zustand hält nicht lang an. Die Freude an der Suche geht ja weiter!"

Good old Dopamin, da haben wir es wieder! Aus evolutionsbiologischer Sicht geht es uns also sowohl ums Suchen als auch ums Herzeigen unseres Besitzes, aber nicht um den Kauf selbst. Spannend.

„Jaap Panksepp, ein Neurobiologe, hat mal in einem Experiment mit Ratten bewiesen, dass der Körper Belohnungsstoffe ausschüttet, wenn wir neugierig durch die Gegend nasern. Wenn du Ratten in ein neues, künstliches Habitat reinsetzt, fangen die an, sich umzuschauen und schütten jene Neurotransmitter aus, die sie auch ausschütten, wenn du sie an den Brustwarzen kitzelst. Bei uns Menschen passiert das, wenn wir als Touristen in eine fremde Stadt kommen und sie neugierig erkunden: Geht man die Gasse grad weiter, biegt man links ab, was ist hinter der Ecke? Der Körper belohnt uns die ganze Zeit, weil wir neugierig etwas explorieren. Das Gefühl, etwas gefunden und genug zu haben, das gibt's eigentlich nicht."

Ich wusste in diesem Moment nicht, was mir aus dem Gespräch mit Gregor mehr hängenbleiben würde: Sein letzter Satz oder die Tatsache, dass das Kitzeln der Brustwarzen von Ratten eine wissenschaftliche Vorgehensweise sei. Doch eine Frage hatte ich noch an ihn: „Was ist für dich guter Konsum?"

„Ich kann guten und schlechten Konsum nicht trennen", so Gregor. „Ich kann nur bewerten, was für unsere Erde gut ist. Aber ich denke, das Konsumbedürfnis selbst werden wir nicht wegkriegen. Das ist in der Conditio humana[10] einfach drin. Die Überlegung ist: Schaffen wir den Schritt, so selbstreflektiert zu sein, unsere Konsumlust weiter aufrecht zu erhalten, aber auf

---

10 Als Conditio humana bezeichnet man allgemein die Umstände des Menschseins und die Natur des Menschen. Sie ist Gegenstand der Philosophie, insbesondere der Philosophischen Anthropologie sowie verschiedener Wissenschaften wie der Sozialwissenschaften oder der Sozialpsychologie. (Wikipedia)

eine Art und Weise, die nachhaltig ist und damit die Erde nicht zum Implodieren bringt? Das wäre nämlich die ungünstigste Variante, dann hätten wir gar nichts mehr zum essen und zum anziehen. Die Frage ist also: Wo lenken wir unseren Konsum hin?"

Ja, genau das ist die Frage.

Privilegierte Wahnvorstellung?

Das Gespräch mit Gregor ging mir lange nicht aus dem Kopf. Nicht nur, weil es mir sehr viele Antworten gab, sondern auch, weil es neue Fragen aufwarf. Würden wir uns alle rein nach verhaltensbiologischen Kriterien verhalten, wäre die Sache klar: Viel Kaufen heißt viel Sex. Es gibt aber eben nicht nur die verhaltensbiologische Perspektive. Konsum hat auch historische und anthropologische Hintergründe. Wie praktisch, dass eine meiner besten Freundinnen Steph zufälligerweise Anthropologin ist. Anstatt mit ihr wie sonst immer sarkastisch dahinzublödeln, fragte ich sie nach dem Zugang zum Thema Konsum aus ihrer wissenschaftlichen und kapitalismuskritischen Perspektive[11].

Steph führt den Drang, Dinge zu kaufen, auf den Kapitalismus zurück: „Konsum ist im Kapitalismus die einzige Art, wie man zu etwas kommt, egal was. Ich sehe es einfach umgekehrt – die Menschen konsumieren nicht nur, damit sie leiwande Gefühle haben, sondern wenn sie sich auch nur ansatzweise gut fühlen wollen, müssen sie konsumieren. Ansonsten bleibt ihnen in einer durchkommodifizierten Welt einfach nichts. Für

11 Steph ist übrigens eine der intelligentesten Frauen auf diesem Planeten. Nachzulesen unter Steph Grohmann: „The Ethics of Space – Homelessness and Squatting in Urban England", HAU 2020

den Kapitalismus ist das praktisch, weil für den muss man den Konsum permanent steigern, sonst geht er krachen."

Jan Tillessen erklärt es in seinem Buch *Konsum* ähnlich: „Keine gesellschaftliche Teilhabe bedeutet uns so viel wie die Teilhabe am Konsum. Es ist kaum zu ermessen, wie wichtig es für die Steigerung und den Erhalt unseres Selbstwertgefühls ist, sich genauso viel kaufen zu können wie alle anderen. Nicht nur die Zufriedenheit jedes Einzelnen hängt davon ab, dass auch er sich ein Smartphone und Markensneaker kaufen kann. Der soziale Frieden in der westlichen Welt beruht darauf, dass sich alle ein Smartphone und Markensneaker leisten können. Denn solange jeder ein Smartphone und Markensneaker hat, merken die Leute gar nicht, dass die Schere zwischen Arm und Reich kontinuierlich immer weiter auseinandergeht."[12]

Doch während Tillessen vom Selbstwert spricht, meint die Anthropologin Steph: „Das ist zweitrangig. Beim Konsum geht's ganz grundsätzlich um den Sachzwang, wie Marx es nennt: Wir müssen konsumieren, wenn wir essen, uns kleiden oder mobil sein wollen. Da ist der Selbstwert dann erstmal egal."

Ich konsumiere, also bin ich Teil der Gesellschaft. Und ich *muss* konsumieren, um Teil dieser kapitalistischen Gesellschaft zu bleiben. Und ich muss immer schneller konsumieren, um „dranzubleiben". Wir leben in einer sich immer schneller drehenden Trendspirale: Was heute hip ist, sehen wir morgen überall und wollen Neues. Das hat übrigens auch mit unserer Biochemie zu tun: Je schneller sich ein Trend verbreitet und je öfter wir die entsprechenden Produkte sehen, desto schneller sind wir auch gelangweilt von dem Anblick. Es kickt nicht mehr, wir haben keinen Dopaminausstoß mehr, der „Will ich unbedingt

---

12 Carl Tillessen: Konsum – Warum wir kaufen, was wir nicht brauchen. HarperCollins 2020

haben"-Impuls setzt nicht mehr ein. Unser Hirn ist dann quasi gelangweilt und sucht nach neuen Reizen. Zack, neuer Trend, neuer Kaufimpuls[13]. Auch so funktioniert Kapitalismus.

Immer, wenn es um das Thema Kapitalismus geht, muss ich an das Ende der DDR denken. Die DDR war ein sozialistisches Projekt, das ein Gegengewicht zum Kapitalismus des Westens darstellen sollte. Das gelang ganz und gar nicht – ein Staat, der nur überleben konnte, indem er die eigene Bevölkerung einsperrte und bis auf die Unterhosen bespitzelte, ist eben kein positives Beispiel im Kampf gegen den Kapitalismus, sondern in seinem Wesen einfach nur menschenfeindlich. Dennoch ist es spannend, sich mit der Grundidee dieses gescheiterten Staates auseinanderzusetzen. Als es nach der Wende darum ging, ob

---

13 Der Autor Carl Tillessen erklärt übrigens so treffend, warum Trends immer schneller kommen und gehen, dass ich es gar nicht in eigene Worte fassen möchte, sondern ihn hier zitieren will: „Im letzten Jahrhundert konnten sich neue ästhetische Impulse noch nicht so schnell verbreiten wie heute. Denn da reisten Trendinformationen noch mit Flugzeugen und Lkws. Zweimal im Jahr flogen zum Beispiel Berichterstatter aus der ganzen Welt nach Paris und Mailand, um die Menschen in ihrer Heimat über neue modische Tendenzen zu informieren. Das so gewonnene Wissen wurde dann durch illustrierte Zeitschriften auf dem Landweg verbreitet. Auf diese Weise dauerte es mehrere Jahre, bis sich ein neuer Stil auf der ganzen Welt etabliert hatte. Dafür konnte er sich dann aber durchschnittlich zehn Jahre lang halten, bevor er durch war und es Zeit wurde für etwas Neues. So hatte im 20. Jahrhundert noch jedes Jahrzehnt seine durchgängig gültige Ästhetik – die 50er-Jahre, die 60er, 70er, 80er. Im 21. Jahrhundert hingegen verleiht die digitale Vernetzung der Welt Trends eine ganz andere Dynamik. Wir müssen nicht mehr geduldig warten, bis die Trendberichte der Auslandskorrespondenten über die Printmedien umständlich bis zu uns durchdringen. Denn durch das Internet haben wir jetzt alle jederzeit und überall unseren eigenen Zugang zu Bildern und Informationen aus erster Hand und können in Echtzeit an Ereignissen auf der ganzen Welt teilnehmen."

Deutschland wiedervereint werden sollte – die ehemals sozialistische DDR mit der kapitalistischen BRD (sorry, „soziale Marktwirtschaft" nannte Bundeskanzler Kohl es) –, gab es doch einige sehr laute Stimmen dagegen, und zwar aus der DDR selbst.

Beispielsweise kritisierte die Schriftstellerin Christa Wolf das Zensurwesen der DDR scharf, glaubte aber dennoch 1989 daran, dass ein reformierter Sozialismus möglich wäre. Das, was man nicht wollte, war: der Kapitalismus. Und dennoch siegte er. Bilder von Schlangen vor westdeutschen Kaufhäusern, in denen DDR-BürgerInnen ihr Begrüßungsgeld ausgaben, gingen um die Welt. Menschen, die sich über ihren neuen Markenfernseher freuten, die Reportern erklärten, wie schön bunt alles drüben im Westen sei und sich darüber freuten, dass man nun auch Coca-Cola, Pepsi und Nike kaufen konnte. Als Kind empfand ich diese Bilder als Happy End – endlich dürfen diese armen, gefangenen Menschen auch bunte Dinge kaufen, dachte ich in meinem achtjährigen Hirn, das sich damals hauptsächlich mit Barbie, My little Pony und Bärenwaldfiguren beschäftigte, Hauptsache bunt –, heute sehe ich diese Bilder mit Beklemmung. Der Kapitalismus siegte – und ist gleichzeitig Grund für so viel Übel in der Welt. Die Freude am Konsum, die uns biologisch innewohnt, wurde so zur Verpflichtung. Und irgendwie auch zur einzigen Verpflichtung. Als die Twin Towers in New York einstürzten, erklärte Präsident Bush den US-Bürgern, sie sollten bitte einkaufen gehen, die Wirtschaft müsse weiterlaufen. Nachvollziehbar, denn ohne Kaufkraft schaut es schlecht aus mit nationalen Wirtschaftssystemen, aber so aus KonsumentInnensicht: Schon praktisch, wenn man sinnlose Einkäufe, nur weil einem grad der Sinn nach Shopping steht, mit seiner BürgerInnenverantwortung argumentieren kann.

Da wird die Sache dann halt doch etwas spitz: Der Kapitalismus nutzt aus, dass Konsum Spaß macht, so sehr, dass Konsum zum Selbstzweck wird. Spannender Ansatz: Es gibt einfach nichts anderes als den Konsum, um sich gut zu fühlen – in einer Welt, in der man nur ist, was man besitzt (und so schließt sich der Kreis zur Verhaltensbiologie wieder), und die auch nur funktioniert, wenn man immer mehr und mehr konsumiert.

Aber Moment mal, gibt es nicht gerade in den letzten Jahren Unmengen an Büchern und Zeitschriften, die ein „Zurück zur Natur" propagieren, gibt es nicht einen irren Trend zu Meditation, Verzicht, „sich spüren"? Ich sehe darin eine Flucht der Menschen aus dem sich immer schneller drehenden Konsumrad – Steph sah es anders, und zwar knallhart: „Diese Flucht ist doch auch nur eine privilegierte Wahnvorstellung. Dass sich jemand außerhalb des kapitalistischen Systems hinstellt und sagt, er oder sie braucht das alles nicht, sondern einfach nur Zen und Meditation und keinen Konsum – das ist unpackbar privilegiert."

„Stimmt, damals, bei meinem einjährigen Shoppingstopp wurde mir auch klar: Ich kaufte nicht nix, weil ich mir nichts leisten konnte, sondern ich kaufte nix, gerade *weil* ich es mir leisten konnte", warf ich ein.

„Genau. Und ein solches Privileg bringt in Sachen Änderung des Systems genau null. Außerdem gehen in mir alle Alarmglocken an, wenn ich was vom ‚natürlichen und unverdorbenen Menschen' höre – denn da schwingt die Ökobewegung in die Esoterik und danach hart nach rechts um."

Auch die Anthropologin sagt also: Konsum ist Tatsache. Aber Konsum stützt ein System, das uns insgesamt nicht guttut. Nur: Ist es dann im Grunde egal, was wir konsumieren? Wie sieht es aus mit den „besser" produzierten Produkten? Das musste ich mir definitiv später noch ausführlicher anschauen – aber jetzt interessierte mich vor allem: Wie werden wir überhaupt dazu gebracht, mehr zu konsumieren, als wir zum Überleben brauchen?

Tanja und die kleine Uhr – vom freien Willen

„Nunu, ich muss dir was erzählen, und es ist mir eigentlich total peinlich!"

Wie kann man auf so eine Nachricht nicht reagieren? Sie kam von Tanja, einer in München lebenden Freundin, mit der ich mich gern darüber unterhalte, wie sehr wir im Alltag eigentlich beeinflusst werden von den Erwartungen anderer – und wie schwer es manchmal ist, sich darüber hinwegzusetzen[14]. Noch bevor ich antworten konnte, schickte sie mir schon eine Sprachnachricht. „Mir ist so was Seltsames passiert! Seit Wochen denk ich mir, ich hätt gern so eine kleine, richtig teure Uhr von einer bestimmten Marke. Und hab mich aber gleichzeitig immer gewundert: Bitte warum wünsch ich mir die? Wo kommt das her? Ich hab es doch sonst überhaupt nicht mit Marken, schon gar nicht mit teuren! Und dann hab ich gemerkt: Wir haben neben dem Altpapierstapel einen eigenen für Magazine. Und da ist jetzt wochenlang eins mit der Rückseite nach oben an oberster Stelle gelegen, auf dem eine Anzeige drauf war: Eine wunderschöne Asiatin, die genau so eine kleine, teure Uhr trägt! Ist das peinlich, bitte? Ich bin voll auf eine Anzeige reingefallen!"

Ich musste lächeln. Nein, es ist überhaupt nicht peinlich, schrieb ich ihr zurück. Es ist ein unglaublich gutes Beispiel, wie sehr sich die Werbung auf unser Unterbewusstsein auswirkt.

Und es brachte mich zum Nachdenken. Wie weit reicht eigentlich unser freier Wille? Wie sehr sind wir fremdgesteuert, und wie sehr ist das Einkaufen eine bewusste Entscheidung? Anscheinend müssen wir fast schon triebhaft konsumieren –

---

14 Sie hat dazu übrigens ein superspannendes Buch geschrieben. Tanja Mairhofer: Schluss mit Muss!, ZS-Verlag 2017

der Triebe selbst und der sozialen Klasse wegen. Aber sind wir deshalb willenlose Konsumopfer?

Das spannendste Experiment rund um Konsum und freien Willen machte der schwedische Marketingexperte Martin Lindstrom im Jahr 2010. In der kalifornischen Kleinstadt Laguna Beach siedelte er eine Bilderbuchfamilie an, die Morgensons. Eltern, ein Sohn, eine Tochter, ein wunderschönes Haus in einer netten Wohnsiedlung. Sie waren gut vernetzt, gutaussehend und erfolgreich – der fleischgewordene amerikanische Traum also. Doch die Morgensons waren wirklich zu schön, um wahr zu sein – sie waren gecastete SchauspielerInnen, deren Aufgabe es war, neben der Darstellung ihres „normalen" Lebens ihren Nachbarn Markenprodukte unterzujubeln. In ihrem Haus waren mehrere Dutzend Mikrophone und Kameras installiert, um beobachten zu können, wie Freunde und Nachbarn reagierten. Beim Barbecue schwärmte Papa Morgenson von seinem neuen Lieblingswein, Mama Morgenson zeigte ihre günstig kürzlich erstandenen Schuhe, und von der Flüssigseife im Bad sprachen beide in höchsten Tönen. Die Untersuchung ergab: Jeder der Freunde, die das Haus besuchten, kaufte im Supermarkt danach im Schnitt drei der angepriesenen Produkte. Niemand durchschaute die Dauerwerbeveranstaltung der Morgensons.

Das, was durchschlug, war unser Herdentrieb. Wir wollen so sein wie andere, wir wollen mithalten, wir glauben unseren FreundInnen, was gut ist.

Aber gute Frage: Warum kaufen wir überhaupt? Was wird in uns angesprochen, damit wir shoppen gehen? Was sind weitere Mechanismen, die von der Industrie bewusst genutzt werden, um uns das Börserl zücken zu lassen?

Auf meiner Suche fand ich viele Antworten. Manche finde ich eher no-na (wie etwa die Tatsache, dass wir Markenprodukte kaufen, um anderen unseren Status zu signalisieren), andere wiederum überraschend.

Wir nehmen unsere Umwelt mit allen Sinnen auf. Und genau deshalb gibt es Menschen, die sich hauptberuflich darum kümmern, wie eine Dose Pringles beim Öffnen klingt, wie eine Autotür sich beim Zuschlagen anhören und wie es in einem neuen Auto riechen muss, damit man sich denkt: „Boah, neues Auto, geil!" WerbeexpertInnen wissen: Eine Dose Cola verkauft sich besser, wenn ich nicht nur die Dose abbilde, sondern auch die Wassertropfen, die entstehen, wenn ein sehr kaltes Getränk „schwitzt". Dieses Suggerieren von „besonders kalt" löst in uns unterbewusst den Gedanken „Oh, sicher besonders erfrischend!" aus.

Profis wissen, dass es sich leichter kauft, wenn man sich in einem Laden wohlfühlt. Und die ganz Gewitzten wissen, dass wir beim Kaufen dem oben genannten Herdentrieb folgen: Ein Geschäft, in dem bereits Menschen sind, betritt man eher als eines, das bis auf die Verkäuferin an der Kassa völlig leer ist. In den USA kann man inzwischen sogenannte Fake Shopper (Falsche Einkäufer) buchen, die sich im Restaurant an einen leeren Tisch setzen, sich in einer Boutique umsehen oder an der Kasse anstellen.[15]

Als ich das bei der Recherche rausfand, war ich gerade im winterlichen Urlaub in Kroatien. Zunächst schüttelte ich ungläubig den Kopf, doch dann erinnerte ich mich: Nur wenige Stunden zuvor war ich mit einer Freundin durch die leere Altstadt von Porec gegangen und auf der Suche nach einem offenen Restaurant, in dem wir essen konnten, entschieden wir uns für jenes, in dem die meisten Leute saßen. Ich dachte automa-

---

15 https://www.stern.de/wirtschaft/job/fake-shopper-spielen-einkaeufer-und-locken-echte-kunden-in-leere-laeden-8649008.html

tisch: Dann wird dort das Essen gut schmecken. Wenn andere das auch so sehen. In dem Moment wurde mir übrigens klar, warum auf Amazon die „Kunden kauften auch…"-Kategorie so erfolgreich ist.

Dass es Fake Shoppers überhaupt gibt, wurde beim Launch des iPhones 2008 bekannt. Während es in den USA 2007 bereits genug Apple-Fans gab, die sich stundenlang anstellten, um unter den Ersten zu sein, die das Gerät in Händen halten durften, hielt sich das Interesse beispielsweise in Polen noch in Grenzen. Der dort tätige Mobilfunkanbieter Orange bezahlte daher einige Schauspieler, die sich vor 20 Läden im ganzen Land anstellten – und die internationalen Medien berichteten darüber[16].

Steht online irgendwo „Minus 95%!" – ein Rabatt, der an unlautere Praktiken grenzt –, dann denken wir nicht „Das kann nicht mal die restlichen fünf Prozent wert sein, dieses Klumpert", sondern wir freuen uns, weil wir ja sicher nicht der Idiot sind, der da bitte *fünfundneunzig Prozent mehr* für das gleiche Produkt ausgegeben hat. Wir sind viel schlauer und haben ein Schnäppchen gemacht. Dass das Produkt nie und nimmer irgendwann zwanzigmal so viel gekostet hat und wir nur auf einen im wahrsten Sinne des Wortes billigen Schmäh reinfallen: Geschenkt. Das verdrängen wir munter.

Apropos Verdrängung: Ich habe Menschen in meinem Bekanntenkreis, die wahre MeisterInnen sind in Sachen „Das brauch ich aber dringend." Egal, ob es um den dritten Lockenstab oder die zehnte Pfanne geht (Hallo, Mama!). In der Psychologie nennt man das „Rationalisierung": Ich gebe mir selbst triftige und rationale Gründe, warum ich etwas so entscheide und nicht anders, damit ich mein Gewissen schnell mal beruhi-

---

16 https://www.stern.de/wirtschaft/job/fake-shopper-spielen-einkaeufer-und-locken-echte-kunden-in-leere-laeden-8649008.html

gen kann. Weil ganz rational gesehen: Natürlich braucht man für das private Vergnügen neben Handy, Laptop, E-Reader und internetfähigem Fernseher noch ein Tablet, nüm?[17]

Wie weit geht unsere Entscheidungsmacht also wirklich? Wie sehr werden wir manipuliert, etwas zu kaufen, wie sehr ist es unsere eigene Entscheidung? Ich denke, es ist immer unsere eigene Entscheidung, aber es braucht inzwischen manchmal mehr Willenskraft etwas *nicht* zu kaufen als etwas zu kaufen.[18] Wenn wir uns selbst als Opfer der Werbeindustrie sehen, nehmen wir uns selbst die Mündigkeit – und aus der Opferperspektive heraus geht schon mal gar nix. Aber andrehen kann man uns viel, indem man unser Unterbewusstsein anspricht.

Tanja hat sich dann übrigens eine kleine Uhr gekauft. Keine schweineteure, aber eine kleine Uhr. Werbung wirkt.

AIDA

Im Grunde muss es aber gar nicht so subtil zugehen. In der Werbeforschung gibt es eine ganz einfache Formel, die praktischerweise wie eine österreichische Konditoreien-Kette heißt: AIDA. Sie beschreibt die vier Schritte der Verführung:

- Attention (Aufmerksamkeit): Eine Werbung sorgt dafür, dass wir ein neues Produkt überhaupt wahrnehmen – in welcher Form auch immer. Manche setzen auf leuchtende Farben, andere auf einprägsame Sprüche. Hauptsache, man schaut hin.

---

17 Ich bekenne mich schuldig im Sinne der Anklage …

18 Außerdem wird der Neukauf durch geplante Obszoleszenz ja auch gesteuert. Wäre doch ein Drama, wenn wir 20 Jahre lang mit dem gleichen Gerät drucken könnten.

- Interest (Interesse): Wir beginnen, uns dafür zu interessieren: Was, Almdudler gibt es jetzt auch mit Hanfgeschmack? Wie der wohl schmeckt? Oder die Sandalen, die ich beim Scrollen durch Facebook gerade angezeigt bekomme, die könnten mir passen – da klick ich doch mal drauf!
- Desire (Verlangen): Das ist der Moment, indem man von „Das schau ich mir mal an" zu „Das würd ich gern haben" übergeht. Und dieser Moment passiert eher, je öfter wir eine Werbung sehen.
- Action: Wir klicken auf „kaufen". Oder: Wir gehen in den Supermarkt und besorgen uns den Hanf-Almdudler.

Schon arg, es ist so einfach. Doch dann gibt's noch ein paar Extra-Tools, die uns zum Kauf verführen:

- Man redet uns Schwächen ein. Mein liebstes, weil einprägsamstes Beispiel dazu habe ich schon in meinem Buch *Fuck Beauty* beschrieben: „Eine ältere Frau aus Ostdeutschland berichtete, dass früher in der DDR Cellulite einfach kein Thema gewesen sei. Jede Frau habe sie gehabt und sie sei weder als hässlich noch als schön empfunden worden, sondern schlicht und einfach als natürlich. Mit der Wende 1989 hätten sich die Dinge dann geändert: Werbung für Cremes gegen Cellulite erreichte Ostdeutschland und umgehend betrachteten unzählige Frauen, die bisher ganz gut mit ihrer Normalität gelebt hatten, ihre eigenen Oberschenkel als Makel (und viele kauften die Cremes, logischerweise)."[19] Cellulite wurde also erst dann als Schwäche empfunden, als die Werbung es entsprechend kommunizierte.
- Man verknappt künstlich. Wer kennt es nicht, das berühmte „Nur noch 2 Exemplare vorhanden" auf Amazon.

19 Nunu Kaller: Fuck Beauty! Kiepenheuer & Witsch 2017

Es löst in uns sofort Stress aus, ob wir wollen oder nicht – und führt daher in vielen Fällen wohl dazu, dass wir lieber mal auf „kaufen" klicken, weil was ist, wenn es das Produkt andernfalls nicht mehr gibt? Ein anderes Beispiel sind die berühmten „Limited Editions" – von Baseball-Caps über Sneakers und Armbanduhren bis hin zu Espressotassen, der Button „Limited Edition" knallt den Wiederverkaufswert gleich mal ordentlich rauf.

- Man zeigt uns glückliche KundInnen. Die österreichische Lottowerbung ist da das beste, im wahrsten Sinne plakativste Beispiel: Vorher Leben in Armut, Stress und Grau, nachher Leben in Wohlstand, Farbe und unter Palmen. Sie ist zwar ironisch angehaucht, aber in unseren Köpfen bleibt doch hängen: Mit einem Lottogewinn lebt es sich schöner, sauberer, heller, kurz: einfach viel glücklicher. Was wahrscheinlich auf einer gewissen Ebene irgendwie auch stimmt – aber eben nicht die ganze Story ist.

Überhaupt, mit dem Glück und dem Konsum ist es so eine Sache.

Bis wohin reicht eigentlich das Glück?

Kaufen macht glücklich, soviel ist inzwischen mehr als nur sonnenklar. Aber ist das immer so? Gibt es nicht irgendwann den Punkt, an dem man einfach alles hat? Oder an dem man nach hunderten Schnäppchen das Gefühl hat: Mein Besitz besitzt mich und nicht umgekehrt?

Ja, den gibt es. Es gibt eine Grenze fürs Glück.

Schön auf den Punkt bringt es Fumio Sasaki, als er in seinem Buch *Das kann doch weg!* überlegt, ob Teures glücklicher macht: „Traurig, aber wahr: Egal, ob man sich einen Ring für 100, 500 oder 3.000 Euro kauft – das gefühlte Glück ist jedes Mal gleich groß. Der 500-Euro-Ring macht uns nicht fünfmal so glücklich wie der billigere Ring. Wir lächeln nicht fünfmal so breit und sind nicht fünfmal so lange glücklich. Für den Preis von Luxusgegenständen gibt es keine Obergrenze, wohl aber für unsere Euphorie. Würde der 500-Euro-Ring uns fünfmal glücklicher machen als der 100-Euro-Ring, dann würde der Weg zum Glück über Geld und Besitz führen. Doch egal, wie reich Sie werden und wie viele Dinge Sie anhäufen – Ihr Besitz wird Sie kaum glücklicher machen als heute schon. Es gibt einfach Grenzen für die Freude an neuen Dingen."[20]

Was bedeutet echtes Glück eigentlich für mich (und damit meine ich nicht das kurze Glücksgefühl beim Kaufen)? Glück ist für mich, mit Freunden und Freundinnen zusammenzusitzen und zu lachen. Ihre Nähe zu spüren, mich geborgen zu fühlen. Glück ist, meine Neffen und Nichten zu umarmen. Glück ist am Meer zu sitzen und mit mir im Reinen zu sein. Glück ist das Schaukeln auf einem Segelschiff, diese paar Minuten am Abend, wenn das Meer heller wirkt als der Himmel. Glück ist ein gutes Buch, auf meinem Sofa, eingekuschelt und gemütlich. Glück ist Liebe. Glück ist Freiheit.

Ich kam ins Grübeln: Ja, es gibt Produkte, die mich glücklich machen. Das Parfum aus Tel Aviv zum Beispiel. Es ist etwas Besonderes, und mit dem Duft hole ich mir schöne Erinnerungen her. Aber wie schaut es eigentlich bei Produkten aus, die ich täglich benutze? Mein Handy? Alt, und solange es funktioniert: herrlich. Ein Auto? Muss mich bitte von A nach B bringen, Aussehen, Motor, PS – ist mir alles komplett egal. Teure Uhr? Fehlanzeige, ich trage gar keine. Teure Kleidung? Nope, Second Hand tut es auch. Glück sind für mich Erlebnisse und Erinne-

---

20 Fumio Sasaki: Das kann doch weg!, Integral Verlag 2018

rungen, Beziehungen und Kommunikation. Damit gehöre ich wohl nicht in die Gruppe der Materialisten. Und hab allein damit selbst schon Glück, wie der Psychologe Jens Förster[21] beschreibt: „Generell bestätigt die Meta-Analyse die Vermutung, dass Materialisten weniger glücklich sind – je stärker man über längere Zeit hinweg materialistische Werte und Ziele hat und verfolgt, je mehr man daran glaubt, dass Geld glücklich macht oder Besitz den Erfolg im Leben widerspiegelt, umso weniger ist man mit seinem Leben als Ganzes zufrieden, umso seltener erlebt man positive Momente und desto schneller ist man auch spontan schlechter gestimmt. Dies wirkt sich letztendlich auf den Selbstwert aus – Materialisten haben, so die Studie, eine negativere Sicht auf sich selbst und ein niedrigeres Selbstwertgefühl. Und je stärker man materialistische Werte vertritt, umso eher bekommt man psychische Probleme."

Wobei, natürlich kann niemand in Abrede stellen, dass neue Dinge Glück bringen, selbst wenn es nur kurz ist. Das Problem ist aber: Glück selbst kann eine Ware sein. Ines Maria Eckermann schreibt in ihrem wunderbaren Buch *Ich brauche NICHT mehr – Konsumgelassenheit erlangen und nachhaltig glücklich werden*[22], dass ein Gegenstand mehr Glück zu versprechen scheint, je teurer er ist. „Aber irgendwie ist es dann doch nie genug. Das neue Sofa lässt die Vorhänge alt aussehen und die neuen Schuhe verlangen nach einer passenden Hose. Das Glück, das uns Dinge bringen, ist kurz. Wir kaufen keine Überlegenheit oder Zufriedenheit – und auch kein Glück. Wir kaufen neue Wünsche." Wir versprechen uns Glück davon, mehr zu besitzen.

---

21 Jens Förster: Was das Haben mit dem Sein macht, Pattloch Verlag 2015

22 Ines Maria Eckermann: Ich brauche nicht mehr – Konsumgelassenheit erlangen und nachhaltig glücklich werden, Tectum Wissenschaftsverlag 2019

Und die Regierungen der meisten Länder unterstützen uns darin, mehr Sachen haben zu wollen – das Opfer ist unsere Umwelt, die wir dafür ausbeuten. Und uns selbst, denn bei dieser Form der Glückssuche laufen wir Gefahr, in eine Sucht namens Konsumerismus abzurutschen. „Was Konsumeristen eigentlich kaufen wollen, sind nicht der handgeknüpfte Designerteppich mit dem flauschigen Bildnis von Frida Kahlo oder der Business-Anzug mit Nadelstreifen aus 22-karätigem Gold. Sie wollen sich Identität, Sinn und Glück kaufen", schreibt Eckermann.

Was dabei auf der Strecke bleibt, ist das echte Glück – das beispielsweise im sozialpsychologischen Modell der Bedürfnispyramide des US-Psychologen Abraham Maslow als Selbstverwirklichung und Transzendenz bezeichnet wird. Spiritualität, Liebe, egal, ob man das nun als esoterisch bezeichnen möchte oder nicht: Diese Form des Glücks kann man nicht kaufen. Materieller Konsum füllt keine innere Leere. Mit dem neuen, günstigen Kleid, das noch dazu sehr wahrscheinlich unter menschenunwürdigen und umweltausbeuterischen Bedingungen entstanden ist, kauft man sich keinen Selbstwert, man überdeckt ihn bloß.

Und wenn ich etwas verpasse?

Apropos günstiges Kleid. Die inzwischen immens große Auswahl an Produkten, die die globalisierte Produktion ermöglicht hat, hat neben all den Umweltkatastrophen und den oft menschenunwürdigen Bedingungen in der Herstellung noch eine andere sehr unschöne Nebenwirkung: Während früher Kleidungsstücke, die in unserer Größe im Laden gerade nicht verfügbar waren, problemlos nachbestellbar und ein paar Wochen später im Laden abholbar waren, gibt es heute in den Filialen der großen Fast-Fashion-Ketten wie H&M oder Primark nur noch das, was gerade im Shop verfügbar ist. Nachbestellen? Fehlanzeige. Doch nicht nur das geht nicht. Nach einer Woche Grübeln, ob man sich das in der Auslage gesehene Oberteil wirklich kaufen soll, ist es häufig schlicht und einfach schon zu spät – das Oberteil ist verkauft und wird nicht nachgeliefert, da der Platz im Shop bereits für Teile aus einer noch neueren Kollektion gebraucht wird.

Dieser Stress, der beim Einkaufen entsteht, dieses „Jetzt oder Nie", gepaart mit der immer größer werdenden Identifikation durch Kleidung und vor allem Marken, drückt in vielen Menschen ganz stark aufs FOMO-Knopferl. FOMO steht für „Fear Of Missing Out", also die Angst, etwas zu versäumen. Dieses Phänomen ist weit verbreitet und durch die Dauerkommunikation online noch verstärkt worden: Man kann sehr leicht das Gefühl bekommen, ständig etwas zu verpassen und nicht am Ort des Geschehens zu sein. Durch Social Media bekommt man zwanzig verschiedene Geschehen gleichzeitig in die Timeline gespült, während man selbst im Pyjama am Sofa hockt und sich leidtut, weil es allen Freunden anscheinend besser geht als einem selbst.

Gut, diese Angst, etwas zu verpassen, gibt es, seit es Menschen gibt. Da war sicher schon mal der Höhlenmensch sauer, weil er in der Nachbarhöhle die Zeichnungen von der Party letzte Woche sah und sich dachte: „Shit, warum musste ich gerade da unterwegs sein und ein Mammut erlegen!" Wir alle kennen es, dieses Gefühl, zu einer Gruppe nur so halb dazuzugehören und bei einem Treffen zu merken, dass man bei den letzten drei Treffen also nicht eingeladen war. Fühlt sich eher unleiwand an, ich würde es als „innere Unruhe" bezeichnen.

Die Konsumgesellschaft sowie unsere hochtechnologisierte Gegenwart bilden eine Sonderform des FOMO: Ich könnte verpassen, etwas zu kaufen, das signalisiert, wie super ich bin oder wie sehr ich zu einer bestimmten Gruppe dazugehöre. Wenn ich nicht online auf Instagram oder Facebook zeige, dass ich jetzt auch Sneakers mit weißen, hochgezogenen Sportsocken von Champion trage (und somit verstanden habe, dass die Firma Champion gerade nach 30 Jahren in der Versenkung wieder richtig „in“ ist), dann gehöre ich nicht zu den Fashion Forwards in meinem Umkreis[23]. Und das erzeugt nicht nur innere Unruhe, sondern auch den Verlust der Fähigkeit, Dinge zu genießen.

Ich find's ja auch immer wieder lustig, wie sehr man, während man Trends nachrennt, über den eigenen Geschmack drübermarschiert. Weiße, hochgezogene Sportsocken in Sneakers. Also meine persönliche Geschmacksgrenze ist da eindeutig überschritten. Und ich habe mich immerhin sogar mit Mom Jeans, also Jeans in Karottenform und zu kurz, anfreunden können.

FOMO wird wenig überraschend von Seiten der Industrie nicht nur als netter Nebeneffekt ihres schnelldrehenden Angebots, sondern vielmehr als Verkaufsförderer wahrgenommen. Daniel Langer, Professor für Luxusstrategie und extreme Wertschöpfung an der Pepperdine University in Malibu, erklärt es sich durch die unterschiedliche Wertewelt der neuen jungen Generation (Generation Z genannt). Er meint in einem Gastartikel auf Jing Daily, einem Newsportal über Luxusprodukte in China[24], dass es „Gen Zers“ besonders wichtig sei, nichts (Populär-)Kulturelles zu verpassen. „Stell dir vor, eine Kofferfirma hat einen neuen Trolley auf den Markt gebracht, und weil du nicht aufgepasst hast, bist du nun einer jener Unglücklichen, die dieses neueste Fashion Accessoire verpasst haben. Du stellst dir wahrscheinlich die Frage: Wie konnte das passieren?“[25], schreibt

23 Oder sind die schon wieder out?

24 Ich hätte es ja Bling Daily genannt, aber mich fragt ja niemand …

25 https://jingdaily.com/why-FOMO-is-shaping-the-luxury-market-now-more-than-ever/

er. Und nochmal: Es geht um einen Trolley. Jahrzehntelang war ein Koffer eine typische „Einmal im Leben“-Anschaffung, aber in den letzten Jahren haben Kofferhersteller es geschafft, durch „Limited Editions“ und durch Zusammenarbeit mit bekannten Designern eine Trendspirale zu erschaffen: Wer jetzt *in* sein will, muss genau drauf schauen, mit was für einem Trolley er oder sie zum Flughafen-Gate hetzt. Schöner Nebeneffekt für die Industrie: Wer einen Designertrolley haben möchte, muss inzwischen locker 4000 US-Dollar hinblättern.

Doch nicht nur im High-End-Bereich arbeiten Firmen mit unserer Angst, etwas zu verpassen. Von Primark, der Kette, die man nun wahrlich nicht ins Luxuseck stellen kann, habe ich bereits mehrfach gehört, dass es Firmenvorgabe ist, jeden Tag neue Produkte in den Filialen hängen zu haben. Doch jetzt mal ganz logisch gedacht: Diese eh schon sehr großen Filialen werden deshalb nicht größer. Das heißt also: Es wird auch jeden Tag etwas aus den Regalen genommen. Die Angst, die dabei getriggert wird, ist daher: Ich muss unbedingt heute hin, denn morgen könnte es einige der angebotenen Sachen nicht mehr geben. Und eigentlich muss ich überhaupt regelmäßig, am besten einmal pro Woche hin, damit mir nie etwas entgeht.

Dieses „Ich könnte was versäumen“-Gefühl ist in der Konsumwelt von heute ein „Ich muss es jetzt kaufen, sonst krieg ich's nicht mehr“-Gefühl geworden. FOMO ist also ein grandioses Tool, um Menschen an Marken zu binden. Man folgt der Marke auf allen verfügbaren Kanälen, um sofort zu sehen, wenn neue Modelle präsentiert werden. Modekonsum als Spiel mit der Angst, etwas zu verpassen. Hätte sich meine Oma wohl auch nicht gedacht.

FOMO ist übrigens kein Randphänomen und gilt auch und vor allem für den Kauf von Erlebnissen: „Fast sieben von zehn Millennials leiden nach eigenen Angaben an FOMO. Diese virale

Angst ist die eigentliche treibende Kraft hinter der boomenden Experience Economy. Das überwältigende Gefühl, die Party des Jahrhunderts oder irgendeine andere großartige, lebensverändernde Erfahrung zu versäumen, wenn man zuhause bleibt, stachelt uns an, Tickets für die nächste Veranstaltung zu kaufen, die nächste Reise zu buchen, hinzufahren, teilzunehmen und mitzumachen."[26] Und ja, die Corona-Pandemie wird da wohl auch fest mit draufgedrückt haben.

Die Gründe, warum wir konsumieren, sind also vielfältig. Aber eines wurmt mich: Wir konsumieren weitaus mehr, als wir brauchen. Wer kennt es nicht, dieses Gefühl, etwas gekauft zu haben und gleichzeitig zu wissen, wie sinnlos das jetzt eigentlich war. Oft ist es der biochemische Kick, manchmal haben wir Angst, etwas zu versäumen. Aber was wird uns da eigentlich alles eingeredet, damit wir ja nicht aufhören zu kaufen?

---

26 Carl Tillessen: Konsum – Warum wir kaufen, was wir nicht brauchen. HarperCollins 2020

Man kann nicht nicht konsumieren

Warst du kaufsüchtig?“ Diese Frage wird mir seit Veröffentlichung meines ersten Buches im Herbst 2013 regelmäßig gestellt. Und sie ist logisch: Ich beschreibe in *Ich kauf nix!*, wie ich einfach zu viel Kleidung kaufte und keinen Überblick mehr über den Inhalt meines Kleiderschranks hatte (wobei, das meiste befand sich häufig auf Stapeln *vor* dem Kleiderschrank, liebevoll Mount McWäscheberg genannt). Damals startete ich das Experiment, ein Jahr lang keine neue Kleidung zu kaufen und bloggte darüber. Es wurde ein großer Erfolg: Ich informierte mich und andere über die Schattenseiten der Textilproduktion, fand darin eine ganz große Leidenschaft und hatte das große Glück, darüber auch ein Buch schreiben zu dürfen. In allen Interviews war verlässlich eine Frage dabei: „Warst du kaufsüchtig?“

Manche gingen ganz automatisch davon aus und bauten es gleich in ihre Fragen ein: „Wie kann man sich aus so einer Kaufsucht befreien?“

Puh. War ich kaufsüchtig? Ich beantwortete die Frage immer mit nein, ich hatte ja immer noch Kontrolle über mein Konto gehabt, und außerdem ist Sucht ja etwas Stigmatisierendes: Mir war's wohl unbewusst unangenehm, es mir möglicherweise eingestehen und es zugeben zu müssen. Aber so richtig beschäftigt hatte ich mich nicht damit. Das musste ich nachholen. Kaufsucht ist inzwischen nämlich eine von der Weltgesundheitsorganisation WHO anerkannte, nicht stoffgebundene Sucht. Wurde also Zeit, dass ich genauer nachlese.

„Die Formel heißt: Ich kaufe, also bin ich. Kaufen vermittelt das Gefühl, sich etwas Gutes zu tun. Beim Kaufen erlebt der Konsument, beachtet und umworben zu werden. Er fühlt sich vorübergehend aufgewertet, sein Selbstwertgefühl steigt. Die Stimmung hellt sich kurzfristig auf wie bei einer Droge, oder das Kaufen wirkt auch als Beruhigung. Das Selbstwertgefühl wird gestärkt. Im Moment des Kaufens entsteht der Eindruck, Kontrolle über das Leben zu haben." Das lese ich bei *Kaufst du noch*? von Susanne Speer[27] gleich am Anfang.

Ja, das mit der Beruhigung kann ich nachvollziehen. Für mich war es auch einfacher, darüber nachzudenken, wie der Rock um zehn Euro in meiner Hand zu meinen Stiefeln zuhause im Schrank passt, als darüber nachzudenken, wie es meiner Mama wohl gerade bei der Chemotherapie ging. Es war eine willkommene Ablenkung. Es tat gut, sich nach einem Tag im Büro, an dem man der Chefin unterlegen war, nicht, weil sie recht hatte, sondern weil sie die Chefin war, mit einem kurzen Abstecher zum Textilschweden abzulenken und danach glücklich(er) mit einem neuen Pulli in der Tasche heimzukommen.

Das ist jetzt alles lang her, aber ich kann das Gefühl immer noch nachvollziehen. Als es mir im Sommer 2018 – wie schon

---

27 Susanne Speer: Kaufst du noch? … oder lebst du schon? Books on Demand 2010

geschrieben – psychisch, nun ja, sagen wir mal: nicht rasend gut ging, hatte ich plötzlich das unbändige Bedürfnis, zu Primark zu fahren und mir genau wie die, die ich immer kritisierte, gedankenlos die Taschen anzufüllen, einfach mal Pullis, Jeans, Taschen auf Stapel zu kaufen und am Ende kein Vermögen auszugeben. Kaufen hat definitiv nicht nur damit zu tun, dass wir Dinge brauchen. Oder dass wir Ressourcen sammeln wollen, um unseren Rang in der Gesellschaft zu verbessern. Es hat auch etwas mit unseren innersten Bedürfnissen (und den zugehörigen Botenstoffen) zu tun.

Bei jeder Kaufhandlung, aber auch bei der Suche nach Produkten, die wir möglicherweise kaufen könnten, spült es uns bekanntermaßen Dopamin durch den Körper. Und wir haben gelernt: Dopamin kickt. Dopamin löst Erregung aus. Geht's dir gut, hast du gute Momente, fühlst du dich auch körperlich leiwand und frei.

Shopping kickt also. Es ist vielen bekannt, dieses Gefühl, aus einem Laden fast hinauszuschweben, in dem man sich gerade etwas gekauft hat, das man sich schon lange gewünscht und auf das man hingespart hat. Oder dieses innere (und manchmal auch äußerlich sichtbare) Hüpfen, wenn man mit einer Einkaufstasche voller „Schnäppchen" heimgeht. Das ist der Dopaminkick, den auch die Autorin Sophie Kinsella ihrer Romanfigur Rebecca Bloomwood, die die Hauptperson in ihrer *Shopaholic*-Buchserie ist, zuschreibt:

„Dieser Augenblick. Dieser Moment, in dem die Finger die Griffe einer glänzenden, knitterfreien Einkaufstüten umschließen und all die wunderbaren Dinge, die sich darin befinden, mir gehören. Wie lässt sich das beschreiben? Das ist wie … mehrere Tage gehungert haben und sich dann den Mund mit gebuttertem Toast vollstopfen. Wie aufwachen und sich darüber klarwerden, dass Wochenende ist. Wie guter Sex. Nichts

Anderes hat mehr Platz im Kopf. Es ist das pure, selbstsüchtige Vergnügen."[28]

Nur leider verhält es sich bei jedem Kick gleich: Je öfter man ihn sich gibt, desto kürzer hält er an und desto schneller schreit der Körper danach wieder nach Nachschub. Wenn ich es so betrachte, ja, dann war ich auch kaufsüchtig. Mein Dopaminrausch lenkte mich ab vom belastenden Job, von den diversen Schicksalsschlägen, die ich in jener Zeit zu verkraften hatte. Außerdem nagte das Wissen an mir, dass mein Leben zwar nach außen hin super wirkte: guter Job, netter Freund, tolle Wohnung, viel Sozialleben, viele Freunde. Nach innen hin aber hatte ich einen Job ohne Zukunft, eine Beziehung, die schlicht und einfach nicht richtig für mich war und eine innere Müdigkeit aufgrund des großen Wunsches, neben Jobstress und ebenso energieraubenden Beziehungsstreits meine Freundschaften nicht zu vernachlässigen. Da schaffte nächtelanges Surfen durch Webshops von Modeketten angenehme Erholung im Kopf, und der Kick, wenn die Bestellung dann da war und passte, war im wahrsten Sinne des Wortes sein Geld wert.

Wenn ich mich an diese Zeit erinnere, kommt oft ein Gedanke auf: Ich war nicht ich. Das spürte ich damals und spüre ich in der Erinnerung auch heute noch. Ich fühlte mich nicht wohl in meiner Haut, war konstant traurig, überspielte es aber meistens, ich wusste, dass vieles nicht passte und hatte dennoch riesengroße Angst vor Veränderung. Ich wachte damals, vor allem in den letzten Monaten vor meinem Kaufnix-Experiment, ungelogen jede einzelne Nacht auf mit dem Gefühl, ich müsste gleich losweinen – und hatte chronische Gastritis. Meine Eigenschaften wie etwa mein lautes Auftreten, meine Schlagfertigkeit und meine Direktheit hielt ich für große Schwächen, die ich dringend

---

28 Sophie Kinsella: Die Schnäppchenjägerin, Goldmann Verlag 2002

ändern musste (heute weiß ich, dass genau diese drei Dinge zu meinen großen Stärken gehören). Kurz: Mein Selbstwert war am Boden. Und das machte mich im Grunde zu einem willkommenen Opfer der Konsumgesellschaft: Kaufsucht entsteht so gut wie immer auf der Basis eines schwachen Selbstwerts[29].

Gedanken wie „Wenn ich diese Hose kaufe, gehöre ich dazu, dann finden mich die Leute cool" sind nicht nur die Grundlage für Markenwerbung, sondern vielen Kaufsüchtigen wohlbekannt. Studien haben erwiesen, dass ein Teil der Kaufsüchtigen gerne in Geschäfte geht, wo sie bereits wissen, dass die VerkäuferInnen sie nett und zuvorkommend behandeln. Sie sind süchtig nach diesem Gefühl des Gesehen-Werdens, des Gut-Behandelt-Werdens – und der Preis dafür ist der, dass sie immer wieder kommen und Geld für Dinge ausgeben, die sie nicht brauchen, die ihnen aber von ebenjenen VerkäuferInnen eingeredet werden.[30]

Und spätestens bei dieser Erkenntnis ist es Zeit, so richtig sauer auf die Werbeindustrie zu werden. Zumindest, wenn man eine Frau ist – denn wir sind signifikant häufiger das Ziel von sogenannter Angstwerbung. Die wurde in den Zwanzigerjahren des letzten Jahrhunderts „erfunden": Findige Werber kamen darauf, dass sich Produkte viel besser verkaufen, wenn man den Menschen vorher Angst einredet. Und welche Angst kann man bei Frauen am einfachsten triggern? Hässlich und alt zu sein und damit nicht mehr interessant (Hand aufs Herz: Was kann denn bloß an Frauen noch interessant sein neben ihrem Aussehen, nüm?). Man erklärte ihnen, dass Altersfalten im Gesicht und

---

29 Auf den Dopaminkick kann man aber auch mit starkem Selbstwert reinkippen – aber es dauert halt länger, bis das Suchtverhalten da ist.

30 Ich hatte das ja mal mit Swatch-Armbändern. Ich war 14 und der Juwelierslehrling hübsch. Was soll ich sagen: Mehr als drei Plastik-Ersatzarmbänder in vier Monaten konnte ich mir nicht leisten und dem Guten war ich definitiv trotzdem zu uninteressant …

Speckfalten am Bauch sowie die oben genannte Cellulite die Basis für all ihr Unglück seien, und Antifaltencreme sowie halbseidene Abnehmprodukte wurden den Unternehmen förmlich wie die warmen Semmeln aus der Hand gerissen.

Beispiel aus der jüngeren Vergangenheit gefällig? Kate Winslet, Julia Roberts, Penélope Cruz – diese drei Schönheiten, die alle nicht mal mehr in ihren Dreißigern sind, werben oder warben für L'Oreal und Lancôme und deren Hautpflegeprodukte. Auf den Bildern sind ihre Gesichter glatter gebügelt als ein Babypopo. Ihre Wangen wirken samtig und zart wie ein junger Pfirsich, von Falten unter den Augen keine Spur. Eine solche Haut gibt es im echten Leben nicht, vor allem nicht bei Über-Vierzigjährigen. Und das ist auch völlig normal und gut so. Uns jedoch wird eingeredet, dass reifere Haut glatt und samtig auszusehen hat, nur dann sind wir schön und erfolgreich. Die Bilder sind allesamt am Computer künstlich ver(schlimm)-bessert. Doch selbst, wenn wir genau wissen, dass sämtliche in der Werbung zu sehenden Gesichter in irgendeiner Form bearbeitet wurden, schafft es dieser Anspruch, wir hätten genauso auszusehen, ungespitzt und direkt in unser Unterbewusstsein und stampft uns dort den Selbstwert in den Boden.

Zu ihrer Ehrenrettung: Kate Winslet hat 2015 ihren Werbepartner Lancôme vertraglich dazu verpflichtet, dass ihr Gesicht nicht mehr künstlich verändert wird, da sie sich ihrer Vorbildfunktion bewusst sei und Frauen kein falsches Selbstbild einreden wolle. Ich habe beim Schreiben dieser Zeilen lange im Netz gesucht und keine nennenswerte Kosmetikkampagne mit Kate Winslet seit 2015 mehr gefunden. Seltsam aber auch.

Dieser Teufelskreis ist massiv destruktiv und fängt bereits in jungen Jahren an. Gruppenzwang in der Volksschule (ich erinnere mich noch sehr lebendig an die ausführliche Hello-Kitty-Phase meiner Nichte), beginnendes Markenbewusstsein mit zehn oder elf Jahren (hier kann ich mich selbst als Beispiel nennen: Es mussten Levi's 501 sein, und zwar echte, mit dem roten Markenfähnchen an der hinteren Tasche), fehlender Ausgleich in der Natur, fehlende Erfolgserlebnisse oder fehlende Bestätigung durch Eltern und Umfeld zehren auch kollektiv am Selbstwert.

Ich traf mich mit Verena, einer Bekannten von mir, die bei einem TV-Sender arbeitet und eine starke, selbstbewusste und nicht schüchterne Frau ist. Sie hatte mir nämlich geschrieben, dass sie sicherlich auch kaufsüchtig war. Ich war neugierig.

„Wie war das damals bei dir? Warum bist du shoppen gegangen?"

„Du, ganz ehrlich, aus Langeweile. Ich habe in einem Unternehmen gearbeitet, dessen Büro in einem Shoppingcenter lag. Nach der Frühschicht war dann der Gedanke da: Was mach ich jetzt mit meiner Zeit, während alle arbeiten? Die Antwort lag quasi ein Stockwerk unter mir, ich bin in die Geschäfte gegangen. Ich habe sicher jahrelang mein Gehalt in den Geschäften liegen lassen." Sie erzählte von zwanzig Liebeskind-Taschen und ihrem Anspruch, als etwas rundere Person immer gut angezogen zu sein: „Mein Problem war das zwanzigste schwarze Shirt. Das man natürlich in zwei Größen kaufen musste, weil man ja mal mehr und mal weniger wiegt."

„Hast du auch diese Sucht nach dem Kick gespürt?", fragte ich sie.

„Es hat mich ehrlich gesagt null befriedigt. Dieses tolle Gefühl, von dem andere berichtet haben, wenn sie sich über etwas Neues gefreut haben, das hatte ich gar nicht mehr. Für mich war das Kaufen Alltag. In der Sekunde, wo ich mit etwas Bezahltem rausspaziert bin, gab es dieses Glücksgefühl nicht. Selbst bei einer teuren Tasche war damals nicht der Gedanke der Freude, sondern gleich der Gedanke: Eigentlich könnte ich mir eine Geldbörse auch noch kaufen, wenn ich grad da bin."

Spannend. Anscheinend war sie schon so tief drin in den verschiedenen Suchtmechanismen, dass es kaum noch Dopaminausschüttung gab. Doch dann erzählt sie von ihrem Alltag zu der Zeit. Von täglichen bösen Emails über ihre (übrigens vollkommen normale!) Figur, wenn sie vor der Kamera auftrat. Von ihrer Scheidung. Alles nicht sehr lustig.

„Kann das sein, dass du im Dauerstress warst damals?" – „Ganz sicher sogar", meinte sie.

Dieser latente Stress wirkte sich auf ihre Seele massiv aus, erzählte sie: „Es war einfach eine absolute Unzufriedenheit mit mir selbst. Ein Versuch, mich glücklich zu machen mit Dingen – was ja völliger Schwachsinn ist. Ich wollte mich selbst aufwerten, meine Wohnung ist explodiert vor Deko, mein Kleiderschrank ging über. Ich wollte mir im wahrsten Sinn mehr Wert kaufen." Wissenschaftliche Untersuchungen bestätigen das: Wurden Menschen aus dem Rhythmus gebracht, indem man sie mit der linken Hand schreiben ließ (wenn sie Rechtshänder waren), griffen sie danach in einem fingierten Einkaufsprozess eher zu Markenprodukten – weil sie latent gestresst waren.

Doch eines interessierte mich noch viel mehr im Gespräch mit Verena: „Sag, du redest in der Vergangenheit die ganze Zeit – wie kam der Wandel? Wie bist du aus dem Kreislauf rausgekommen?" Und dann sagte sie etwas, das mich sehr berührte: „Ich glaube, in Form von Selbstliebe. Voll kitschig, gell? Wir kennen das doch alle, diese Selbstzweifel. Bis vor eineinhalb Jahren dachte ich, ich erreiche vieles nicht wegen meines Aussehens, ich mochte meinen Körper nicht. Was totaler Schwachsinn war. Aber nach einem ganz wichtigen Schlüsselmoment in meinem Leben hat sich mein Hirn umprogrammiert, ich habe mich mit wichtigeren Dingen beschäftigt und denke nicht mehr dauernd über meinen Körper nach. Ich habe mein Leben selbst in die Hand genommen, und seither lass ich mich viel weniger von außen steuern."

Da haben wir es wieder: Ein gesunder Selbstwert holt einen aus Kaufanfällen heraus. Bci Verena kam diese Erkenntnis noch rechtzeitig – doch viele schaffen das nicht. Wer richtig tief in die Sucht fällt, muss auf Entzug gehen. Und das bedeutet nicht nur körperlichen Entzug, also das Stoppen des Einkaufens und somit das Beenden des Dopaminkick-Kreislaufs, sondern auch eine gute und langfristige psychotherapeutische Begleitung sowie eventuell sogar Medikation, die den körpereigenen Hormonhaushalt reguliert, um Dopamin- und Serotoninspiegel zu stabilisieren.

Es ist halt schon auch gemein: Man kann nicht ganz aufs Kaufen verzichten. Man wird im Leben immer wieder darauf angewiesen sein, etwas für sich selbst zu besorgen, ob im Supermarkt oder im Job. Das macht eine Therapie – besonders, wenn die körperliche Abhängigkeit schon sehr ausgeprägt ist – ungleich schwerer. Und komplizierter. Viele ehemalige anderweitig Süchtige, sei es Spielsucht oder Alkoholismus, fallen häufig nach ihrem Entzug in eine Kaufsucht – ihr Gehirn ist schon auf Sucht programmiert, es wird zur Ersatzhandlung, der man nicht ausweichen kann. Verdammt gefährlich das Ganze, wenn man das so sieht.

Konsum ist einsam

Wir Menschen sind in unserem Wesen ganz grundlegend sozial und haben das Bedürfnis nach Zugehörigkeit. Selbst wenn ich einige Menschen kenne, die das in ihrem leidenschaftlichen Einsiedlertum entrüstet ablehnen würden: Es ist so – und es ist evolutionär entstanden. Unser Wunsch nach Zugehörigkeit (der in früheren Zeiten das Überleben sicherte, allein hatte man gegen den Säbelzahntiger dann doch eher wenig Chance und wir mussten Teil einer Gruppe sein) wird auch vom Marketing ausgenutzt: Wie kann man am besten in eine bestimmte Gruppe aufgenommen werden? Indem man sich optisch zugehörig zeigt, also die gleichen Produkte trägt, isst, konsumiert (womit wir wieder bei der Identität, den Freitag-Taschen und den gefälschten Gucci-Gürteln wären). Wir imitieren also.

Der Wiener Psychologe Arnd Florack testete, wie und was imitiert wird und stellte fest: „Schon Babys imitieren, ganz automatisch."[31] In einem Artikel in Die Zeit wird sein Experiment beschrieben: „So tranken Floracks Versuchspersonen mehr, wenn sie einen Gewichtheber beobachteten, allein weil die Bewegung ähnlich ist. ‚Forscher konnten in ähnlichen Untersuchungen sogar eine Muskelaktivierung durch das reine Zusehen feststellen.', sagt Florack. Und das lasse sich leicht in der Werbung nutzen. ‚Schon wenn man zeigt, dass andere nach einem Produkt greifen, hat das einen Effekt.' Und wenn ein Produkt viel häufiger als ein anderes im Regal steht oder den Hinweis ‚meistgekauftes Produkt' trägt, löst das ebenfalls Nachahmungstaten aus."[32]

Letzteres kann ich leider bestätigen. In Onlineshops wirkt der „Andere Kunden kauften auch"-Bereich magisch auf mich, wenn ich auf der Suche nach etwas Bestimmtem bin. Die Gefahr, mich von dieser zielgerichteten Suche davon ablenken zu lassen, ist sehr hoch. Und auch das hat anscheinend etwas mit meinem Belohnungssystem zu tun: Soziale Konformität wird vom Hirn belohnt. Wenn ich dazugehöre, fühle ich mich besser.

Apropos Zugehörigkeit: Im Grunde ist es wie bei einer Religion. Die große Kraft aller Religionen der Welt besteht nicht darin, dass sie die absolute Wahrheit kennen, sondern darin, dass

---

31 https://madoc.bib.uni-mannheim.de/32989/1/Genschow-Florack-Wänke_The_Power_of_Movement_JEPGen2013.PDF

32 https://www.zeit.de/zeit-wissen/2012/03/Werbung-Manipulation-Kaufrausch/seite-4

sie eine Gruppendynamik erzeugen, ein Zugehörigkeitsgefühl. Und de facto ist Konsumismus und dieses Dazugehören zu jenen, die sich bestimmte Produkte leisten können, nichts anderes als eine Art Religion: Es ist identitäts- und gemeinschaftsstiftend und bekommt in Zeiten, in denen frühere gemeinschaftsstiftende Einrichtungen wie Vereine, die Kirche oder gar grundlegende Solidarität an Bedeutung verlieren, immer mehr Aufschwung. Ich bin, was ich kaufe. Ich gehöre zu einer besseren Klasse, weil ich auf Produkte von Apple schwöre (übrigens sagt der Marketingexperte Martin Lindstrom über Apple, dass das Unternehmen bewusst Parallelen zur Religion aufbaut)[33].

Der Philosoph Zygmunt Bauman bringt es auf den Punkt: „Konsum ist eine höchst einsame Aktivität, sie lässt keine dauerhaften Bindungen entstehen.“[34] Wir kaufen uns Zugehörigkeit mit einer Aktivität, die einsamer nicht sein könnte. Und kein einziges iPhone, keine Markenjeans und auch keine Freitag-Tasche wird die innere Leere und den Wunsch nach Nähe befriedigen können. Und Bauman geht noch einen Schritt weiter: Auch Beziehungen selbst werden mehr und mehr als austauschbar und käuflich angesehen (wenn ich mir Tinder anschaue, muss ich ihm leider wirklich komplett zustimmen). Er, der 2017 verstarb, zog ein nüchternes Fazit: „Soziale Bindungen sind die ersten und wichtigsten Kollateralschäden der Kultur des Konsumismus.“

Autsch.

---

33 „Die Apple-Stores: gläserne Kathedralen; die Angestellten: uniformierte Ministranten; das Wischen über den iPhone-Touchscreen: ein halbes Kreuzzeichen; Steve Jobs: der iGod; Microsoft: der Satan.“ (aus https://www.zeit.de/zeit-wissen/2012/03/Werbung-Manipulation-Kaufrausch/seite-4)

34 https://www.zeit.de/zeit-wissen/2012/03/Werbung-Manipulation-Kaufrausch/seite-4

Was machen die mit uns?

Gut, Konsum ist eine Tatsache. Konsum löst gute Gefühle in uns aus, viele davon auf einer komplett unbewussten Ebene. Doch genau dadurch wird's schwierig: Der Handel im Allgemeinen nutzt das aus. Blöd wären die Händler auch, wenn sie sich nicht anschauten, wie man Produkte am besten verkaufen kann. Gut, was Konsum selbst mit uns macht, habe ich mir angesehen. Aber wie wird das von „der anderen", der verkaufenden Seite ausgenutzt? Die schwimmen ja nicht auf der Nudelsuppe dahin, die kennen sich aus mit den diversen Mechanismen, wann und warum es uns das Dopamin ins Hirn schwappt.

Es gibt viele Marketingmethoden, die auf neurowissenschaftlichen Untersuchungen basieren. Durch sogenannte funktionale Magnetresonanztherapie (fMRT), bei der im Hirn live untersucht wird, was passiert und welche Areale „anspringen", während man die Probanden bestimmten Reizen aussetzt, konnte man sehr gut herausfinden, wie der oder die DurchschnittskonsumentIn funktioniert und was sie eher zur Kaufhandlung treibt. Das wird natürlich von gewieften Marketern ausgenutzt.

Ganz besonders gut machen es die Supermärkte, stelle ich bei meinen Recherchen fest. Nirgendwo ist man derartig gut untersucht und beobachtet wie als Kunde in Filialen der Lebensmitteleinzelhändler. Und die tun wirklich alles, damit die KundInnen entweder mit mehr wieder aus dem Laden raus gehen, als sie kaufen wollten, oder mit dem teureren Produkt, wenn es in der gleichen Produktkategorie Angebote in mehreren Preisklassen gibt. Immer wieder gibt es spannende Artikel oder Berichte darüber, und alle sagen das Gleiche. Ich beschloss, diese Punkte in meinem eigenen Stammsupermarkt zu überprüfen.

- Es beginnt bereits beim Eingang: Die Einkaufswägen, aber auch die Plastikkörbe, in die man seine Einkäufe füllen kann, sind in den vergangenen Jahren immer größer geworden. Dahinter liegt ein einfacher psychologischer Trick: Wer nur zwei oder drei Produkte braucht, dessen Einkaufswagen wirkt total leer – und diese Leere vermittelt den Eindruck, man habe nicht genug gekauft. Marketingexperte Martin Lindstrom berichtete, dass die Verdopplung der Einkaufswagengröße in einem von ihm untersuchten Supermarkt zu einer Umsatzsteigerung von 19 Prozent führte[35].
  Gleich diesen ersten Punkt kann ich bei meinem Supermarktbesuch nur schwer überprüfen – ich sehe nur: Die Einkaufswägen sind groß und sehr tief. Ich erinnere mich daran, dass sie früher kleiner waren, kann aber nicht garantieren, ob das nur in meiner Erinnerung so ist. Aber ja, obwohl ich damals kleiner war und wohl eine andere Perspektive hatte, glaube ich, dass die Einkaufswägen auch kleiner waren. Die Plastikkörbe waren es in jedem Fall. Zu denen

---

35 Martin Lindstrom: Buyology – Warum wir kaufen, was wir kaufen. Campus Verlag 2009

ich übrigens lieber greife, die Wägen sind mir persönlich inzwischen schlicht zu groß.

- Beim Eingang stehen oft sogenannte Stopper – im Raum stehende Tische oder Regale, die einen Umweg rundherum erfordern, der das Gehtempo verlangsamt. In manchen urbanen, kleineren Filialen geht man nicht gerade in das Geschäft hinein, sondern muss gleich mal in eine Richtung abbiegen, um zu den Produkten zu gelangen. Sobald man langsamer geht, erhöht sich die Aufmerksamkeit auf die Produkte.

Jackpot! Direkt beim Reinkommen stehe ich vor einem Stand mit lebenden Kräutern im Topf. Um an ihm vorbei zu kommen, muss ich die Richtung ändern und werde daher langsamer. Na das fängt ja gut an.

- Immer mehr Märkte kommen drauf, wie wichtig Gerüche sind. Es gibt Untersuchungen, wonach der Geruch von frisch gebackenem Brot den Umsatz im Laden erhöht, auch für andere Produktkategorien. Es macht Gusto und regt die Speicheldrüsen an – und war sicherlich auch ein Teilargument, warum Hofer[36] in den vergangenen Jahren seine Backboxen aufgestellt hat und Brot sowie Semmeln direkt in der Filiale aufbackt (dass es sich dabei immer noch um tiefgefrorene, industriell hergestellte Backlinge handelt und nicht um frisch in der Filiale gebackenes Brot, ist in diesem Fall egal. Man erkennt das ja am Geruch als Laie nicht). Wer hungrig ist, kauft im Supermarkt mehr und vor allem impulsiver. Supermärkte legen es darauf an, dass man „mit dem Magen einkauft und nicht mit dem Kopf", wie es der Marketingforscher Paco Underhill so schön ausdrückt.[37]

Die erste Abteilung ist das Obst und das Gemüse, direkt danach

36 Für deutsche Leser: Aldi heißt in Österreich Hofer.

37 Paco Underhill: Warum kaufen wir? Campus Verlag 2012

komme ich zum Brot. Hinter dieser Theke steht ein großer Ofen zum Aufbacken der Tiefkühlteiglinge, in dem den ganzen Tag über nachproduziert wird. Wie es dort riecht, kann man sich lebhaft vorstellen, oder?

- Gratisverkostungen sind verkaufssteigernd. Wer vor Ort kosten „darf", nimmt sich gern mal das entsprechende Produkt mit heim. Besonders erfolgreich sind solche Aktionen bei Produkten wie Wein oder Tiefkühlspeisen.

Richtig! Bei der Wursttheke liegen schon kleine Butterbrotwürfel mit Wurst drauf, alle fein auf Zahnstocher aufgespießt, bereit. Mahlzeit!

- In vielen Supermärkten läuft Musik – in Österreich gibt es sogar einen eigenen Radiosender, der nur in Filialen der Handelskette Rewe gespielt wird (also bei Merkur, Billa, Penny und Bipa), und auch Spar hat in Österreich ein eigenes Programm, das genau auf die Filialen zugeschnitten ist. Zur Rush Hour, also wenn sehr viele KundInnen in der Filiale sind, wird oft schnellere Musik gespielt, vormittags und am frühen Nachmittag eher langsamere – der Grund: Das Gehtempo passt sich häufig der Musik an. Mit schnellerer Musik ist ein schnellerer Ablauf möglich, bei langsamerer Musik setzt der gleiche Effekt ein wie bei den Stoppern am Eingang: Man geht langsamer und kauft bis zu 29 Prozent mehr.[38]

Also „Cheri Cheri Lady" von Modern Talking hätten sie sich jetzt aber echt sparen können …

- Eine eigene Wissenschaft für sich ist die Regalhöhe in Supermärkten – und die Anordnung der Produkte in den Regalen. Die Produkte, die in Augenhöhe liegen, werden am häufigsten gekauft (und Hersteller müssen übrigens nicht selten dafür extra bezahlen, wenn sie in Augenhöhe im Re-

---

38 siehe Martin Lindstrom: Buyology. Warum wir kaufen, was wir kaufen. Campus Verlag 2009

gal eingelistet werden wollen). Schlechtester Platz: überm Kopf. Viele KundInnen sind nicht groß genug, um hinauf zu greifen, manche können es aufgrund ihres Alters vielleicht gar nicht mehr. Dort stehen Produkte mit geringer Marge für die Märkte – und leichte Produkte, damit es zu keinen Unfällen kommt. Die allerwichtigsten Produkte sind immer in Augenhöhe einsortiert – weil sie bis zu 35 Prozent mehr Aufmerksamkeit bekommen als jene Produkte auf niedrigeren Regalen. Wenig überraschend stehen die Produkte, die den Supermärkten die größte Marge liefern, auf diesem Level. SchnäppchenjägerInnen sollten nach unten schauen. Dort sind oft die billigen Produkte aufgestellt, und – welche Überraschung – die für Kinder.

Ich suche nach Basmati-Reis. In Augenhöhe finde ich eine sehr ansprechende Verpackung: Reis im Jutesack, hübsch bedruckt. Als ob ich direkt beim Händler in Indien kaufen würde, nicht wahr? Ich schaue nach unten und sehe zwei Regale drunter, etwa auf Kniehöhe, weitere Basmati-Produkte, allesamt signifikant billiger. Gefinkelt, gefinkelt! Beim Schokoladenregal muss ich dann lachen: Zartbitter von Lindt in Augenhöhe, Kinderschokolade weiter unten.

■ Die Anordnung der Produkte ist auch nicht zufällig: Manche Produkte assoziiert man bewusst oder unbewusst miteinander. Daher stehen Pestos und fertige Spaghetti-Saucen immer direkt bei den Nudeln, Zahnbürsten neben Zahnpasten. Meine liebste Assoziation habe ich in einem italienischen Supermarkt gesehen, dort standen diverse Abnehmprodukte neben diversen Schokoladen-Nuss-Cremes (wenn das keine Absicht war, war's lustig, wenn doch: Respekt!). Ebenso amüsiere ich mich immer wieder im Bipa[39] da-

39 Österreichische Drogeriefachkette, gehört zum Rewe-Konzern.

rüber, dass die Kondome neben den Ohropax hängen. Bipa denkt eben auch an die Nachbarn!

Auch in meiner Supermarktfiliale passt alles zusammen. Was mich überrascht: Die Dosentomaten und das Tomatenmark stehen übrigens wirklich nicht beim sonstigen Dosengemüse wie etwa Bohnen oder Mais, sondern bei den Pestos und Nudeln.

- Die wirklich wichtigen Produkte, also die, die am meisten gekauft werden, stehen dafür meist nicht nebeneinander, sondern sind im ganzen Laden aufgeteilt. Der Grund dafür liegt auf der Hand: Um von den Nudeln zum Bier zu kommen (beides für viele in der Kategorie Grundnahrungsmittel anzusiedeln), muss man häufig einmal quer durch den Laden. Kühlregale sind häufig im hinteren Bereich einer Filiale angesiedelt. Damit stellen die Märkte sicher, dass man große Teile des Ladens abgehen und so an möglichst vielen Produkten vorbeikommen muss – und so eventuell mehr Impulskäufe macht.

Ich möchte Bier kaufen, das übrigens immer unter den meistverkauften Produkten in Supermärkten rangiert. Um jedoch zum Bier zu kommen, muss ich bis ins hinterste Eck des Supermarkts – ich passiere am Weg dorthin drei Gänge, in die ich kurz reinschaue und beschließe, nach Einladen des Biers in den Einkaufskorb noch zwei der Gänge abzugehen, das hat interessant ausgesehen, was dort stand[40].

- Farben haben einen immensen Einfluss auf unser Kaufverhalten. Wenn man genau hinsieht, sind Angebotsschilder, Ausverkaufsschilder oder auch Spezialangebote auf Produkten signifikant häufig in rot gehalten. Der Grund: Wir reagie-

---

40 Ich achte übrigens seither in jeder neuen Supermarktfiliale, die ich betrete, darauf: Wo ist das Bier? In neun von zehn Filialen finde ich es in einem versteckten Seitengang oder im hintersten Eck des Marktes.

ren schneller und energetischer, wenn wir „rot sehen"[41]. Die Farbe ist in uns seit Urzeiten als Warnsignal verankert und erhöht unsere Aufmerksamkeit (übrigens auch spannend: Blau gilt als vertrauenswürdig und verlässlich, daher verwenden Banken oft diese Farbe. Und Grün, oh Überraschung, löst die Assoziationen „umweltfreundlich und gesund" aus).
An den Kopfenden der Regale, die ich in meiner Supermarktfiliale am Weg zum Bier entlanggehe, prangen große Ausverkaufs-Schilder – in leuchtendem Rot, na so eine Überraschung!

- Die Wegwerfgesellschaft macht es möglich: Die Anzahl der verpackten Produkte hat in den vergangenen Jahren massiv zugenommen. Es vermittelt ein Gefühl von Hygiene, wenn wir die fein säuberlich geschnittenen Wurstträdchen nicht erst durch die Hand der FachverkäuferInnen gehen sehen, sondern einfach nur die Wurst fertig in der Plastikschale verpackt aus dem Kühlregal nehmen können. Doch in Wahrheit ist es gar nicht unbedingt hygienischer, im Gegenteil: Die Plastikverpackungen stehen in Verdacht, aufgrund von Fett und möglicher Wärmeeinwirkung bei Unterbrechung der Kühlkette auf unser Hormonsystem wirkende Weichmacher, die sich aus der Verpackung lösen, ins verpackte Lebensmittel abzugeben.[42] Recyclete Kartonverpackungen sind da übrigens nicht besser, sie stehen in Verdacht, durch die enthaltene Druckerschwärze Mineralöle an die Lebensmittel abzugeben.[43] Die Verpackungen wurden aus vielerlei Gründen verstärkt eingeführt, manche davon relevant (z.B.

41 https://www.verywellmind.com/color-psychology-2795824
42 https://www.global2000.at/sites/global/files/Report-Plastikverpackungen-und-Lebensmittelabfaelle.pdf
43 https://www.foodwatch.org/uploads/media/2015-10_Mineraloel_in_Lebensmitteln_Hintergrund_11.pdf

Lebensmittelhaltbarkeit), andere eigentlich fast schon gegen die guten Sitten (z.B. Verpackungsgröße beibehalten, aber die Inhaltsmenge verkleinern. Ich bin immer wieder überrascht, wenn ich einen neuen Karton voller Teebeutel aufmache und der halb leer ist).[44]

Vorbei an Obst und der Wursttheke lande ich in der Frischeabteilung, wo an drei Wänden meterlange Kühlregale und -schränke aufgestellt sind, angefüllt mit Wurst, Käse, Frischfleisch und Milchprodukten – alles ist verpackt und gibt mir ein Gefühl der Hygiene und Sauberkeit.

■ Die Beleuchtung hat einen essenziellen Einfluss auf das Kaufverhalten. Während es in Drogeriemärkten sehr hell und dabei sehr tageslichtähnlich sein sollte, wird in Supermärkten besonders bei der Frischware wie Obst und Gemüse mit sehr weichem, gelblichem Licht gearbeitet – Farbtemperatur und Filter lassen es knackiger und frischer erscheinen. An der Fleischtheke hingegen wird Licht mit einem hohen Rotanteil im Filter eingesetzt, bei Fisch ist es eher kaltweiße

---

44 In diesem Zusammenhang werde ich ein Erlebnis aus meiner Zeit bei Greenpeace nie vergessen: Eine der großen Lebensmitteleinzelhandelsketten in Österreich hatte eine neue Person für Nachhaltigkeitsbelange eingestellt. Ich fragte diese Person, warum so übermäßig viel in Plastik verpackt werde, und nach einer kurzen Diskussion sagte sie wörtlich: „Ja, da findet bei uns im Haus gerade ein Umdenken statt, da haben wir unseren KundInnen ein falsches Hygieneverständnis beigebracht." In unzähligen Gesprächen mit Nachhaltigkeitsmenschen bei Österreichs Supermärkten hatte ich bisher immer das gleiche Argument gehört, wenn ich auf das Verpackungsthema kam: „Die KundInnen wollen das so, die kaufen sonst nicht." Dass nun zum ersten Mal eine Person in dieser Position einen Fehler und vor allem dieses Wissen um die eigene Steuerungsmacht zugab, gab mir sehr viel Hoffnung. Doch diese Person war nur wenige Wochen im Amt und zog sich dann wieder zurück. Leider.

Beleuchtung.[45] In besonders exklusiven Supermärkten, beispielsweise in New York, habe ich auch schon erlebt, dass das Obst und Gemüse wie auf einer Bühne hell beleuchtet präsentiert wird, während die Umgebung leicht abgedunkelt ist.
Mit freiem Auge kann ich jetzt in meiner Supermarktfiliale die Farbtemperatur nicht genau benennen, aber ich sehe: Das Licht in der Gemüseabteilung ist definitiv weniger grell, sondern angenehm tageslichtartig.

- 2009 schrieb Thilo Bode, der Gründer der NGO foodwatch, die sich mit den Rechten von VerbraucherInnen und der Qualität von Lebensmitteln auseinandersetzt, dass es in vielen Supermärkten Vorgabe sei, die Regale immer wieder umzusortieren. Der Grund: „Muss ein Kunde suchen, so findet er nicht allein das Gewünschte, sondern auch noch anderes."[46]
Glücklicherweise macht mein Stammsupermarkt das nicht so häufig, und jede Filiale ist gleich angeordnet. Das ist praktisch, wenn man in einer Filiale ist, die die eigene Mutter, für die man einkauft, nicht kennt, dich per Anruf aber trotzdem erfolgreich zu den von ihr gewünschten Produkten dirigieren kann. Dass mein Supermarkt am Eck mal die Anordnung der einzelnen Obst- und Gemüsesorten in der betreffenden Abteilung komplett umsortiert hat, hab ich ihm mehrere Monate lang nicht verziehen.

All diese bis ins Detail durchdachten Maßnahmen sind nur dazu da, dass wir mehr kaufen, als wir uns bei Betreten des Supermarkts eigentlich vorgenommen hatten.

In all meinen Jahren bei GLOBAL 2000 und Greenpeace gab

---

45 https://www.click-licht.de/Glossar/shop-beleuchtung

46 Thilo Bode: Abgespeist – Wie wir beim Essen betrogen werden und was wir dagegen tun können. Fischer Verlag 2009

es immer wieder Gespräche mit den NachhaltigkeitsvertreterInnen der Supermärkte. Egal, worauf wir sie kritisch hinwiesen, immer wieder hieß es: „Aber der Kunde kauft's ja nicht, wir können uns ja nur danach richten, was gekauft wird!" Es war völlig egal, worum es ging: Ob man nicht doch auch optisch nicht ganz entsprechendes Obst verkaufen könne, damit es weniger Lebensmittelverschwendung gäbe? „Ja, aber das kaufen uns die Leute nicht, die erwarten ja die glänzenden Äpfel!", hieß es 2012. Später hatte genau jene Kette, die mir diese Antwort lieferte, mit den sogenannten „Wunderlingen", also Obst und Gemüse, das optisch aus der Norm viel, qualitativ aber in Ordnung war, einen riesengroßen Marketing-Erfolg. Es ging also doch.

Forderten wir die Supermärkte auf, ihre Veto-Rolle gegen die Wiedereinführung eines Pfandsystems aufzugeben, hörten wir: „Ja, aber die Kunden sind ja inzwischen gewöhnt, dass die Flaschen leicht sind und sie sie zu Hause wegwerfen können. Die schleppen doch kein Glas mehr wieder zurück in die Filiale!". Doch als 2019 Berglandmilch in Kooperation mit Greenpeace ankündigte, die Produktion (also Milch, Joghurt, Kakao, Molke etc.) mittelfristig auf Mehrweg-Pfand umstellen zu wollen, reagierte eine große Supermarktkette, die sich zuvor noch öffentlich gegen die Einführung von Mehrwegpfand ausgesprochen hatte, mit einer großen „Wir sind so super, bei uns gibt's jetzt Mehrwegpfandprodukte"-Kampagne. Würden sie auch nicht tun, wären die Mehrwegflaschen prognostizierte Ladenhüter, oder?

Mich ärgerte das jedes Mal enorm, weil ich es ihnen schlicht nicht glaubte. Wer so gut über seine KundInnen Bescheid weiß und so viele Schritte zur Verkaufsförderung setzt, kann auch die Produktauswahl sehr exakt steuern. Jahrelang wurde es abgestritten, doch dann interviewte Florian Skrabal vom Recherchemagazin *Dossier* anonym einige der Einkäufer der großen Supermarkt-Handelsketten. Nach einer sehr ausführlichen Erklärung, wie Verkaufspreise zustandekommen und wieviel Druck für die ProduzentInnen und landwirtschaftlichen Betriebe herrscht, wenn sie an solche Ketten liefern wollen, stellte Skrabal die Frage aller Fragen: Entscheiden die KonsumentInnen, was sie kaufen können? Die Antwort könnte bezeichnender nicht sein: „Aber keinen Millimeter. Der Konsument hat überhaupt nichts zu sagen. Was soll er entscheiden? Haben sie schon jemals das Verlangen gehabt, etwas zu kaufen, das es nicht gibt? Nein. Der Konsument ist zu hundert Prozent manipulierbar. Ich manipuliere nur. Creation of demand, das ist der Job, das machen wir."[47]

Man sollte sich nie wieder etwas anderes einreden lassen. Natürlich findet Manipulation statt. Die Frage ist, wie sehr wir mitspielen.

Und es sind ja nicht nur die Supermärkte, die so agieren. Auch in Modeläden, im Elektronikfachhandel, eigentlich egal wo: Überall wird durch verschiedene Strategien versucht, den Umsatz zu steigern. Während die einen Modehändler das Prinzip verfolgen, dass man sich in der Umkleide wohlfühlen soll, mit Teppichboden, viel Platz, weichem Licht, schmeichelnden Spiegeln und frischen Blumen (die suggerieren, dass sich jemand immer um diesen Raum kümmert), bauen andere ihre Kabinen so klein, eng, mit unangenehm verzerrenden (oder eben exakt die Realität zeigenden) Spiegeln und von oben kommendem Licht, dass es dich sofort in Depressionen verfallen und in dir den Wunsch aufsteigen lässt, möglichst sofort auf Nulldiät zu gehen. Erstere wollen im Laden verführen, zweitere legen es darauf an, dass man möglichst wenig anprobiert, sondern einfach gleich kauft und zuhause testet – und da ist

---

47 Aus: Dossier „Supermacht Supermarkt – Die Welt der Handelsriesen", 10/2020, Nr. 3,

bereits mit einkalkuliert, dass vielen KundInnen das Zurückbringen der Ware innerhalb der Gewährleistungsfrist schlicht und einfach zu umständlich ist. Ein besonderes Beispiel sind die Marken Abercrombie & Fitch und Hollister, in deren Läden es verdammt dunkel ist, während Musik laut dröhnt. Der Hintergedanke: Man will Partystimmung erzeugen, es soll das Gefühl entstehen, man befindet sich in einem coolen Club[48]. Auch bei Desigual geht's vergleichsweise dunkel zu.

Bei Ikea ist alles deshalb Labyrinth-artig aufgebaut, damit man einen Weg durch das gesamte Möbelhaus geht und somit an allen Produkten einmal vorbeikommt (inzwischen kennzeichnet Ikea zwar doch die eine oder andere Abkürzung, aber viele sind es nicht). Die Schütten vor den Kassen bringen nochmal einen ganzen Haufen Umsatz – denn das Säckchen Teelichter, der Dreierpack Vorratsdosen oder die bunten Polsterüberzüge, die nicht nur in der ihnen angestammten Abteilung, sondern eben auch direkt vor den Kassen liegen, sind schnell mal in den (übrigens unfassbar riesigen) Einkaufswagen gepackt.

Die Beispiele ließen sich endlos fortsetzen.

So viel Marmelade

Ich fuhr mal mit einem Freund am Weg in ein langes Wochenende am Land zu einem riesigen Supermarkt am Stadtrand – immens groß, mit nochmal doppelt so großer Parkplatzfläche. Irgendwann verlor ich den Freund aus den Augen und fand ihn vor dem Kühlregal. Er stand da und … zählte.

---

48 Mir scheint, dass man bei der Dunkelheit wohl die nicht immer rasend gute Qualität der Kleidung nicht erkennen kann, ist wohl auch kein Nachteil.

„Zwanzig, einundzwanzig, zweiundzwanzig ..."

„Bitte was tust du da?"

„Psst, bring mich nicht raus! Dreiundzwanzig, vierundzwanzig, fünfundzwanzig, sechsundzwanzig, siebenundzwanzig."

„Siebenundzwanzig... was?"

„Siebenundzwanzig Erdbeerjoghurts gibt es hier." Er drehte sich zu mir, schaute mich an und sagte: „Hast du danach gefragt? Ich nämlich nicht."

Ich glaube, diese Frage werde ich nie vergessen. Nein, ich habe nicht danach gefragt, aus 27 verschiedenen Erdbeerjoghurts wählen zu können (wobei, wenn man nur die Joghurts zählt, in denen echte Erdbeeren drin sind, ist die Zahl wahrscheinlich um einiges geringer). Das System, dass Nachfrage das Angebot bestimmt, gibt es nicht mehr.

Das Angebot bestimmt das Angebot.

Wir sind also überall mit einer riesigen Menge an Angeboten konfrontiert. 27 Erdbeerjoghurts. Das gleiche Shirt in 15 verschiedenen Farben bei Primark. Saturn, einer der größten Elektronikfachhändler im deutschsprachigen Raum, hat sage und schreibe 200 verschiedene Smartphones im Sortiment.

In einer (sogar eher kleinen) Filiale einer Drogeriefachhandelskette bei mir in der Nähe zähle ich

- 172 Shampoos und jeweils nochmal so viele Spülungen und Conditioner,
- 250 Deos (!!!),
- 152 verschiedene Zahnpasten,
- allein 60 rote (!) Lippenstifte (alle anderen Farben nicht gezählt) und unglaubliche
- 352 Nagellackfarben[49].

---

49 Ich trau mich dort jetzt eine Weile nicht mehr hin, obwohl ich schamhalber gleich ein Deo gekauft habe. Die Angestellten halten mich

Was ich daran nicht verstehe: Das Überangebot funktioniert wissenschaftlich nachweislich nicht. Das berühmte „Marmeladen-Experiment" hat nämlich Folgendes ergeben: Menschen kaufen tendenziell mehr, wenn sie eine geringere Auswahl haben. Vielfalt und Überfluss können ins Gegenteil umschlagen.

Das Marmeladen-Experiment zeigte auf, was wir „Paradox of Choice" nennen: Die Wissenschaftler Sheena Iyengar und Mark Lepper stellten an zwei Samstagen im Jahr 2000 in einem Supermarkt in Kalifornien Probiertische mit verschiedenen Marmeladensorten auf, die auch gleich zum Verkauf standen. Das Einzige, was sie variierten, war die Menge des Angebots: Mal boten sie sechs Sorten zur Auswahl, mal waren es 24, aus denen die KundInnen im Vorbeigehen aussuchen und kosten konnten. Das Ergebnis: Als die KundInnen wirklich große Auswahl hatten, probierten zwar 60 Prozent mindestens eine Sorte – allerdings beschlossen nur zwei Prozent (gerechnet auf alle KundInnen im Supermarkt), danach auch ein Glas Marmelade zu kaufen. Bei der kleineren Auswahl von nur sechs Sorten probierten zwar nur 40 Prozent der vorbeigehenden KundInnen, allerdings kauften danach ganze zwölf Prozent aller KundInnen an dem Tag auch ein Glas Marmelade. Die große Auswahl hatte die KundInnen zwar neugierig, aber auch entscheidungsunfähig gemacht. Die Angst, eine falsche Entscheidung zu treffen, war unbewusst so groß, dass lieber gar keine Entscheidung getroffen wurde. Dazu kam, dass bei 24 verschiedenen Sorten vielleicht die Unterschiede bei einigen nicht mehr so klar er-

---

jetzt wohl entweder für eine gefürchtete Mystery-Shopperin oder eine Irre. Oder vielleicht beides. Was Mystery-Shopper sind? Menschen, die „inkognito" einkaufen und im Auftrag der Firmenleitung überprüfen, ob das Angebot stimmt und die VerkäuferInnen eh auftragsmäßig freundlich sind.

kennbar waren (Erdbeere mit Zimt, Erdbeere ohne Zimt, Erdbeere mit Kirsche usw.).

Kennst du das auch? Du überlegst lange hin und her, in welcher Farbe du dir den Kaffeebecher fürs Büro kaufen sollst. Und hast du ihn dann gekauft, grübelst du zuhause und im Büro noch länger nach, ob du nicht doch besser die andere Farbe hättest kaufen sollen. Es geht uns also nicht nur bei Marmeladen so.

Warum es in meinem Supermarkt gezählte 77 verschiedene Marmeladen gibt, ist mir also ein Rätsel.

Die große Auswahl macht es meinem Unbewusstsein schwerer zu wählen. Ich stehe vor einem Rätsel: Das ist der Punkt, der für mich den ganzen anderen neurowissenschaftlichen Erkenntnissen widerspricht. Dem Experiment nach würde man mehr verkaufen, wenn man weniger Auswahl bietet, oder zumindest: Ich würde mich wohler fühlen in meiner Kaufentscheidung. Und dennoch haben wir uns an dieses Überangebot gewöhnt. Doch bezieht man mit ein, wie viele Produkte unverkauft bleiben und vielleicht entsorgt werden, und wie viel daher für die Mülltonne produziert sein muss, kann dieses Überangebot kein guter Konsum sein. Weder für mich, ich bin ja überfordert, noch für die Umwelt.

Social Media Advertising oder Ich kaufe mir ein Massagegerät

Heimkommen, bequeme Sachen anziehen, ab aufs Sofa, Handy in die Hand, scrollen. Bei wem schauen die ersten paar Minuten des Feierabends auch so aus? Für mich immer wieder ein gutes Abschalten – einfach mal eine Runde auf Instagram drehen. Gedankenlos Fotos anschauen, Herzchen verteilen, vielleicht doch mal den Text bei einzelnen Bildern lesen, und vor allem: Mich durch die Storys klicken. Was Storys sind? Man kann inzwischen nicht mehr nur noch Fotos posten, sondern auch Videos, bearbeitete Bilder, alles Mögliche – und das für genau 24 Stunden, dann löschen sich die Storys von selbst.

Eigentlich halte ich genau jene Storys ja für eine Geißel der Menschheit, für eine unglaubliche Perfidie, die sich der Facebook-Konzern (zu dem ja auch Instagram gehört) ausgedacht hat. Nichts spielt mit unserem Hirn mehr als Storys: Der Gedanke, ach, ist eh nur einen Tag lang online, hat bei vielen Instagram-UserInnen Hürden (und Hüllen) fallen lassen. Man erzählt einfach mal ins Handy hinein, was man heute so erlebt hat. Man zeigt den Kaffee, den man gerade trinkt. Man schafft sich selbst das Gefühl, entweder bekannt oder nicht allein zu sein. Weil man immer jemanden hat, dem man seine Erlebnisse des Tages erzählen kann: seinen Followern. Das erzeugt eine trügerische Nähe. Doch auch für die ZuschauerInnen sind Storys mit einem ganz eigenen Stress belegt, denn FOMO tanzt munter vor sich hin: Man darf nix versäumen. Alle Storys stehen nur einen Tag lang online, und dann hat man so gut wie keine Chance mehr, jemals zu erfahren, welches neue Kleid sich die Influencerin aus Australien, die man so gut findet, heute gekauft hat. Eigentlich absurd, oder? Falls es einem nicht so vorkommt, sollte man mal versuchen, das Konzept von Instagram inklusive Feed und Storys den Großeltern zu erklären.

Und das Allerabsurdeste: Ich weiß das alles und kippe auch immer wieder drauf rein.

Auf der Suche nach einer Influencerin, die allen Klischees entsprach, die es allgemein zu Influencern gibt, entdeckte ich Dani Austin aus Texas, USA. Sie ist jung, hübsch, trägt auffällig viel Make-up – und wenn sie kein Make-up trägt, nutzt sie einen dieser beängstigenden Filter, die dein ungeschminktes Gesicht perfekt angemalt und ebenmäßig aussehen lassen. Sie ist so gut wie immer gut gelaunt. Sie teilt ihr Leben mit ihren Followern, täglich mehrfach. Ich kannte nach ein paar Wochen ihren Mann, ihre Hunde, ihr Haus, ihre Küchentöpfe, ihre Proteinshakes, ihre liebsten Outfits fürs Workout, ihre allerliebsten Mascaras. Sie machte (und macht) unendlich viele Storys, in denen sie unendlich viele neue Produkte vorstellt: Mode, Make-up, Deko. Zu Beginn war es wie bei einem Autounfall: Es gruselte mich etwas, aber ich konnte nicht wegschauen. Sie wirkte wie eine lebende Litfasssäule auf mich. Ich fand, sie würde wahnsinnig gut in den Film *Die Truman Show* passen, in dem bis auf einen – den hochtalentierten Jim Carrey – alle Menschen nur etwas vorspielen und dabei subtil Werbung machen.

Doch dann passierte es: Dani wurde mir langsam, Schritt für Schritt, Story für Story, immer sympathischer. Zu viel Färben, aber auch großer Stress führte dazu, dass ihr die Haare ausfielen.[50] Sie sprach offen darüber, authentisch, zeigte die Perücken, die sie sich gekauft hatte, erzählte von ihren Angstattacken. Und ich empfand sie plötzlich als echt, hatte ein Gefühl von: „Na mal schauen, wie es der Dani heute geht – hoffentlich gut!" Gegen ihre ewigen Werbungen war ich natüüüüüüürlich weiterhin immun. Pfft. Ich doch nicht, ich würde doch nicht drauf reinfallen, wenn sie mir Kleider von Amazon oder den neuesten heißen Augenbrauenmakeupscheiß vorführte.

Aber Moment mal, was zeigte sie da grad bitte her? Was war das für ein riesiges Teil? Sie legte ein großes Band, an dessen Mitte sechs Bälle hinter einem Netz angebracht waren, auf ihre Schultern, hielt es mit beiden Händen fest und drückte mit einem Finger auf einen Startknopf am Band. Gleichsam auf Knopfdruck begann sie zu stöhnen und die Augen zu verdrehen vor Genuss. Dieses Massagegerät auf ihren Schultern musste

50 Wundert mich nicht. Was das für ein Druck sein muss, ständig sein gesamtes Leben mit über einer Million (!) Menschen zu teilen.

unfassbar gut sein, so wie sie es zu genießen schien! Und ich war eh auch immer so verspannt …

Am nächsten Tag schwärmte sie wieder von dem Massageding.

Am übernächsten zeigte sie, wie sie es ihren Mann ausprobieren ließ (gleiches Stöhnen, gleiches Augenverdrehen).

Am dritten Tag zeigte sie Nachrichten ihrer Follower, die sich bereits nach ihrer ersten Präsentation das Massagedings ebenso bestellt hatten und die aus dem Schwärmen nicht rauskamen.

Am vierten Tag stöhnte ihre Mutter in die Kamera.

Ich schwöre, ich wartete nur noch darauf, dass ihr Hund die Augen vor Genuss verdrehte, weil sie ihm das Gerät anlegte.

Und. Sie. Hatte. Mich.

Ich dachte, naja, man kann ja mal nachschauen, ob das Ding auch in Europa ausgeliefert wird. Wurde es. Oha, das kostete ja wirklich nicht viel! Aber nein, ich brauchte es nicht. Stolz auf meine Standhaftigkeit klappte ich den Laptop zu.

Zwei Tage später erklärte Dani Austin dann der Welt noch einmal, dass das wirklich das Beste war, was sie sich je gekauft hatte und dass das keine Firmenkooperation war, sondern dass gaaaaaanz authentisch sie sich das selbst gekauft hatte, niemand sie dazu zwang, positiv drüber zu reden und sie nun ihre ehrliche Meinung mit ihren Followern teilen wollte.

Wer sich ein bisschen mit Influencern auskennt, konnte das sofort durchschauen: Einserschmäh. Damit wird nur noch mehr Authentizität und Nähe erzeugt, die gar nicht da ist. Und obwohl ich das wusste, verdammt nochmal!, hatte sie mich. Er wirkte so unglaublich gut, dieser Genuss, den ich da online sah. Ich wollte auch einen entspannten Nacken haben! Ihr ahnt es: Ich bestellte mir auch so ein Massageteil.[51]

---

51 Und möchte klar feststellen: Es geht hier nicht um hihihaha Massagestab höhö wir wissen eh, wozu der gut ist, es geht um ein Shiatsu-

Es war wirklich unglaublich. Seit bald einem Jahrzehnt beschäftige ich mich mit kritischem Konsum, predige gleichsam, dass man mal wieder überlegen sollte, was man wirklich braucht und was nur oberflächliche Bedürfnisbefriedigung ist, und dann falle ich selbst auf die Werbung einer Influencerin rein. Aber um hier die Reste meiner Ehre zu retten: Dieses Massageteil im Nacken brachte und bringt auch mich zum Stöhnen und Augenverdrehen. Nur jedes Mal, wenn ich es auspacke, überkommt mich kurz das schlechte Gewissen: Auch ich bin ein Konsumopfer.

Oder Opfer einer gewaltigen neuen Industrie: Influencer „unterhalten die Welt tatsächlich ausschließlich durch ihren Konsum, dadurch, dass sie tagtäglich zeigen, womit sie sich schminken, was sie tragen, was sie essen, was sie trinken. Reality-Shows, YouTube und Social Media haben Bühnen geschaffen, auf denen Menschen – scheinbar einzig und allein dadurch, dass sie ihren besonders gut durchkuratierten Lebensstil mit der Öffentlichkeit teilen – zu Superstars werden. Der Lebensstil dieser Influencer ist für Millionen von Menschen wegweisend. Ihre – oft sehr jungen – Follower träumen davon, sich die gleichen Sachen zu kaufen. Und ihr Ziel ist es – eben dadurch, dass sie sich die gleichen Sachen kaufen –, die gleiche Karriere zu machen wie ihre Vorbilder. Kein Wunder also, dass zum Beispiel in den USA nicht weniger als 86 Prozent aller Leute zwischen 13 und 38 ebenfalls Influencer werden wollen“, schreibt der Autor Carl Tillessen.[52] *Sechsundachtzig Prozent* wollen also lebende Litfasssäulen werden. Erschreckend.

Und der Schmäh an der Gschicht: Auch bei Social Media

Massagegerät für Schultern und Rücken und ich bin leider immer noch begeistert davon.

52 Carl Tillessen: Konsum – Warum wir kaufen, was wir nicht brauchen. HarperCollins 2020

funkt uns das Dopamin rein. Jedes Herzerl, das man auf Instagram für ein gepostetes Bild kriegt, jede Reaktion auf Facebook auf selbst geschriebene Statusmeldungen, jedes Like auf Twitter, weil man in 260 Zeichen besonders prägnant und witzig ist, ist ein klitzekleiner Dopamin-Kick. Man kann sich also ausrechnen, was es mit der körpereigenen Biochemie aufführt, wenn man frisch Gekauftes, wo der Kick vom Kaufen noch nachwirkt, online postet und mit Aufmerksamkeit belohnt wird.

Aber ich muss mich an der Nase nehmen, ich hab mich ja von genau dem Konzept anstecken lassen: Hätte ich mir das Massagegerät nicht gekauft, gäbe es das Berufsfeld der Influencer ja erst gar nicht – also, exemplarisch natürlich. So wichtig bin ich nicht. Der stationäre Handel ist zwar immer noch sehr relevant, im Bereich Mode und Elektronika (erwischt!) hat das Onlineshopping aber inzwischen den ersten Platz erreicht. Sagt zumindest eine Studie von Accenture[53]: Man kann online einfacher Produkte vergleichen, kann sich Kundenmeinungen zu den einzelnen Produkten durchlesen und muss nicht mal einen Fuß vor die Tür setzen. Bei der Fülle an Modeartikeln gibt's inzwischen online sogar ein Modell, das „analog" bisher nur sehr reichen Menschen vorbehalten war: das kuratierte Shoppen. Man füllt einen Fragebogen aus, der sich mit den Stilvorlieben der befragten Person beschäftigt und bekommt maßgeschneiderte Produkte vorgeschlagen. Die kriegt man dann in einer Zusammenstellung von fünf bis zehn Teilen zugeschickt – schlau, denn wenn's eh schon da ist, kann man ja das eine oder andere Teil, das man halt *auch* gut findet, aber halt mehr so lala, gleich mal behalten.

Der inzwischen überall vorhandene Zugang zum Internet hat eine gewaltige Veränderung im Kaufverhalten gebracht. War

---

53 https://www.accenture.com/us-en/insight-outlook-who-are-millennial-shoppers-what-do-they-really-want-retail

es vorher noch eine bewusste Entscheidung, shoppen zu gehen, also wirklich Zeit dafür einzusetzen, in die Stadt zu fahren und durch Geschäfte zu bummeln, geht das jetzt nebenher am Handy, während am Fernseher gerade die neueste Netflix-Serie läuft.

Die Frage ist, ob es *guter* Konsum ist. Ich wage, daran zu zweifeln. Ja, in manchen Gegenden der USA, aber auch in Europa, ist es wohl inzwischen so, dass vor allem ältere Menschen ohne Onlinehandel nicht überleben könnten. Der stationäre Handel hat sich so weit zurückentwickelt, dass Amazon bereits Teile der Grundversorgung übernommen hat. Doch Hand aufs Herz: Solange wir diese Entwicklung verlangsamen oder stoppen können, sollten wir es tun, oder?

Sind wir ausgeliefert?

Es ist unglaublich, was alles mit uns angestellt wird, damit wir kaufen. Es beginnt bei ganz klassischer Werbung, in der entweder das Produkt angepriesen wird (inklusive Kondenstropfen auf der Getränkedose), uns Angst gemacht wird, dass unser Leben ohne das Produkt sinnlos ist oder uns erklärt wird, dass wir nur mit einem ganz bestimmten Produkt zu unserer gewünschten sozialen Gruppe dazugehören. Es führt über subtile Formen des Marketings, von Retargeting (klickt man einmal bei Amazon auf einen gelben Schuh, verfolgt dieser Schuh dich quer durchs Internet. Das Kalkül: Je öfter du das Produkt siehst, desto eher wirst du irgendwann doch auf „kaufen" klicken.) bis hin zum sogenannten Nudging, also dem Setzen positiver Anreize.[54]

---

54 Mich verfolgte übrigens kürzlich ein niemals angeklickter Ballettschuh in zartrosa von Amazon durchs Netz. So ganz durchschaut hat mich deren Algorithmus also doch noch nicht. Puh.

Es ließen sich ganze Bücher füllen mit den einzelnen Instrumenten von Marketing, Werbung und PR, die alle nur der Verkaufssteigerung dienen – doch das führt hier zu weit.[55] Was klar ist: Auf der Marketingseite sitzen sehr schlaue Menschen, die sich mit Verhaltensbiologie, unseren Trieben und Wünschen nach Identifikation mit bestimmten Klassen oder Gruppen gut auskennen und genau das ausnutzen. Sie wissen, dass wir unsere Identität gerne durch die Auswahl bestimmter Produkte hervorstreichen, sie wissen, wie sie uns dazu bringen, Produkte zu begehren, von denen wir vorher gar nicht wussten, dass die Welt sie braucht.[56]

Sind wir dem willenlos ausgeliefert? Wir können noch so verführt werden, am Ende des Tages weigere ich mich aber zu glauben, dass es Instrumente des Marketings gibt, die uns kollektiv dazu bringen, auf Kontostand, Lebensstil und eigenen bereits bestehenden Besitz zu vergessen und quasi in Hypnose die Geldbörse zu zücken.

Wir haben *immer* die Entscheidung zwischen kaufen und nicht-kaufen.

Auch wenn sie uns durch unsere Natur und die darauf basierenden Marketingerkenntnisse schwer gemacht wird: Diese Entscheidung ist immer möglich. Auch wenn sie vielleicht manchmal nicht sinnvoll ist.

Es kann ja auch nicht darum gehen, konsequent nur „nein" zu sagen – wie bereits geschrieben: Gar nicht konsumieren geht gar nicht. Manchmal ist unser Unterbewusstsein einfach stärker

---

55 Ich empfehle bei weitergehendem diesbezüglichem Interesse die Bücher des Autors Dr. Christian Mikunda.

56 Mir ging es lange mit Tablets so. Ich hatte ein Smartphone, ich hatte einen Laptop, was brauch ich bitte jetzt plötzlich einen Laptopmonitor ohne Tastatur? Wenig überraschend gab es kurz darauf eigene Tastaturen dafür zu kaufen.

und wir fahren heim mit den nächsten Kissenbezügen, um dem Sofa einen anderen Farbimpuls zu geben, obwohl wir wissen, dass es das gar nicht gebraucht hat.

Der Schlüssel liegt wohl in der Frage, die ich seit vielen Jahren KonsumentInnen empfehle: „Brauche ich es wirklich?" – und es braucht Übung, sich diese Frage radikal ehrlich zu beantworten. Man kann sagen, natürlich braucht man die vier neuen Kissenbezüge, weil jetzt ist ja Frühling und da will man frischere Farben am Sofa haben und das Olivgrün der bestehenden Bezüge sind so herbstlich und das passt ja gar nicht zum sich ändernden Tageslicht und und und …

Man kann aber auch sagen: Man hat eben diese Kissenbezüge, die Farben gefallen einem, sie schauen harmonisch aus und man braucht schlicht nichts Neues. Es ist – wie so vieles im Leben – immer eine Entscheidung.

Was macht Konsum eigentlich wirklich mit uns?

Dass es so etwas wie Trends und Modestile gibt, das hat sicher nicht nur damit zu tun, dass wir willenlose Opfer sind, denen unbedingt der neue Jeansschnitt eingeredet werden muss. So ein bisschen Restentscheidungsmacht will ich uns da nicht absprechen, das geht mir massiv gegen den Strich, auch wenn ich es immer wieder befremdlich finde, wie schnell Menschen im Namen der Mode komplett konform aussehen.

Es ist einfach dieses Ding mit der Individualität. Natürlich ist es super, wenn Fast Fashion und aufbrechende Tabus es ermöglichen, dass wir genauso herumlaufen können, wie wir es ganz individuell als modisch empfinden. Aber empfinden wir es wirklich selbst – oder bekommen wir es vorgegeben? Ich nenne es immer das „Grüner-Parka-Phänomen“: Wir halten uns für total individuell, wenn wir im Herbst enge Jeans, feste Boots, einen dicken Schal und einen olivgrünen Stoffparka tragen. Und im

Endeffekt haben wir alle das Gleiche an. Auch Stilikone Iris Apfel[57] sieht das ähnlich: „Individualität scheint heute ein schmutziges Wort zu sein. Es gibt so viele Auswahlmöglichkeiten, und trotzdem sehen alle aus, als würden sie in Uniform stecken." Da beißt sich die Katze dann in den Schwanz, oder? Ist das jetzt Herdentrieb oder Individualität?

Die Psychologie gibt mir ein paar Antworten: Wir alle suchen Gruppenzugehörigkeit auf die eine oder andere Art. Das ist eines unserer Grundbedürfnisse. Wir sind aber auch Hedonisten, die einen hohen Selbstwert anstreben, und den haben wir, wenn wir unser eigenes, höchst individuelles Selbst einfach leiwand finden. Als Gruppenmitglied kann man genau dieses Ziel am besten erreichen, schreibt der Psychologe Jens Förster in seinem Buch *Was das Haben mit dem Sein macht*. Allerdings ist darin ein Widerspruch versteckt: „Man fühlt sich wohl in einer Gruppe, zum Beispiel der der AutofahrerInnen, doch gleichzeitig will man sich doch von den anderen unterscheiden und seine Individualität zeigen. Sowohl das Bedürfnis nach Geborgenheit in einer Gruppe mit gleichen Werten als auch das Bedürfnis, als individuelles Wesen wahrgenommen zu werden, ruht in uns allen. Bei den Autofahrern heißt das dann: Ok, du fährst vielleicht Honda, aber ich, ich fahr BMW! Du hast dein Auto gern geschmückt und voller bunter Kissen, ich bevorzuge cremefarbene Ledersitze."

Ich überlege kurz: Wo gehöre ich gern dazu? Ich kleide mich gern modisch, aber bequem, ich hasse zu viel Make-up, ich fahre gerne Rad in der Stadt, ich trage gerne einen grünen Regenparka, ich liebe Sneakers. Oha. Grüner Regenparka. Trage ich

---

57 Die Frau, die aufgrund ihres exzentrischen Stils mit 97 Jahren einen Vertrag bei IMG, einer der berühmtesten Model-Agenturen der Welt, abschloss. Muss ihr mal erst wer nachmachen.

den gern, weil ich grüne Augen habe und er so gut dazu passt? Oder weil ich mich als Teil einer Gruppe identifizieren will, in der grüne Parkas halt einfach in sind und zur Grundausstattung gehören? Aber mein Parka, der muss anders sein. Der ist handgenäht, aus gewachster Baumwolle, fair produziert in Wien. Damit zeige ich: Hey, ich pfeife auf Ausbeuterkultur und giftige Chemikalien in meiner Kleidung. Eine andere Person freut sich vielleicht, wenn sie einen grünen Regenparka günstig bei einem Discounter ersteht.

Mir wird gerade klar, warum Converse-Schuhe, die man online selbst designen kann, oder Freitag-Taschen so erfolgreich sind: Wir alle kennen Converse Chucks. In alt und zerfetzt zeigt man, dass man auf Nirvana steht (ja, ich wedle mit der Klischeefahne, ich weiß), in funkelnagelneu und weiß zeigt man, wie… ich weiß auch nicht, wie gut man seine Schuhe sauber halten kann? Nicht nur alle meine SchulkollegInnen damals, auch ich malte mit Kuli während des Unterrichts immer wieder gern an dem Gummirand der Schuhe herum, meist, bis eine Seite komplett dunkelblau war. Die Form der Schuhe war und ist aber immer gleich und zeigt eindeutig die Gruppenzugehörigkeit der Chucks-Träger. Converse weiß aber Bescheid, wie individuell der Geschmack ihrer KundInnen dann doch wieder ist, und bietet online an, die berühmten Schuhe zu personalisieren bzw. zu individualisieren. Bei den Freitag-Taschen fühle ich mich ertappt. Ich fand es eine Zeitlang wahnsinnig cool, ein „neues“ Modell davon zu besitzen, das keiner meiner Freunde und keine meiner Freundinnen hatte, aber der Schriftzug „Freitag“ musste zu sehen sein, damit ich zeigen konnte: Ich trage das Original, nicht die Kopie, ich gehöre auch dazu zu den Coolen. Noch dazu sind die Taschen ja aus alten Lkw-Planen, die man sonst weggeworfen hätte – mein Umweltschutzgedanke kam also auch zum Tragen (dass die Planen häufig voller PVC sind und das eigentlich als eine der giftigsten Chemikalien gilt, kam in der Werbekampagne von Freitag seltsamerweise nicht vor und lernte auch ich erst viel später).

Ich zeige also, wer ich bin, durch das, was ich trage und konsumiere ganz individuell – und gleichzeitig zeige ich dadurch, zu welcher Gruppe ich gehöre. Ob das auch der Grund ist, warum ich Dirndl immer noch nicht leiden kann, obwohl mir bewusst ist, wie nachhaltig diese Kleidungsstücke bei ordnungsgemäßer Produktion sind? Ich will einfach nicht mal in die Nähe des Rufs kommen, dass ich auf das, wofür Andreas Gabalier steht, abfahre. Selbst wenn ich weiß, he, Moment, Dirndl und Lederhosen sind ja viel älter und kommen aus einer ganz anderen Ecke, aber dieses momentan vorherrschende Heimattümeltum dieses „Volks-Rock'n'Rollers", der auf seinem Albumcover natürlich nur rein zufällig und komplett ohne Absicht auf Konnotation dasteht wie ein lebendig gewordenes Hakenkreuz, ne, is klar[58], damit kann ich einfach nicht. Es gruselt mich jedes Mal.

Jens Förster schreibt: „Konsum, Besitz und Haben können (…) sehr wohl Mittel sein, um von der Eigengruppe gemocht zu werden. Bestimmte Dinge zu besitzen ermöglicht den Anschluss an eine Gruppe und ist selbstwertdienlich. Auf der anderen Seite dürfen wir uns durch Konsum als Individuum zeigen. Natürlich sind uns diese Prozesse nicht immer bewusst, wenn wir uns eine Hose kaufen."

Solche Zusammenhänge zu verstehen ist halt doch um einiges einfacher, wenn man selbst diesbezüglich einen Haufen eigener Erfahrungen vorzeigen kann. Auch ich identifiziere mich

---

58 Und selbst wenn er es nicht bewusst beabsichtigt hat – es wirkt unglaubwürdig, dass niemand im gesamten Produktionsprozess diese Assoziation nicht hergestellt hat. Da fehlt nicht nur Fingerspitzengefühl, da fehlt die ganze Hand.

durch meinen Konsum (und manchmal auch durch meinen Nicht-Konsum). Diese Identifikation durch Konsum ist etwas, das auf dem Weg zum guten Konsum wohl eine Hauptrolle spielt.

Wir kaufen unsere Persönlichkeit

Je länger ich mich mit dem Thema Konsum auseinandersetzte, desto überdrüssiger wurde ich. Ich mag nicht dauernd drüber nachdenken, warum wir konsumieren, und vor allem mag ich nicht drüber nachdenken, dass wir mit unserem Konsum unseren eigenen Planeten einfach komplett ausbeuten und unseren Nachkommen damit die Zukunft nehmen. Je mehr ich mich damit beschäftigte, desto mehr wuchs in mir ein Wunsch: Mich für mehrere Monate in eine Hütte irgendwo am Meer zurückzuziehen und einfach nur noch Bücher, die nix mit dem Thema zu tun haben, lesen, das Meer anstarren, schauen, dass ich genug Essen hab, von Zeit zu Zeit mit FreundInnen oder meiner Familie telefonieren und vielleicht hin und wieder schwimmen gehen. Sonst nix. Bitte weit, weit weg von jeder Art von Geschäft, ohne Internet, einfach ohne jegliche Verführung zum Shoppen – und einfach wieder mal spüren, wie wenig ich eigentlich brauche.[59]

Der Plan mit der Hütte am Meer war leider nicht in die Praxis umsetzbar. Aber der Gedanke, ob ich eigentlich auch hier in meinem Alltag frei von Konsumüberlegungen leben könnte, führt mich zu einem weiteren: Gibt es sie eigentlich, die Menschen, an denen Konsum völlig vorübergeht? Die sich nicht um Schnitt, Farbe, Form einer Hose scheren, sondern einfach nur mit dem Auftrag „Hose“ in einen Laden gehen und mit einer Hose wieder rausgehen, die dann tragen, bis sie ihnen vom Lei-

59 Ganz im Sinne der von Steph postulierten Privilegiertheit, zugegeben.

be fällt, um sie dann durch eine neue zu ersetzen? Gut, einige Menschen dieser Kategorie gibt es sicher, aber die überwiegende Mehrheit machen sie nicht aus. Und der Grund ist wiederum unser Wunsch nach Individualität sowie Zugehörigkeit – beides schließt sich spannenderweise gegenseitig nicht aus.

Das, was wir besitzen, formt unsere Persönlichkeit und hebt uns von anderen ab, schafft also auch Individualität. Aber bei unserer Persönlichkeit geht es ja um viel mehr: Das, was wir kaufen und besitzen, zeigt, wer wir sind. Und sagt auch viel über die soziale Klasse, in der wir uns befinden, aus. Über unser Konsumverhalten zeigen wir, wo wir gesellschaftlich stehen – oder gerne stehen würden. Sagt auch Niko Paech, der deutsche Volkswirt: „Wir als Menschen brauchen den Konsum, um darzulegen, wer wir sind, wer wir sein wollen und wie wir wahrgenommen werden wollen. In einer Welt, in der materieller Überfluss herrscht, weil alle Grundbedürfnisse materieller Art schon vielfach befriedigt sind, kaufen wir um der Symbolik willen."[60]

Als ich Freundin Steph von diesen Überlegungen erzählte, meinte sie nur: „Ah, geh und lies Bourdieu!" Gesagt, getan. Der französische Soziologe Pierre Bourdieu analysierte Ende der Siebziger Jahre des vergangenen Jahrhunderts den Lebensstil (inklusive politischer Vorstellung und Kunstgeschmack) der Franzosen. Viele empirische Untersuchungen führten ihn zu dem (wenig überraschenden) Schluss, dass verschiedene Formen von Kapital – ökonomisch, sozial und kulturell – die soziale Klasse einer Person definieren. Er geht davon aus, dass Geschmack eben nicht individuell ist, sondern geprägt ist von der Gesellschaft, in der man sich bewegt. Welcher Klasse man angehört, entscheidet sich also darüber, welchen Bildungsweg

---

60 Im Interview in „Neuland" (NDR), 2014, https://www.youtube.com/watch?v=XBOsrd4_nEA

man eingeschlagen hat, wie der individuelle Zugang zu Kultur war und ist, und, logisch, wie viel Kohle man hat. Aber auch, wofür man sie ausgibt. Und das ist wieder der Punkt, der mich so brennend interessiert: Durch das, was ich kaufe, setze ich also ein Zeichen an andere, welcher sozialen Klasse ich angehöre.

Ich testete diese Theorie an mir selbst ab:

Ich habe lange mit mir gerungen und mir mit 38 mein erstes Auto gekauft. Lange habe ich gedacht, ich brauche sowas nicht, weil voll unöko und in der Stadt brauch ich ein Auto sowieso nicht (auch das ist übrigens bereits eine Identitätsaussage sondergleichen). Doch dann gab es immer mehr Gründe *für* ein Auto. Gekauft habe ich mir einen gebrauchten Renault Twingo – also eine der Kleinstversionen eines Autos, viel anonymer und kleiner geht eigentlich nicht. Die Symbolik dahinter: Mein Auto ist rein zweckmäßig, es soll wenig verbrauchen und mich, eventuell eine mitfahrende Person und vielleicht ein bissl Gepäck von A nach B bringen. Die Aussage ist also: Automarken und die mitschwingenden Werte lassen mich kalt, ich will Funktionalität in günstig, ich will mit möglichst geringer finanzieller Belastung individuell von A nach B. Aber ich signalisiere auch: Weil ich überhaupt ein B – in dem Fall das Sommerhaus meiner Familie – anfahren kann.

Ich analysierte an diesem Abend alle möglichen meiner Besitztümer in Bezug auf das, was sie über meine soziale Klasse aussagten (oder was ich darüber aussagen wollte), und war irgendwann in dieser Denkweise so tief drin, dass ich sogar meine Brillenwahl durchdeklinierte: Aufgrund meines Schicksals, schwachsichtig wie ein Maulwurf zu sein und einer beeindruckend hartnäckigen Abneigung meiner Augen, Kontaktlinsen draufgeklatscht zu bekommen, bin ich auf Brillen angewiesen. Meine Brillenauswahl ist vergleichsweise groß – und vor allem ist sie sehr auffällig. Ich trage gerne Brillen, die groß, dick, schwarz, dunkelbraun sind oder die ungewöhnliche Formen haben. Wenn schon Brille, dann gleich viel davon, bitte. Doch das ist eben nicht nur eine Aussage über mein ästhetisches Empfinden, sondern auch eine Form der Identifikation – ich fühle mich jenen Menschen, die ähnliche Brillen tragen wie ich, näher.

Wenn ich genauer überlege, ist das eigentlich total irre: Ich habe eine große Brille mit dickem schwarzem Rand in leichter Katzenaugenform. Abgesehen davon, dass sie mir natürlich fantastisch steht, eh klar, tätige ich einige Aussagen damit (Achtung, ich pack jetzt mal mit Anlauf den Klischee-Hammer aus):

- Schaut her, ich bin extrovertiert, ich traue mich, solche Statementbrillen aufzusetzen.
- Ich mag es gerne etwas advantgardistisch und zeige mich so dem Bildungsbürgertum zugehörig.
- Du fragst dich, wo ich diese Brille herhabe? Tja, so leicht bekommt man die in Wien nicht. Ich bin eben was Besonderes und kann es mir leisten, Ungewöhnliches zu kaufen, das man im Heimatort nicht so einfach bekommt.
- Ich habe schon wieder eine neue Brille auf und zeige damit: Ich kann es mir leisten.
- Ich kann „Existenzialistin" buchstabieren und weiß auch, was es bedeutet, und ja, ich besitze einen schwarzen Rollkragenpullover …

Es ist ein einfaches Konsumprodukt und vereint doch so viele Aussagen in sich. Gebraucht habe ich die Brille nicht, ich habe drei weitere funktionale Brillen. Aber: Wir haben alle solche Produkte, die weit über die Funktionalität hinausgehen und über die wir Aussagen über uns selbst kommunizieren.

Das führt mich zur nächsten Frage: Warum kaufen wir eigentlich, obwohl wir eh schon alles haben? Theoretisch müsste doch irgendwann mal der Punkt kommen, wo wir sagen, so, wir haben jetzt genug Dinge angeschafft, deren Kombination eine genaue Aussage über unsere Persönlichkeit und soziale Zugehörigkeit zeigt. Persönlichkeit ist zwar von konstanter Veränderung betroffen, aber im Kern lassen sich nach einigen Jahren doch Grundaussagen treffen, auf Basis unserer Herkunft, unseres Aussehens, unserer Sozialisierung. Und trotzdem kaufen wir ständig nach, Zeug, das wir in seiner Funktion eigentlich gar nicht brauchen.

Der Soziologe Hartmut Rosa stand mal vor der gleichen Frage: „Ja, das ist eines der großen Wunder: Warum ist es auch auf der individuellen Seite eigentlich nie genug? Woher kommt dieser Hunger nach Steigerung? Und Albert Hirschmann hat mal gesagt, das Seltsame am Kapitalismus ist, er bringt uns dazu, dass wir immer weiterkaufen. Dazu müssen wir einerseits von dem Produkt, das wir gekauft haben, enttäuscht sein, sonst würden wir ja aufhören. Wir haben ja jetzt, was wir wollen. Aber wir können nicht so enttäuscht sein, dass wir aufhören zu kaufen! Es ist also ein ganz schmaler Grat: Dieses System muss uns in der Lust am Kaufen halten, aber jedes Mal von dem gekauften Produkt so enttäuschen, dass wir zum nächsten Produkt gehen."[61]

Schon geht's los mit dem sich immer schneller drehenden Konsumrad – und immer wieder ist die Aussage, die man über sich selbst tätigt, die Basis. Irgendwie scheint mir das auch wie ein Spiel mit innerer Unsicherheit: Wer will ich sein? Was will ich darstellen? Und will ich morgen noch die Gleiche wie heute sein? Wenn ich mir meiner selbst unsicher bin, will ich das nicht. Fein, dass es die Wirtschaft und die Industrie mir dabei so leicht machen, ohne schlechtes Gewissen neue identitätsstif-

---

61 Im Interview mit Neuland, NDR: https://www.youtube.com/watch?v=XBOsrd4_nEA

tende Produkte zu kaufen, indem sie dafür sorgen, dass mein Zeug schneller kaputt geht. Hier nutzt die Wirtschaft soziale Konstrukte bis zum Erbrechen aus.

Und neben diesem Konsumrad auch immer mit dabei: Uns durch die Augen anderer sehen. Was sagen unsere FreundInnen, unsere KollegInnen, unsere Nachbarn, unsere Familie, der Passant auf der Straße, der neue Tinderflirt, was denken die wohl, wenn wir uns eine neue Handtasche kaufen, ein neues Sofa oder ein neues Auto? Was soll dieses Produkt transportieren? Und was kommunizieren wir damit?

Ich bin, was ich kaufe, davor ist niemand gefeit. Und es geht weit über das eigene „Es gefällt mir einfach" hinaus.

- Ein guter Freund ist absolut kein Markenfetischist, aber teure Uhren müssen sein. Damit zeigt er anderen: Er kann es sich leisten, muss damit aber nicht prahlen. So eine Uhr kann unterm Pulloverärmel verschwinden und nur kurz mal aufblitzen.
- Ein anderer sehr guter Freund bringt mich immer wieder zum Grinsen: Es ist völlig egal, dass er sehr erfolgreich ist, eine international agierende Firma aufgebaut hat, ein ausgefülltes Sozialleben hat – er *muss* ein Auto haben, mit dem er andere beeindruckt. Aktuell ist es ein Tesla. Er weiß sogar, dass er das braucht, um anderen zu zeigen, dass er es „geschafft" hat. Und trotzdem kann er nicht anders. Aber zugegeben, auch mich, der Autos wirklich sehr egal sind, hat er geschafft zu beeindrucken: In seinem Tesla ist ein digitales Furzkissen eingebaut. Auf Knopfdruck Furz. Ich liebe es.
- Eine Bekannte von mir hat ihre große Altbauwohnung aufgegeben, um in eine viel kleinere zu ziehen. Sie hat sich damit zwar von vielen Symbolen rund um ihre Identität gelöst, aber eine neue angenommen: Die derer, die auf ihren ökologischen Fußabdruck achtet.

- Und ja, auch ich kenne jemanden, der schon mal eine halbe Nacht vor einem Apple-Store verbracht hat, um das neueste Modell des iPhones als einer der ersten zu besitzen. Und dabei wach geblieben ist, indem er auf seinem komplett funktionalen bisherigen iPhone vor sich hin gedaddelt hat …

Ich bin mir sicher, jeder und jedem von uns fallen Beispiele im Freundeskreis ein, in denen es darum geht, dass individueller Besitz Persönlichkeit schafft. Es geht ja gar nicht anders. Und es passt auch mit dem zusammen, was der Verhaltensbiologe Gregor mir erzählt hat: Zeigen, was wir haben, erhöht unsere Attraktivität in unserer Peer Group. Und das Spannende, das sich auch schon im selben Gespräch zeigte: Jene, die so reich sind, dass sie sich im Grunde alles leisten könnten, sind die, die am wenigsten damit prahlen. Sie haben es nämlich nicht nötig.

Was das für guten Konsum heißt? Es ist wichtig, sich diesen Aspekt von Kaufhandlungen vor Augen zu halten. Selbst jene Personen, die ausschließlich nachhaltige Produkte konsumieren, bis hin zur eigenen Getreidemühle für den Küchentisch, zeigen so ihre Zugehörigkeit. Am Ende des Tages ist es ja der Wunsch genau danach, der uns motiviert.

Aber vielleicht ist hin und wieder die Frage, ob die Zugehörigkeit nicht sowieso gegeben ist und es dafür kein neugekauftes Produkt braucht, nicht so falsch.

Was mich zurück zu meiner eigentlichen Frage bringt: Was ist eigentlich guter Konsum, wenn es um Persönlichkeit geht? Nachdem so ziemlich alles, was wir kaufen, identitätsstiftend ist, glaube ich nicht, dass man hier einen Unterschied machen kann. Es ist wohl ein wichtiger Gedanke, uns darüber klar zu sein, dass Konsum immer etwas mit unserer Identität und dem, was wir der Welt über uns erzählen wollen, zu tun hat. Aber: Wenn wir aussagen wollen, dass wir umweltbewusst und sozial gerecht leben wollen, unseren Konsum nur in diese Richtung umleiten, aber nicht einschränken, dann sind wir am Weg zum guten Konsum leider irgendwann mal bei der Kreuzung Konsumismusgasse falsch abgebogen.

Genau das war der erste Gedanke am Weg zu der Frage, was guter Konsum eigentlich ist. Wer lernt, dass Plastik nicht gut für die Umwelt und möglicherweise auch uns selbst ist und seine gesamte Wohnung plastikfrei macht, sich sinnfreierweise auch von langlebigen Produkten, die mehrfach verwendbar sind, trennt (zum Beispiel das ganze Küchenkastl voller Tupperwaredosen), sie womöglich sogar noch wegwirft und sich stattdessen bei Manufactum und Co. mit supertollen Alternativprodukten aus Glas, Edelstahl („Hält ewig!") oder Holz ausrüstet, schafft sich eine neue Identität eines kritischen Konsumenten oder einer kritischen KosumentIn, der/die umweltbewusst agieren will.

In Wirklichkeit ist das Wegwerfen von noch funktionsfähigen, langlebigen und mehrfach nutzbaren Produkten alles andere als sinnvoll. Dinge, die man braucht, sollte man erst austauschen, wenn sie kaputt sind, nicht, wenn sie nicht mehr gefallen – und schon gar nicht, weil das Material plötzlich als umweltbelastend gilt.[62] Klar ist es das, aber das Wegwerfen solchen Materials ist noch problematischer! Mir sind solche Menschen immer wieder begegnet, die dann bei mir Rat gesucht haben, welche Produkte sie denn bitte jetzt kaufen sollen. Für mich ist das kein kritischer oder gar guter Konsum, sondern die andere (sehr wahrscheinlich teurere) Seite des gleichen Konsumismus, der dazu führt, dass wir überhaupt erstmal glauben, ein gesamtes Küchenkastl voller Tupperware haben zu müssen.

---

62 Im Unterschied zu nachgewiesener Gesundheitsschädlichkeit. Dann bitte weg damit, wenn die Nutzung des Produkts sich möglicherweise auf die eigene körperliche Verfassung auswirken kann.

Marken, Marken, Marken

Folgende Situation werde ich nie vergessen, weil sie mich auf vielen Ebenen beeindruckte und schockierte: Ich fuhr ich mit der U-Bahn unter einer großen Einkaufsstraße entlang, draußen regnete es, es war ein ungewöhnlich warmer Tag dafür, das dem Datum nach Winter sein sollte. Es stiegen ein paar junge Leute ein, ich schätzte sie auf etwa 16 oder 17 Jahre, eindeutig gerade auf Wien-Woche[63]. Einer der Jungs, der auf dem Sitz mir gegenüber saß, hatte eine Louis-Vuitton-Einkaufstasche aus festem Karton am Schoß, die in einer transparenten Plastiktasche steckte. Ich glaubte, ich sähe nicht recht: Ich lebe also in einer Welt, in der Einkaufssackerl aus Karton, in denen sich den Aussagen des Burschen zufolge eine Geldbörse befand, von zusätzlichen Sackerln geschützt werden, damit das Einkaufssackerl nicht nass wird! Damit man die Werbung am Sackerl immer gut sieht und eine stolze Litfasssäule sein kann – und dafür auch noch bezahlt hat? Ich hörte dem Käufer und seiner Begleiterin ein bisschen zu. Er war 17, sie gingen in Oberösterreich in die gleiche Klasse, waren wirklich gerade auf Wien-Woche (yay, richtig geraten!) und hatten einen freien Nachmittag. Sie fand es „vui cool", dass er sich um 400 Euro die Geldbörse gekauft hatte[64]. „Die ganzen Logos drauf sind vui lässig", sagte sie. „Ja, und das Sackerl heb ich auch auf", antwortete er stolz. Verständlich, bei 400 € dafür, dass man einen Konzern bewirbt, muss man das Einkaufssackerl für die Werbung auch verwenden dürfen. Und dass es Wert hat, sah man ja, es wurde extra vor Regen geschützt.

63 SchülerInnen aus den Bundesländern Österreichs verbringen in einer der letzten Schulstufen immer eine Woche in Wien.

64 Mir schlackern die Ohren. Mit 17 konnte ich um 400 Euro die halben Sommerferien mit Rucksack im Zug verreisen.

Als weiteres Beispiel erzählt Frank Trentmann, Konsumforscher und Autor des umfangreichsten Buchs über Konsumgeschichte, das ich je gefunden habe[65], folgende Geschichte immer wieder gern in Interviews und schrieb sie für die NZZ auch nieder: „Heidi Simon war gerade 19 geworden und freute sich des Lebens. Dabei wohnte sie in Frankfurt am Main, und Frankfurt gehörte zu den Städten, die 1944 am schwersten von den alliierten Bombenangriffen getroffen worden waren. Jetzt, acht Jahre später, gab es hier einen Fotowettbewerb für Amateure; die Behörden feierten damit den Marshall-Plan, das US-Programm für den Wiederaufbau in Europa. Die Wettbewerbsthemen spiegelten die harte Wirklichkeit wider: ‚Brot für alle', ‚Nie mehr Hunger', ‚Neue Wohnungen'. Heidi gewann, und zwar eine Vespa plus Preisgeld. Doch ihre Reaktion hat die Vertreter des Bundesministeriums für den Marshall-Plan wohl überrascht. Sie freue sich, schrieb sie. Aber ohne ‚unverschämt' klingen zu wollen: ob sie nicht anstelle einer Vespa eine Lambretta 123cc haben könne. So eine wünsche sie sich schon seit einem Jahr. Das Ministerium blieb hart und schickte ihr die Vespa."[66]

Oder mein allerliebstes Beispiel: Die Marke Supreme. Produkte für die Skaterszene, rotes Logo drauf, die Welt reißt sich drum. Bringt Supreme ein neues Produkt raus, seien es Hoodies, Caps oder Shirts, sind binnen *Sekunden* nach Launch die Produkte meistens ausverkauft. Der Grund: Einerseits wird bewusst in geringen Stückzahlen produziert, andererseits durch Werbung mit coolen Stars ein Hype generiert. Die Produkte werden auch von sogenannten „Hypebeasts", meist junge Männer, die komplett auf Markenprodukte abfahren, gekauft und dann hoch gewinnbringend weiterverkauft. Wo Supreme drauf-

65 Frank Trentmann: Herrschaft der Dinge, Deutsche Verlags-Anstalt 2017
66 https://www.nzz.ch/geschichte/wir-konsumenten-ld.1536897

steht, ist Gewinn drin. Und es ist völlig egal, auf was für einem Produkt das Logo prangt: Supreme hat die Eier besessen, einen *Ziegelstein* mit Supremelogo zu verkaufen, um ca. 30 US-Dollar. Binnen weniger Tage wurde er online bei Wiederverkaufsplattformen um weit über 1000 US-Dollar gefunden.

Ein Ziegelstein!!!

Die Marke startete übrigens 1994 als kleiner Laden in Manhattans Trendviertel SoHo und wurde dort schnell zum Fixtreff für die lokale Skater-Szene. Im November 2020 wurde sie für sage und schreibe 2,1 Milliarden US-Dollar an den globalen Modekonzern VF Corporation verkauft.

Marken üben eine magische Anziehungskraft auf uns aus. Und gemessen an dem, was ich bisher in Erfahrung bringen konnte, ist es absolut logisch: Mit einem Markenlogo zeige ich mich einer bestimmten Gruppe zugehörig, sei es das Louis-Vuitton-Tascherl oder die Yeezy Sneakers. Man vermittelt Status, und je teurer die Marke ist, desto eher läuft da unbewusst wohl ein erwünschter Imagetransfer mit: „Schau, ich bin reich, ich kann es mir leisten. Ich bin was Besseres als du." Kein Wunder, dass Marken inzwischen teilweise mit einem fast schon religiösen Wahn gleichgesetzt werden – das beste Beispiel ist Apple, ein Unternehmen, das jeden Produktlaunch fast schon messeartig inszeniert.

Die Gleichung „Teure Marke = hohe Qualität" ist inzwischen nicht mehr aufrechtzuerhalten. Das zeigt das Beispiel der „Sneakerheads" sehr gut. Sneakers bekannter Marken, seien es Adidas, Nike oder New Balance, kosten im Handel durchschnittlich 100 Euro und mehr. Acht Euro davon sind Materialkosten, ca. fünf Euro sind Produktionskosten exklusive der Näherin, und die bekommt pro Schuh heiße 40 Cent.[67] Mit grob fünf

67 https://abi.unicum.de/aktuelles/zuendstoff/wofuer-bezahlst-du-im-handel-eigentlich-wirklich

Euro schlagen Transport, Zoll und mögliche Zwischenhändler zu Buche. Macht alles in allem 18,40 Euro, und das ist noch am oberen Ende gerechnet. Der Rest, über 80 Prozent, geht an die Marke bzw. das Sportgeschäft, in dem die Sneakers dann verkauft werden. Doch jene Menschen, die Sneakers zu ihrer Leidenschaft erkoren haben und sie sammeln, treiben den Preis für einzelne Paare sogar auf mehrere tausend Euro rauf. In der Produktion inklusive Transport kosten diese aber immer noch nicht mehr als einen knappen Zwanziger, wenn überhaupt. Der Wert, der den Schuhen gegeben wird, ist also völlig willkürlich. Kann man mitmachen, muss man nicht.

Aber jetzt steh ich wieder da und stell mir wirklich die Frage: Was ist eigentlich guter Konsum in Bezug auf Marken? Können wir als EndkonsumentInnen überhaupt durchschauen, wo echte Qualität liegt und wo wir nur von gewitztem Marketing gefoppt werden? Und ist es möglich, sich von einer Marke gar nicht beeindrucken zu lassen, um diesen Aspekt aus dem eigenen Konsumverhalten einfach auszuschließen?

Mein erster Impuls ist: „Klar, pfeif auf Marken!" Aber: Marke ist nicht gleich Marke. Denn es gibt ja auch solche, die hochqualitativ, langlebig und fair produzieren. Doch das sind jene, bei denen nicht ein riesig aufgeblasenes Marketingkonzept dahintersteckt. Je mehr Marketing, desto misstrauischer könnte man also werden. Das Distinktionsmerkmal sollte unabhängig von jeglicher PR und Werbung die Qualität des Produkts sein. Aber gar nicht so einfach, in dem ganzen Werbegetöse noch echte Qualität rauszufiltern.

Aufwachen. Verschlafen und doch zu wenig Schlaf bekommen. Einer dieser Morgen, an dem man am Vorabend innige Bekanntschaft mit dem Inhalt einer Weinflasche gemacht hatte. Kennt man, oder? Ich stand auf, wankte Richtung Badezimmer, schaute in den Spiegel – und zurück schaute ein Picasso-Bild. Eines aus seiner frühen kubistischen Phase, wo Augen, Ohren, Nase gefühlt einfach völlig fehlplatziert sind. Reste des Mascaras, das gestern auf meinen Wimpern prangte, klebte nun unter meinen Augen, meine Haare sahen aus, als ob darin über Nacht ein Vogel sein Nest gebaut hätte.

Meine Laune passte in etwa zu meinem morgendlichen Aussehen: Ich hatte einen wenig angenehmen Termin vor mir, draußen am Schreibtisch (und mir im Magen) lag eine zu bezahlende Rechnung. Scheißtag also, und dann auch noch verkatert. Toll.

Das Fazit des morgendlichen Spiegelblicks war also: Ich fühlte mich nicht nur Scheiße, ich fand, ich sah auch so aus. Renovierungsmaßnahmen mussten her. Ich wusch nicht nur die Wimperntusche vom Vorabend weg, ich bastelte auch gleich wieder neue drauf. Normalerweise wären die Tagesvorbereitungen hiermit beendet – maximal ein Lippenstift kommt manchmal noch dazu. Doch diesmal war es anders. Ich deckte ein paar Unebenheiten mit einem Concealer ab, puderte das ganze Gesicht ab, beschloss, dass ein bisschen Blush auf den Wangen jetzt auch nicht schaden konnte, und hey, Lidschatten! Unbedingt!

Was mich danach aus dem Spiegel anschaute, schaute schon wieder eher nach mir und weniger nach kubistischem Bild aus. Allerdings fühlte ich mich, als ob ich eine Maske aufgesetzt hätte. Es war aber in dem Moment kein ausschließlich unangenehmes Gefühl – sondern es war, als ob ich eine Rüstung angelegt hätte, um den mir bevorstehenden Tag trotz Kater und trotz blöder Termine und trotz Stress zu überstehen. Es gab mir Sicherheit.

Am Weg zum Termin suchte ich am Handy, ob es anderen auch so ging – und wurde erschreckend schnell fündig. Auf dem Berliner Lifestyleportal thisisjanewayne.com schrieben einige Frauen, warum sie das Haus niemals ungeschminkt verlassen würden: „Ich möchte immer geliebt werden und wenn ich mich schminke, finde ich mich schöner, das wiederum erhöht meine Chancen, auch von anderen geliebt zu werden. Ja, so funktioniert mein Kopf. Angefangen hat alles mit etwa vierzehn Jahren und einem blauen Lidschatten. Damals habe ich mich nur für mich selbst geschminkt. Je älter ich wurde, desto unsicherer bin ich mit meinem Aussehen geworden und mit Make-up habe ich mich einfach immer besser gefühlt. Bei vielen mag das wohl genau andersrum sein, sie haben sich in ihrer Jugend stark geschminkt und dann ist es weniger geworden. Bei mir nicht. Die Unsicherheiten haben sich nach und nach erst entwickelt und waren nicht immer ein Teil von meiner Persönlichkeit (…)“, schreibt Lisa. Ann-Kathrin ist etwas selbstbewusster, schlägt aber in die gleiche Kerbe: „Fakt ist aber, dass mir das Schminken hilft. Make-up gibt mir ein gewisses Aussehen, vielleicht auch Seriosität, und diese Mischung bestärkt mich dann in meinem Handeln. Wie ein selbst gemalter Selbstbewusstseins-Kick, würde ich sagen.“[68]

Es ist öffentlicher Druck, immer so auszusehen wie sein eigener Instagram-Filter, der immer mehr Frauen das Leben schwermacht. Die Facetten sind mannigfaltig: Manche schminken sich, um sich sicher zu fühlen, weil sie ihr eigenes ungeschminktes Gesicht nicht mögen (was an sich schon sehr, sehr traurig ist). Manche mögen es, durch Make-up in andere Rollen

---

68 https://www.thisisjanewayne.com/news/2019/07/01/wir-haben-5-frauen-gefragt-weshalb-sie-niemals-ungeschminkt-das-haus-verlassen/

zu schlüpfen. Andere wiederum wollen empfundene „Makel“ (oh, wie ich dieses Wort hasse) verstecken und Vorzüge betonen. Manche fühlen sich im beruflichen Kontext professioneller, wenn sie mit Make-up auftreten. Und dann gibt es solche wie eine sehr gute Freundin von mir, die sich im Gegensatz zu mir nur dann schminkt, wenn sie sich insgesamt gut fühlt – sie will das Gute dann noch weiter betonen. Man könnte jetzt lang diskutieren, ob und wie gesund es ist, sich zu schminken – sowohl für die Psyche als auch für die eigene Haut – und würde wohl auf keinen Nenner kommen, dem alle Frauen zustimmen würden. Fakt ist jedoch: Die Industrie rund um dekorative Kosmetik verzeichnet Jahr um Jahr Zugewinne im Milliardenbereich. 2020 betrug das Marktvolumen rund 73 Milliarden US-Dollar, bis ins Jahr 2025 sollen laut Prognosen fast 14 Milliarden dazu kommen.[69] 86,7 Milliarden US-Dollar – für Foundation, Lidschatten, Mascara, Lipgloss und permanent neu zu erfindende Must-Haves? Wow. Das ist verdammt viel Marie.

Nachdem ich selbst alles andere als eine Könnerin in Sachen Make-up bin, beschloss ich am selben Nachmittag, mir ein Youtube-Tutorial[70] anzusehen: Eine Frau schminkte sich vor der Kamera, sie zeigte einen „Everyday Look“, der einfach und unkompliziert sein sollte. Sie benutzte dazu: Primer, Foundation, Puder, Concealer, diverse Schwämmchen und viele verschiedene Pinsel, einen Brauenstift, ein Brauen-Gel, Lidschatten, Mascara und Bronzer, Glow Stick, Blush und Lippenstift[71]. Ich googelte all diese Produkte, die sie während des etwa 15-minüti-

---

69 https://de.statista.com/statistik/daten/studie/262872/umfrage/prognostiziertes-weltweites-marktvolumen-fuer-dekorative-kosmetik/

70 https://www.youtube.com/watch?v=Yi_ZHBpKmvE

71 Wenn du jetzt verwirrt bist, was das für Produkte sind, bist du nicht der oder die Einzige.

gen Videos nutzte, und kam auf einen Gesamtpreis von fast 360 Euro – und es handelte sich bei den Produkten durchgehend nicht um High-End-Produkte, das geht also definitiv noch viel teurer. Wenig später stellte ich fest: Und wie das in teurer geht! Die Influencerin Chloe Morello postete im Juli 2016 ein knapp elfminütiges Video, in dem sie Make-up im Wert von über 2000 Dollar herzeigte. Darunter stand der Kommentar: „Dieses Video motiviert mich, die Schule fertig zu machen und einen guten Job zu bekommen, damit ich mir alle möglichen Dinge rund um Make-up kaufen kann." Echt jetzt?

Aber jetzt mal in die umgekehrte Richtung gedacht: Geht's auch in günstiger? Wenn ich daran denke, in welchem Alter Mädchen durchschnittlich ihre ersten Schminkversuche starten, dann ist man da definitiv auf Taschengeldniveau. Ich notierte, welche Produkte in dem Video genutzt wurden, ging in den nächsten Drogeriemarkt und stellte mich vor das Regal der Produkte von essence – die günstigste Kosmetikmarke, die ich kenne. Die Zielgruppe dieser Marke sind definitiv (auch) sehr junge Mädchen. Beim Addieren der Preise der einzelnen Produkte kam ich immerhin noch auf 60 Euro. Das ist dann wohl auch schon eher oberes Taschengeldniveau.

Langsam kann mir wirklich niemand mehr erzählen, dass der gesellschaftliche Anspruch an Frauen, geschminkt zu sein, von der Industrie nicht nur massiv ausgenutzt, sondern auch befeuert wird. Besonders sichtbar wird es für mich bei einem weiteren Tutorial[72], bei dem ich lerne, wie ein „No Make-up Make-up Look" geschminkt wird. Das ist kein versehentlicher Tippfehler: Die Kunst, sich so zu schminken, dass es ungeschminkt aussieht, ist derzeit ein riesiger Trend, weil: „Natürlichkeit ist in". Während des Videos zähle ich mit, wie viele Pro-

72 https://www.youtube.com/watch?v=Yi_ZHBpKmvE

dukte es braucht, um ungeschminkt auszusehen: Man braucht einen Primer, noch einen Primer, einen Backlight Priming Filter (was auch immer das sein soll ...), einen Concealer, Translucent Powder, einen Brauenstift, einen Highlighter, einen Lipliner und ein Lipgloss. Gesamtwert: 171 US-Dollar. Dafür, dass man aussieht, als ob man ungeschminkt ist. Beeindruckend.

Ich schaute Video um Video, kam gar nicht mehr los davon, war beeindruckt, dass einige der Videos Klickzahlen in zweistelliger Millionenhöhe haben. Und obwohl es mich im Grunde eher befremdete, fühlte ich ein ganz unschönes Gefühl in mir raufkriechen: Ich entsprach nicht. Ich saß da mit meinem bald vierzigjährigen Gesicht, samt erster Falten. So wie diese Schönheiten im Video würde ich nie aussehen. Ich liebe nix mehr als mein komplett ungeschminktes Gesicht in die Sonne zu halten und fühle mich mit leicht gebräuntem Gesicht wunderschön, aber als ich mir in diesen Videos ansah, was andere als schön definieren, kam ich mir im wahrsten Sinn des Wortes nackt vor. Mein Selbstwert krachte kurzfristig in den Keller.

Und genau das ist der Kniff der Kosmetikindustrie: Keine Industrie arbeitet erfolgreicher mit diesem jahrhundertealten Angstprinzip. Liebe Frau, du entsprichst optisch nicht! Du musst schön sein, um erfolgreich im Leben zu sein. Und wir vom Kosmetikkonzern helfen dir dabei! Wir füllen billigste Produkte in Tiegel ab, mischen noch etwas Farbe dazu, mit der du dich dann anmalen kannst – ob du es verträgst, testen wir zuvor noch schnell an ein paar Tieren – und verkaufen es dir dann massiv überteuert. Ob du, liebe Frau, dann wirklich glücklicher bist, wenn du dir lilafarbenen Lidschatten über die Augen kleisterst, tja, dafür übernehmen wir keine Garantie. Hauptsache, du kaufst unsere Produkte. Weil ohne unsere Produkte bist du nix wert, bist du nicht schön, und Frauen müssen in dieser Gesellschaft schön sein, damit sie was wert sind!

Ja, das ist jetzt sehr überzogen. Oder ist es das? Auf der Suche nach gutem Konsum stolpert man zwangsläufig gerade bei der Kosmetik über so viele im Weg liegende Stolpersteine, dass es dafür im Grunde ein eigenes Buch bräuchte. Und der größte Stein ist: Wenn ich etwas kaufe, damit ich mich bemale, um einer Umwelt zu entsprechen, die mir beigebracht hat, mein natürliches Selbst abzulehnen, dann kann das doch per se kein guter Konsum sein.

Auch wenn es vielleicht überrascht: Ich bin keine absolute Schmink-Gegnerin. Im Grunde bewundere ich die Freundin von mir, die sich nur schminkt, wenn es ihr gut geht. Sie sieht im Schminken also eine Verbesserung des Guten und nicht wie ich meistens ein Verstecken des (gefühlt) Schlechten. Vielleicht ist das der Aspekt des guten Konsums in diesem Bereich, nach dem es zu trachten gilt. Es ist halt ein feiner Grat: Ich bin der Meinung, dass man niemandem vorschreiben sollte, wie sie oder er auszusehen hat, dazu haben wir im Grunde auch kein Recht. „Guter Konsum" in diesem Fall bedingt aber die Reflexion dessen, was einem oder einer gut tut, und zwar ganz tief drinnen. Tut es mir gut, mir durch das Anlegen einer Maske durch Make-up Sicherheit zu geben, oder sollte ich mich nicht vielleicht darum kümmern, dass ich diese Sicherheit ohne äußeres Zutun finden kann? Wenn es mir guttut, mich durch Farbe und Glitzer im Gesicht für einen Abend in andere Rollen zu beamen, ist das nichts, was man von außen in irgendeiner Form negativ beurteilen darf – das ist dann schlicht individuell guter Konsum. Verstehen, mit welchen Tools Kosmetikwerbung arbeitet und sich selbst gut kennen ist da wohl die eigentliche geheime Formel für mehr Schönheit – und letztere kommt sowieso von innen, die braucht keinen Concealer. Aber es wäre halt schon sehr schön, wenn „No Make-up Look" wirklich aus no Make-up bestünde.

Und übrigens, guter Kosmetikkonsum aus ökologischer Sicht sollte selbstverständlich sein: Naturkosmetik. Weil ich es mir wert bin, mir keine billigst produzierte Tierversuchs-Chemie ins Gesicht zu schmieren.

Der Selbstwert der Frauen – ein Feind des Kapitalismus?

All die Gedanken rund um die Kosmetikindustrie lassen mich nicht los. Es macht mich so traurig. Es ist ja nicht nur die Kosmetikindustrie, es gibt für Frauen so viele Industrien, die ihr Geschäft damit machen, dass sie sich nicht wohlfühlen. Der neuesten Mode folgen müssen. Das richtige Gewicht haben. Schlank sein, aber bitte große Brüste und viel Hintern, nur dazwischen eine Wespentaille. Man muss sportlich aussehen, aber nicht zu sehr. Auf keinen Fall darf man graue Haare haben. Vom Scheitel bis zur Sohle verdienen FriseurInnen, KosmetikerInnen, vielleicht AugenärztInnen (Lasern! Brillen sind ja nicht attraktiv, nüm?), FitnesstrainerInnen, viele Modemarken, Kosmetikfirmen, Make-up-Hersteller, Hersteller von (oft zweifelhaften) Abnehmprodukten, NageldesignerInnen, möglicherweise kosmetische Chirurginnen an Frauen. Bis runter zur Pediküre. Und den Umsatz von OrthopädInnen, die Frauenfüße, die von High Heels kaputt sind, wieder richten, würd ich auch gern wissen.

Im Internet las ich unter hunderten blöden Memes einmal ein wirklich schlaues: „Stell dir vor, alle Frauen der Welt würden ihre eigenen Körper, würden sich selbst von heute auf morgen wunderschön finden – was glaubst du, wie viele Industrien bankrott gingen …"

Und was mich daran eben so traurig macht: Diese Industrien

wissen das ja auch. Und natürlich hat man als Unternehmen, das beispielsweise Abnehmprodukte herstellt, kein Interesse daran, dass Frauen sich gut fühlen, so wie sie aussehen – und wenn es mit ein paar Kilo mehr auf den Hüften ist. Nein, man muss ihnen einreden, dass sie das Allerletzte sind, wenn sie nicht den gephotoshoppten Idealmaßen in der Werbung entsprechen. Man muss dafür sorgen, dass sie mit sich selbst nicht klarkommen, dass sie ihre Körper ablehnen, weil man sie sonst niemals zu KundInnen machen kann. Gut, bei Abnehmprodukten liegt es auf der Hand, aber genaugenommen funktionieren Modemarken, die „one size fits all" produzieren – und dieses one size fits all einer Größe 36 entspricht[73] – ja genau so. Frau passt nicht in eine Größe, die ja „allen" Frauen passen sollte, rein? Das heißt, sie passt nicht, sie ist zu viel.

Doch nicht nur „one size fits all" ist problematisch, auch die Tatsache, dass Brands Größen über Jahre hinweg immer kleiner schneiden, sodass man zur größeren Größe greifen muss und dann aus Frust sich doch noch einen XXL-Pulli, in dem man wenigstens verschwinden kann, in den Einkaufswagen legt. 2017 machte Twitter-Userin Samantha Bell weltweit Furore, indem sie ein Foto postete, auf der eine Jeans von H&M in Größe 44 über einer von Primark in derselben Größe lag. Die von H&M war bedeutend kleiner. Die beiden unterschieden sich im Umfang um ganze vierzehn (!) Zentimeter. Na klar ist man vollends frustriert, wenn man denkt, man trägt 44 und die H&M-Jeans passt nicht mal ansatzweise![74]

---

73 Ist nicht erfunden. Brandy Melville macht's exakt so.

74 Inzwischen haben Firmen scheinbar rausgefunden, dass dieses Beschämen nicht der richtige Weg ist. Vielerorts gibt es den umgekehrten Trend des sogenannten „Vanity Sizings": In eine Hose der Größe 40 wird beispielsweise ein Markerl mit der Größenangabe 38 eingenäht. Damit die Kundin sich besser fühlt. Beides gibt jedoch keine klare Ant-

Ich brenne unendlich für dieses Thema. Es macht mich so unglaublich wütend. Solche Werbung, solche Kommunikation rund um Mangel und Makel, die geht bei (hauptsächlich) Frauen viel, viel tiefer als nur auf die körperlichen Aspekte. Sie wirkt sich direkt auf den Selbstwert aus. Und der wiederum ist entscheidend für so viele Entscheidungen, die Frauen täglich treffen.

Mit einem schlechten, niedrigen Selbstwert überlegt man sich dreimal, ob man wirklich dieses Kleid anziehen soll, es bedeckt die schlabbrigen Knie nicht. Mit einem guten Selbstwert pfeift man ein sehr lautes Lied darauf, was andere Menschen zu den „unperfekten" Knien sagen könnten. Ich kenne das – ich bin die Königin der schlabbrigen Knie. An der Länge meiner Röcke im Sommer kann man meine Tagesverfassung ablesen.

Mit einem schlechten Selbstwert traut man sich im beruflichen Kontext nicht, eine Gehaltserhöhung zu verlangen, weil man gute Arbeit leistet. Mit einem hohen Selbstwert sitzt man vor dem Chef und sagt „Sie wissen es und ich weiß es, wie gut meine Leistung hier ist, und ich möchte diese Leistung gleich honoriert wissen wie die des männlichen Kollegen."

Mit einem schlechten Selbstwert bleibt man in einer toxischen, vielleicht sogar gewalttätigen Beziehung, weil man große Angst davor hat, allein zu sein, wenn „er" weg ist. Man fühlt sich wie ein blindes Huhn, das auch mal ein Korn gefunden hat. Man lässt sich schlecht behandeln, beschimpfen, man verbiegt sich, weil man denkt, man habe nicht mehr verdient. Mit einem guten Selbstwert würde man den Kerl vor die Tür setzen, sobald man merkt, dass die Beziehung Schlagseite bekommt. Ja, auch das kenne ich sehr gut. Aus Zeiten, in denen man meinen Selbstwert vom Boden kratzen konnte, ich mir heimlich auf

---

wort, welche Größe einem denn nun passt. Es zeigt nur: Die Zahl im Kleidungsstück ist komplett egal.

Instagram nur Accounts rund ums Abnehmen reinzog, voller Vorher-Nachher-Fotos, und komplett abhängig davon war, was andere über mich sagten. Dankenswerterweise ist das lange her.

Und selbst wenn es Frauen gibt, die grundsätzlich eher schüchtern sind und sich aufgrund ihrer Sozialisierung (das ist ein ganz eigenes Thema) nichts zutrauen: Die ständige, permanente, andauernde, durchgehende Message der Werbung, man sei nicht gut genug, man müsse sich verbessern, man müsse „schöner", attraktiver, schlanker, erfolgreicher, definierter, smarter sein, diese tausenden Botschaften jeden Tag, vom Popup auf der Nachrichtenwebsite bis hin zur sich räkelnden Bikinischönheit auf der überdimensionalen Plakatwand: Das macht was mit uns. Und mit unserem Unterbewusstsein.

Und jetzt mal ein kurzer Exkurs zu Body Positivity. Body Positivity ist eine sehr gute Entwicklung. Endlich finden jene, die nicht im wahrsten Sinn des Wortes in die immer enger werdenden Schönheitsstandards reinpassen und die es satt haben, sich selbst zu kritisieren, weil sie nicht einem bestimmten Bild (das mit sehr hoher Wahrscheinlichkeit am Computer erschaffen wurde) entsprechen, ein Zuhause. Wobei man die Entwicklung langsam kritisch sehen kann. Warum?

Body Positivity entstand aus dem Fat Acceptance Movement in den USA der 1960er Jahre. Es war sehr stark politisch motiviert: Man wollte ein gesellschaftliches Zeichen gegen Fatshaming setzen, gegen das Vorurteil, dass Fett gleich faul und ungesund ist und gegen die Diskriminierung von dicken Menschen, die damit einhergeht. Es ging um Inklusion, um das Sichtbarmachen von Körpern, die nicht der Norm entsprechen – nicht nur dicke Menschen, sondern zum Beispiel auch körperlich beeinträchtigte.

Das änderte sich vor allem in den vergangenen fünf Jahren, seit dem Thema Body Positivity durch die sozialen Medien immer mehr Reichweite zuteil wurde. Einerseits ist das eine sehr gute Entwicklung, weil die Bewegung damit genug Schmackes bekam, um ein echtes Gegengewicht (Absicht, hihi) zur Werbeindustrie mit ihren Computerschönheiten mit faltenfreier Pfirsichhaut und unrealistischen Körperformen zu bilden. So sehr, dass vor allem in den vergangenen Jahren große Industrien auf Body Positivity reagierten und die Auswahl an Kleidergrößen ausweiteten oder spezielle Kosmetikprodukte für dicke Frauen (zum Beispiel Sprays oder Cremes gegen das Aufscheuern der inneren Oberschenkel im Sommer) anboten.

Klingt gut, oder? Alles erreicht? Nein. Nicht nur, dass es die Wut der ursprünglichen AktivistInnen hervorgerufen hat, dass gertenschlanke Models ihre Mini-Speckrollen, die beim Sitzen entstehen, in die Kamera halten und sich selbst zu mutigen Vertreterinnen von Body Positivity ausrufen – nein, es stellen sich auch die Profiteure schon wieder in einer Reihe auf. Was uns früher im Namen von „Du musst perfekt und schlank sein" verkauft wurde, wird uns nun im Namen von Body Positivity verkauft.

Mehrere Fast-Fashion-Marken haben in den letzten Jahren ihre Kollektionen ausgeweitet oder eigene Plus-Size-Kollektionen eingeführt (die oft „nur" bis Größe 48 gehen und somit immer noch einen erheblichen Anteil an Frauen nicht bedienen) – aber sorry, das macht sie noch lange nicht gut. Das bedeutet nur, dass dicke Frauen jetzt auch mehr Möglichkeiten haben, Kleidung aus umweltbelastender und die Menschenrechte verletztender Produktion kaufen können.

Und was hat Feminismus bitte mit gutem Konsum zu tun?

In meinen Maileingang flatterte eine Einladung zu einem höchst exklusiven Shoppingevent am 8. März, dem internationalen Tag der Frauen, der seit über 100 Jahren begangen wird. Wikipedia schreibt dazu: „Er entstand als Initiative sozialistischer Organisationen in der Zeit vor dem Ersten Weltkrieg im Kampf um die Gleichberechtigung, das Wahlrecht für Frauen sowie die Emanzipation von Arbeiterinnen und fand erstmals am 19. März 1911 statt. Seit 1921 wird er jährlich am 8. März gefeiert. Die Vereinten Nationen erkoren ihn 1975 als Tag der Vereinten Nationen für die Rechte der Frau und den Weltfrieden aus und richteten erstmals zum Internationalen Frauentag am 8. März eine Feier aus."

Es geht also darum, zu feiern, was FrauenrechtlerInnen bisher erreicht haben – das allgemeine Wahlrecht, das Recht auf straffreie Abtreibung, das Recht auf Arbeit ohne die Erlaubnis des Mannes oder Vaters, das Recht darauf, in der Ehe nicht vergewaltigt zu werden (letzteres gibt's übrigens erst seit 1989, was mich immer wieder schockiert). Und zu gemahnen, dass vieles noch nicht erreicht ist. Dass es im Job immer noch die gläserne Decke gibt. Dass durch die verheerende Pensionsreform von 2003, in der der Bemessungszeitraum für Pensionen auf 40 Jahre ausgedehnt wurde, verheerende Altersarmut unter Frauen sich immer mehr ausweiten wird – weil Frauen durch Kinderbetreuung (und fehlende Möglichkeiten der leistbaren externen Betreuung) oft in die Teilzeitfalle geraten.

Aha, aber ich soll bitte shoppen gehen. Auf Instagram erklärte mir letztes Jahr die Schuhfirma Birkenstock, dass man anlässlich des Frauentags ihre Schlapfen in Rosa und Pink kaufen kann: „Feminine Styles für einen starken Look! Wir feiern Weltfrauentag" heißt es im Inserat.

Ein Tiefschlag.

Was genau hat der Kauf von pinken Schlapfen jetzt mit dem Damoklesschwert der drohenden Altersarmut für Frauen zu tun? Ich spürte damals meinen Magen ein bisschen rotieren und forderte auf Facebook und Instagram meine FreundInnen und Follower auf, mir weitere Beispiele zu schicken, wie der Frauentag in einen Konsumtag verwandelt wird. Ich wurde nicht enttäuscht: Der Frauentag wird wirklich für die interessantesten Produktangebote genutzt.

- „Starkes Bier für starke Frauen", schreibt die Brauerei Altenburger auf schreiend pinkfarbenem Hintergrund.
- „Forever tied together" schreibt Puma und erklärt, dass es beim Kauf von Schuhen zwischen 1. und 8. März ein Paar Schnürsenkel dazu gibt, die man als „Symbol für Stolz und Einheit" am Frauentag tragen soll. Die Schnürsenkel beider Schuhe am Bild sind übrigens zusammengeknotet, welch hübscher Treppenwitz. Frauen bremsen, indem sie über die eigenen Füße fliegen.
- Diverse Schuh- und Taschenhändler bieten mir zwischen 15 und 25 Prozent an, weil ich eine Frau bin und weil ich als Frau ja auf Schuhe und Taschen stehe. Eh klar.
- Im Supermarkt meines Vertrauens gibt es in den zwei Tagen vor dem Weltfrauentag eigens gebundene Blumensträuße um nur 6,99 Euro pro Bund.
- Und mein Favorit: Auf Instagram stoße ich auf ein Gewinnspiel, in dem ich anlässlich des Weltfrauentages Abnehm-Shakes gewinnen kann. Kein Scherz.

Ich meine, ich verstehe schon, es gibt für jede Flatulenz im Wald einen entsprechenden Tag. Tag der Zartbitterschokolade (10. Jänner), Tag des Quietscheentchens (13. Jänner), Eis-zum-Frühstück-Tag (1. Februar), Tag der Bauchtasche (14. März), Tag des belegten Baguettes (5. Mai) – es gibt wirklich nichts, was es nicht gibt. Übrigens apropos Flatulenz: Der 7. Jänner ist in den USA der nationale Furz-Tag. Kein Scherz.

Aber zurück zum Frauentag – der hat einfach einen wichtigeren Hintergrund. Der ist nicht von irgendeiner Industrie ausgerufen, um einen neuen Marketing-Aufhänger zu erzeugen, sondern der bedeutet wirklich etwas. Der 8. März ist ein echter Gedenktag. Und: Ich will keine Blumen am 8. März, ich will das Commitment von PolitikerInnen, dass es Gehaltstransparenz und verpflichtende Gleichbezahlung bei gleicher Arbeit geben soll. Ich möchte keine Schnürsenkel als Symbol, ich möchte, dass Männer, die Frauen in Beziehung misshandeln, weitaus strengere Strafen bekommen – und dass es Frauen erleichtert wird, die Täter anzuzeigen. Ich will keine neuen Schuhe, ich will, dass die Politik das Budget für Frauenhäuser, Frauennotrufe und Frauenhilfsorganisationen drastisch raufsetzt. Und ich will im Namen der Frauenrechte noch so viel mehr, aber ich will deshalb ganz sicher keine pinken Birkenstocks kaufen.

Dass Frausein mit Konsumieren identifiziert und gleichgesetzt wird, ist einer der gefährlichsten Trugschlüsse für den Feminismus überhaupt. Und Abnehm-Shakes sind überhaupt die Höhe. Ich habe sie bereits in *Fuck Beauty!* zitiert und muss es hier noch einmal tun: Naomi Wolf schrieb bereits im Jahr 1990 in ihrem erschreckend aktuellen Buch *The Beauty Myth*: „Eine Kultur, die fixiert ist aufs Dünnsein von Frauen, ist nicht von weiblicher Schönheit besessen, sondern von weiblichem Gehorsam. Diäten sind das stärkste politische Beruhigungsmittel in der Geschichte der Frauen, eine leicht verrückte ist eine lenkbare Bevölkerung." Das klingt nach dem Gegenteil dessen, was der Frauentag eigentlich bedeutet, oder? Hauptsache, wir kaufen, wir shoppen uns schön, wir lenken uns ab, indem wir unsere Körper und unsere Wohnungen dekorieren und behübschen. Politisch aktiv werden, pah, keine Zeit.

Langsam komme ich selbst drauf, warum mich als Frau das Werbethema so wahnsinnig triggert.

Grund Nummer eins: Mittlerweile werden etwa 80 Prozent

der Kaufentscheidungen von Frauen getroffen[75]. Ja, weltweit. Ja, jede Kaufentscheidung. Klingt nach viel, aber: Bezieht man mit ein, dass der Lebensmittelkauf zur Hausarbeit gezählt wird, wird die Zahl schnell fassbarer. Und das ist logisch: Wer mehr kauft, ist mit dem Thema Konsum im Allgemeinen stärker befasst. In den restlichen 20 Prozent sind nach meinem Verdacht dann sehr wahrscheinlich verdammt viele der Kaufhandlungen enthalten, bei denen es wirklich um richtig viel Kohle geht. Oder kennt ihr viele Börsenmaklerinnen?

Grund Nummer zwei: Dass Frauen für Alltagskonsum zuständig sind, ist historisch erklärbar. Ihr Platz war ja schließlich bis vor wenigen Generationen und mit wenigen Ausnahmen zuhause am Herd, sie hatten dem Mann den Rücken freizuhalten und die Kinder hatten artig Gute Nacht zu sagen, wenn der Vater heimkam. Zu diesem Zeitpunkt hatte das Essen übrigens auch schon gerichtet zu sein. Kein Wunder, dass die Werbung die Frauen als Zielgruppe schnell erkannt hatte.

Es gibt vielerlei Möglichkeiten, warum Frauen mehr und anders konsumieren, wieder kann man das verhaltensbiologisch, anthropologisch oder historisch erklären. Tatsache ist, dass Frauen viel stärker emotional von Werbung angesprochen werden – und zwar seit langer Zeit. Und immer geht es darum, entsprechen zu müssen. Den Erwartungen anderer, den Erwartungen an sich selbst.

Die Schönheit der Frauen war über Jahrhunderte ihr einziges Kapital, um die Klasse wechseln zu können. War man nicht bereits adelig, war der eigene Körper, das eigene Aussehen die einzige Möglichkeit, sich „hochzuheiraten“. Kein Wunder, Frauen durften über Jahrhunderte nicht wählen, kein eigenes Geld

---

75 https://www.handelsblatt.com/unternehmen/handel-konsumgueter/nielsen-studie-die-kaufkraft-der-frauen/4336320.html

verdienen, kein eigenes Land haben, kein eigenes Vermögen ansparen (das ist übrigens der Grund, warum noch bis vor wenigen Generationen Schmuck aus Edelsteinen unter Frauen so beliebt war – das war der wertvolle Besitz, den Frauen haben durften und der sie im Trennungsfall oder bei Flucht aus der Ehe finanziell retten konnte[76]). Doch gleichzeitig bedeutete das auch: In die eigene Optik musste man investieren.

Und so wird den Frauen eben immer noch eingeredet, dass sie optisch nicht altern dürfen, dass sie nicht dick sein dürfen, dass sie bitte optisch die von ihnen erwartete Rolle erfüllen müssen – und dass sie dafür vom Hyaluron-Serum bis zur (nie und niemals wirkenden) Anti-Cellulite-Creme alles kaufen müssen, was von der natürlichen Entwicklung ihres Körpers ablenkt. Und sie sollen sich bitte schön scheiße fühlen, damit sie nicht auf die Idee kommen, für universelle Rechte von Frauen zu kämpfen.

Ich habe Dreizehnjährige mit schwerer Magersucht erlebt, bei denen sich alles um den eigenen Bauchumfang dreht, erwachsene Frauen, die sich fertigmachen, weil die Hose aus der Schulzeit nicht mehr passt, und leider wirklich viele Frauen, die anderen Frauen erklären, wie diese auszusehen hätten. Und wir merken nicht, wie ein ganzer Markt voll ausnutzt, dass wir als Frauen per Optik in eine Konkurrenzsituation zueinander gehen? Eine Konkurrenz, die uns davon abhält, endlich weibliche Solidarität zu leben und festzustellen, dass wir als Frauen nur dann erfolgreich Rechte erkämpfen können, wenn wir auf das Gemeinsame – das Frausein – schauen und nicht mehr auf das Trennende, sei es das Alter, die Herkunft, die Religion, die soziale Klasse? Ich kann mich da verlässlich jedes Mal in Rage schreiben.

---

76 Spannend beschrieben in Barton Biggs: Hedgehogging, Wiley Verlag 2016

So betrachtet kann man Konsum als antifeministisch bezeichnen. Doch ist er das wirklich? Konsumforscher Frank Trentmann sagt in einem Interview auf 3sat: „Die Geschichte des Konsums von der Vergangenheit bis heute und auch in die Zukunft ist ein höchst moralisches Thema. Ein Grund, warum es moralisch so aufgeladen ist, ist die Geschlechterfrage."[77] Er sagt, dass dadurch, dass fast ausschließlich Frauen in Läden einkaufen gehen, die weibliche Kaufentscheidung immer „Teil einer großen gesellschaftlichen Debatte (war), ob Frauen wirklich rational entscheiden können, ob das Geld sicher ist bei den Frauen, ob Frauen sich von den Werbern und Moden den Kopf verdrehen lassen. Ein Grund für diese Angst ist weiterhin die Sorge, dass Dinge, Konsumgüter, eine fast magische Kraft über die menschliche Seele ausüben können, insbesondere die des weiblichen Geschlechts, die dem besonders ausgesetzt ist."

Konsum hatte für Frauen historisch übrigens durchaus auch einen emanzipatorischen Charakter. Trentmann erklärt: „Konsum wurde als etwas Niederes, der Produktion untergeordnetes gesehen. Das halte ich für falsch, wir müssen erkennen, dass Konsum ein wichtiger Teil der menschlichen Existenz ist und Konsum für viele Frauen in der frühen Frauenbewegung ein emanzipatorischer Akt war, der es ihnen erlaubte, sich in neuen städtischen Räumen frei zu bewegen."

Egal, wie man es dreht – Konsum macht etwas mit uns. Kaufhandlungen sind so viel mehr als der einfache Austausch von benötigten Waren und Geld. Dass uns Konsum immer leichter gemacht wurde im Laufe der Jahre, macht es auch nicht besser. Fast Food, Fast Fashion, Fast Trends. Alles muss schnell sein – und auch diese Geschwindigkeit macht etwas mit uns.

---

77 https://www.youtube.com/watch?v=4DFZM9-9A_4&t=18s

Fast Fashion – Konsum auf ganz übel

Beschäftigung mit der Art, wie unsere Kleidung produziert wird, ist seit meinem „Ich kauf nix"-Projekt 2012 zum – Achtung, Wortwitz – roten Faden meines Lebens geworden, genauso wie das Thema Konsum im Allgemeinen. Dieser einjährige Shoppingstop veränderte mein Leben und öffnete mir die Augen für die Abgründe der globalisierten Produktionsweisen. Meine Art, Kleidung zu konsumieren, hat sich damals von Grund auf verändert. Anstatt in einer Filiale des Textilschweden meinen Abwehrmechanismen freien Lauf zu lassen, besteht mein Kleiderschrank inzwischen fast ausschließlich aus Second Hand, Getauschtem oder fair Produziertem. Doch während ich mir in den vergangenen Jahren hauptsächlich angesehen habe, was das System der Fast Fashion (= möglichst viel Kleidung möglichst billig und in schlechter Qualität produzieren und möglichst häufig unter die Menschen bringen, damit eine möglichst schnelle Drehung im Kleiderschrank erzeugt wird) mit der Umwelt und den Menschen macht, die sie produzieren, finde ich nun viel spannender, welche Paradigmenwechsel es durch Fast Fashion innerhalb unserer Konsumgesellschaft gab und gibt.

Da ich selbst aber schon – abseits von Recherchen für Greenpeace – länger nicht mehr in einem dieser Läden war, beschloss ich, mich ins Zentrum des Konsumismus in Österreich zu begeben. Ab in den totalen Shoppingwahnsinn. Noch dazu an einem Samstag. Ich fuhr in die Shopping City Süd, ein riesiges Einkaufszentrum unmittelbar vor den Toren Wiens. Die Badner Bahn – eine Art S-Bahn, die Wien und die Kurstadt Baden miteinander verbindet – hat dort eine eigene Haltestelle. Ich ging über einen sich nach links und rechts nahezu endlos erstreckenden Parkplatz hinüber zu einem der Eingänge des Zentrums. Der erste Eindruck: Es roch unerträglich klebrig-süß. Der zweite: Es dudelte überall Fahrstuhlmusik aus den Boxen. Überall wurden meine Reize überfordert. In 129 von 265 Läden wurde und wird Mode verkauft. Und ich fragte mich: Wer soll das alles anziehen? Wie kann das alles verkauft werden? Und das, was nicht verkauft wird: Was passiert eigentlich damit?

Ich brauchte relativ lang, mich in dem Dschungel der Modeläden zu orientieren, bis ich mein eigentliches Ziel fand: Primark.

Die irische Textilkette ist bekannt dafür, die Preise von H&M und Co. noch zu unterbieten. Habe ich als Teenager H&M für fantastisch günstig und leistbar gehalten, sind die Preise des schwedischen Herstellers inzwischen „normal" und Durchschnitt. Primark jedoch lässt mich regelmäßig mit den Ohren schlackern. Shirts um zwei Euro, Leggings um drei, Pullis um fünf.

Als ich die Filiale erreichte, war auch dort mein erster Eindruck der Geruch. Allerdings: Es stank. Vor allem nach Plastik. Kein Wunder, ist doch der überwiegende Großteil der angebotenen Produkte aus Polyester, Acryl oder Polyamid. Ich musste grinsen, als ich bemerkte, dass Baumwollprodukte sogar eigens mit (Plastik-)Stickern, auf denen laut schreiend „100% Cotton – all natural" stand, ausgezeichnet waren. Yay, ein Naturprodukt im Meer aus Plastik!

Apropos Polyester: Mit gutem Konsum hat das alles schon mal gar nichts zu tun. Polyester ist einer der treibenden Faktoren für eines der größten Umweltprobleme unserer Zeit: Die Verschmutzung der Meere mit Mikroplastik. Warum? So ziemlich jedes Kleidungsstück lässt Fasern, wenn wir es waschen, völlig egal, ob es sich um ein Baumwollshirt, eine Wolljacke oder ein Polyesterkleid handelt. Und diese Fasern sind oft so klein, dass sie es nicht nur durch die Flusensiebe der Waschmaschinen schaffen, sondern auch durch die diversen Kläranlagen entlang der großen Flüsse. Die Fasern des Wollpullis oder des

Baumwollshirts stellen kein großes Problem dar: Da sie aus natürlichen Materialien bestehen, lösen sie sich nach und nach auf. Bei Polyester, das im Grunde genommen Plastik in Faserform ist, sieht das anders aus: Polyesterfasern sind de facto reines Mikroplastik.

Zwar werden die mit der Zeit auch kleiner, aber ganz weg sind sie nie, da sie sich in der Umwelt nicht auflösen können. Und dann beginnt das wirkliche Problem: Je kleiner das Mikroplastik, das sich in unseren Gewässern und Meeren befindet, desto größer das Problem. Es gibt inzwischen so viel Mikroplastik (und auch größere Teile) in den Meeren, dass beispielsweise keine einzige von über 100 im Jahr 2018 wissenschaftlich untersuchten Meeresschildkröten frei von Plastikpartikeln im Körper war.[78] Kleinstlebewesen fressen die Mikroplastikpartikel, da sie sie mit Plankton verwechseln, und verhungern bei vollem Magen.

Die, die mit dem Plastik im Körper überleben, sorgen dafür, dass das Mikroplastik die Nahrungskette hinaufklettert – und wir schließlich nicht nur Fisch am Teller liegen haben, sondern Teile unseres eigenen Fleece-Pullovers obendrein. Während wir zwar in einem Binnenland wie Österreich, das noch dazu über ein vergleichsweise gutes Abfallwirtschaftssystem verfügt, davon ausgehen können, dass kaum ein hier gekauftes Plastiksackerl im Meer landet, haben wir mit den Textilien, die wir hier kaufen und waschen, eine direkte Mitverantwortung für die Verschmutzung der Weltmeere.

Und das Traurige ist: Schön, wenn man versucht, Plastik aus dem Meer zu fischen. Das mag bei großen Teilen funktionieren. Mikroplastik jedoch sammelt sich zu über 80 Prozent am Meeresboden an und ist von dort nicht mehr entfernbar.[79] Einmal

---

78 https://onlinelibrary.wiley.com/doi/10.1111/gcb.14519

79 https://www.frontiersin.org/articles/10.3389/fmars.2020.576170/full

drin, immer drin. Im Boden der Weltmeere lagern inzwischen laut Berechnungen von Forschern bis zu 16 Millionen Tonnen Mikroplastik. Das ist so viel wie die Menge von 20 Einkaufssackerln voller Plastikmüll – pro 30-cm-Küstenabschnitt an jedem Strand der Welt mit Ausnahme der Antarktis.[80] Es ist eine Tragödie – und Polyester spielt darin eine der Hauptrollen.

Doch zurück zu meinem Besuch bei Primark: Nicht nur der Geruch ließ mich zuerst fast rückwärts wieder aus der riesigen Filiale rausfallen, sondern auch die Menschen. So viele, so ein Gedränge zwischen den komplett überfüllten Regalen und Kleiderständern, alle mit vollen Einkaufskörben. Ich ging trotzdem rein und sah mir die Kleidung an. Es waren wirklich alle mir bekannten aktuellen Trends abgebildet, von sportlich über romantisch und hipster bis hin zum zu dieser Zeit unvermeidlichen Boho-Style mit Fransentaschen, Hüten und Lederjacken (aus Plastik, versteht sich).

Zwei Euro. Das Shirt mit dem lustigen Schriftzug aus Baumwolle und Polyester, das vor mir hing, kostete zwei Euro. Um den Preis bekomme ich in einem durchschnittlichen Lokal vielleicht ein Sechzehntel Wein. Ein großes Red Bull – eines der meistverkauften Produkte im Supermarkt – kostet mehr. Zwei Euro. Es ist unfassbar.

Es waren bittere Überlegungen mitten in dieser nach Plastik riechenden Stoffwelt, und doch erwischte ich mich plötzlich bei dem Gedanken: Oh, dieses Teil ist aber schön. Und das passt sicher, da brauch ich mich bei der Umkleidekabine nicht anstellen. Wozu auch – bei einem Kleid, das nur neun Euro kostet. Doch die Versuchung war nur kurz, der Gedanke daran, dass

---

80 https://www.spiegel.de/wissenschaft/natur/mikroplastik-im-boden-der-weltmeere-lagern-bis-zu-16-millionen-tonnen-muell-a-9e1f7e3a-1b3d-4319-ba3f-2edaa683d391

woanders jemand leidet, nur weil ich ein Kleid tragen möchte, dessen schlechte Qualität mich wohl dazu zwingen wird, es nach dreimal waschen wegzuwerfen, bremste mich. Ich erinnerte ich mich wieder daran, dass ich ja Menschen beobachten und nicht Kleidung kaufen wollte. Ich konzentrierte mich also lieber wieder auf die anderen KundInnen im Laden – und erschrak: Ich sah bei einigen wirklich leere Gesichter, dem Kaufrausch verfallen, manche voll fokussiert auf die Kleidung, bei anderen hatte ich den Eindruck, sie schauten nur mit einem halben Auge an, was sie in ihre großen Einkaufsnetze, die beim Eingang ausgegeben wurden, rafften. Es war wirklich beklemmend, was ich sah. All das, wovon ich so oft gelesen hatte – psychologische Abwehrmechanismen, das Füllen der inneren Leere durch Konsum, die Befriedigung durch Kaufrausch: Hier sah ich es live und in (Mode-)Farbe.

Kurz überlegte ich, ob ich nicht viel zu hart urteilte: Erstens sagt das Äußere noch nicht viel über Menschen aus. Zweitens: Gemessen an der immer größer werdenden Zahl jener, die in prekären Verhältnissen leben – könnte es sein, dass die Menschen, die hier die Shirts um zwei Euro kauften, sich keine um zehn oder gar zwanzig Euro leisten können? Dass ich einfach herablassend und aus privilegierter Sicht argumentierte?

Ich stellte mich in die Nähe der vielen Kassen und beobachtete weiter. Niemand kaufte wenig, alle marschierten mit prall gefüllten Papiersäcken von der Kasse weg. Niemand war dabei, der oder die überlegte, ob man das eine oder andere Teil nicht lieber doch dalassen sollte. Es war wirklich schockierend, welche Mengen an Kleidung, Taschen und Schuhen in den wenigen Minuten, in denen ich zuschaute, über die Theke wanderten. Aus anderen Modegeschäften kannte ich es, dass sich viele ein Teil, vielleicht zwei oder drei kaufen. Hier wurde gehortet. An einem Donnerstagvormittag – wer waren diese Leute? Wieso hatten so viele Zeit zum Shoppen? Natürlich konnte ich aus dieser Beobachtung heraus immer noch nicht sagen, wie es auf den Konten der KäuferInnen aussah, aber die Statistik war auf meiner Seite: Da *mussten* Leute dabei sein, die schlicht aus Langeweile kaufen und die sich freuen, um das gleiche Geld zehn statt zwei Shirts kaufen zu können – obwohl sie keines der zehn brauchen.

Etwas schockiert und bereits mit leichten Kopfschmerzen (die armen MitarbeiterInnen, die sich diesen Gestank täglich geben müssen!) verließ ich die Primark-Filiale. Ich setzte mich auf eine der Bänke vor dem Eingang, um mich in Ruhe neu zu orientieren. Neben mich setzten sich zwei junge Mädchen – ich schätzte sie auf dreizehn oder vierzehn. Sie waren gerade kichernd ebenfalls aus der Filiale gekommen.

„So geil, so geil, so cool, ich freu mich soo!"

„Ja ich auch! Die Tasche!!"

Beide kreischten.

„Ja, und das Paillettenkleid! Oida, zehn Euro, das is so geil, so geil, sooo geil! Ich zieh das fix nie an, is ja urpeinlich, aber so geil!"

Wie bitte? Sie zieht „das fix nie an"?

Der körperliche Shopping-Kick war den beiden Mädels förmlich anzusehen, die Augen leuchteten, die Wangen waren gut durchblutet rosa. „Ich zieh das fix nie an." Es ging ihnen gar nicht ums Produkt, es ging ihnen um den Kaufvorgang, bei dem sie eine Vorstellung von sich selbst nährten (und in dieser Vorstellung träumten sie sicher von Gelegenheiten, wo man Paillettenkleider anziehen kann und das von niemandem als peinlich empfunden wurde). Sie selbst konnten das bewusst eindeutig nicht einsortieren, wie so viele von uns. Und mir wurde klar: Noch direkter und ungespitzter kann man nicht „für die Mülltonne kaufen".

Überhaupt sind Primark-Kunden eine besondere Spezies. 2015 wurde an der Uni Würzburg eine Masterarbeit[81] präsentiert, in der untersucht wurde, wieso beim Shoppen nur der Preis zählt. Die Autorin Natalie Wäsch analysierte das Einkaufsverhalten von Primark-KundInnen. Ihre Ergebnisse widersprachen dem weitläufigen Argument, dass dort Menschen einkaufen, die sich nichts Teureres leisten können oder einfach nicht Bescheid wissen – das Gegenteil ist der Fall. Wäsch befragte 170 Kunden und Kundinnen online und vor Geschäften. Zwei Drittel davon waren Studierende und Schülerinnen, und fast alle von ihnen wussten Bescheid über die schlechten Produktionsbedingungen von Fast Fashion. „Beeinflussen lassen sich allerdings die wenigsten davon", sagt Wäsch. Der Untersuchung zufolge ist die durchschnittliche Kundschaft bei Primark übrigens 21,8 Jahre alt, mit 86-prozentiger Wahrscheinlichkeit weiblich, gibt im Monat durchschnittlich 78 Euro für Kleidung aus. Und was mich am meisten wundert: Fast Fashion ist unter ihresgleichen immer noch gesellschaftsfähig, es gibt keine Ächtung, dass man ein so destruktives System unterstützt – obwohl so viele Bescheid wissen.

Und es spielt sich inzwischen ein signifikanter Anteil des Fast-Fashion-Handels online ab.

Du haulst, ich heule.

Haul. Ein Wort, das in den letzten Jahren gewaltig bekannt wurde. Hauls gehören zu den erfolgreichsten Kategorien, die es auf Youtube gibt. Doch was sind Hauls eigentlich? Wörtlich über-

---

81 https://www.uni-wuerzburg.de/aktuelles/pressemitteilungen/single/news/billigkleidung-wird-gebilligt/

setzt heißt es „Beute“ und beschreibt nix anderes als Personen, die ihre neuesten Einkäufe stolz vor der Kamera vorführen.

Es ist faszinierend: Man sieht Menschen – meistens jungen Frauen – dabei zu, wie sie herzeigen, was für neue Kleidung oder Make-up-Utensilien sie sich gekauft haben. Besonders beliebt sind sogenannte Try-on-Hauls, bei denen die neugekaufte Mode gleich vorgeführt wird. Für mich haben solche Hauls die Faszination eines Autounfalls: Ich kann einfach nicht wegschauen, obwohl ich es schrecklich finde. Es gibt Kanäle von jungen Frauen, die beinahe wöchentlich neue Hauls produzieren. Die zeigen, wie sie bestellte Ware auspacken, gekaufte Ware aus den originalen Einkaufssäcken heben, wie sie etwas von „Feels good auf der Haut“ erzählen und „Schaut so sweet aus, ich könnt kreischen!“. Immer brav mit Verlinkung, wo man die Teile nachkaufen kann (außer bei Primark, da hört man dann nur das bekannte „Beeilt euch! Ich hab's gestern gekauft, hoffentlich bekommt ihr's noch!“).

Nur um mal klarzustellen, was für ein Riesenphänomen Hauls auf Youtube sind, habe ich ein paar Zahlen herausgesucht[82]: Weltweit sehen 1,9 Milliarden Menschen auf Youtube Videos an (mehr als ein Drittel aller Internetuser der Welt). Pro Minute werden 500 Stunden Videomaterial auf die Plattform geladen, und pro Tag werden insgesamt eine Milliarde Stunden Videos angeschaut. Hauls gehören zu den erfolgreichsten Kategorien der Videoplattform, und 68 Prozent der Youtube-Nutzer haben sich schon mal Hauls oder Produktbewertungen angesehen, um zu entscheiden, ob sie sich ein bestimmtes Produkt kaufen sollen.[83]

---

82 https://mediakix.com/blog/most-popular-youtube-videos/?fbclid=IwAR1DGvlzLfq2IL1vFiqRWzuoAvPap20iopdoekMz7cNVEKJojkg-kK6Dxqro

83 https://contentcareer.com/blog/100-youtube-stats/

Youtube gab kürzlich ein paar Zahlen raus (das tun sie sehr selten), und eine dieser Zahlen beeindruckte mich: die Zahl der Sustainable Hauls ist in den vergangenen Jahren jedes Jahr um 190 % gestiegen.[84] Das heißt, diejenigen, die mir zeigen, was cool ist und was man kaufen soll, zeigen mir nun, dass es cool ist, nachhaltige Produkte zu kaufen. Ein bissl ein Katzenschwanzbeißspiel ist das am Weg zum guten Konsum aber dann doch: Hat verantwortungsvoller Konsum nicht auch etwas damit zu tun, *weniger* zu konsumieren und mich nicht noch mehr dazu verführen zu lassen, nur noch alles in öko, grün, ausgependelt und linksdrehend zu kaufen? Und wie sehr hinterfragen diejenigen, die mir grüne Produkte zeigen, eigentlich, ob diese Produkte wirklich grün sind?

Hauls symbolisieren alles, was gegen guten Konsum spricht: Es wird suggeriert, dass man sich bitte viel auf einmal kaufen soll, dass man alles sofort haben kann, dass man sofort schöner und glücklicher ist, wenn man konsumiert hat. Sie drücken volles Rohr aufs FOMO-Knopferl, bloß nix versäumen. Diejenigen, die sie hochladen, holen sich den doppelten Dopamin-Suchtkick, einmal beim Konsum der Kleidung, einmal beim Likes-Abholen auf Social Media. Es geht alles schnell, noch während des Videos kann man auf den Link zum Produkt klicken und es bestellen, am nächsten Tag liegt es schon vor der Haustür. Der Konsumhistoriker Frank Trentmann sieht in der Digitalisierung den Beginn einer neuen Zeitrechnung, wie er in einer Dokumentation auf 3sat erklärt: „Jetzt ist jeder Tag Weihnachten. Wir wissen noch nicht, welche psychologischen Konsequenzen das mit sich führt, wenn eine neue Generation von Verbrauchern gar nicht mehr gewöhnt ist, auf den Erhalt von Konsumgütern warten zu müssen."[85]

84 https://www.thinkwithgoogle.com/marketing-strategies/video/sustainability-video-trends/

85 https://www.youtube.com/watch?v=4DFZM9-9A_4&t=18s

Von den Umweltauswirkungen, die beim Onlinehandel drastisch sind, jetzt mal abgesehen. Alleine das Thema des Transports hat sowohl ökologisch als auch sozial fulminant negative Auswirkungen durch die Masse der versendeten Pakete: Der CO_2-Fußabdruck des online gekauften Produkts wird pro zurückgelegtem Kilometer größer, und die LieferantInnen arbeiten meist unter sehr prekären Arbeitsbedingungen. Oft sind sie sogenannte freie DienstnehmerInnen, also Scheinselbstständige, für die die Lieferfirma weniger Versicherungskosten übernehmen muss. Geld gibt's nur für geleistete Stunden, Kranksein ist schwierig. Das ist kein unterstützenswertes System.

Warum ist Konsum eigentlich überhaupt schlecht?

Wenn es guten Konsum gibt, muss es ja auch schlechten Konsum geben. Was genau ist das dann eigentlich? Warum habe ich eigentlich so ein Unbehagen und würde gerne für mich (und andere) klären, was guter Konsum ist?

Weil so viele Produkte unter ökologisch und sozial übelsten Bedingungen hergestellt werden und es regelmäßig passiert, dass solche Produkte dann obendrein als „gut“ verkauft werden, obwohl sie es aus diesen Perspektiven heraus schlicht nicht sind.

Zum Beispiel: Wir haben im Supermarkt ja nicht nur die Auswahl aus guten und besseren Produkten, es werden uns auch jede Menge Lebensmittel angeboten, die weder gut für die Umwelt, die Tiere oder mich selbst sind. In den Tiefkühltruhen in meinem Stammsupermarkt liegen mindestens 20 Sorten Tiefkühlpizza. Und in jeder einzelnen Sorte ist Palmöl drin, das am anderen Ende der Welt für Regenwaldzerstörung sondergleichen sorgt.[86]

Oder: Ich kann aus drei verschiedenen Arten von Frischeiern wählen: Bodenhaltung, Freilandhaltung und Bio-Freilandhaltung – in der konventionellen Bodenhaltung teilen sich zwischen neun und 18 Hennen einen Quadratmeter, was schon verdammt kuschelig ist. Wer also auf Eier nicht verzichten will, aber die tierfreundlichste Variante kaufen möchte, kann eigentlich nur nach Bio-Freilandhaltung greifen: Da teilen sich nur sechs Hennen einen Quadratmeter.[87] Und wer sich jetzt denkt: Yay, wenigstens keine tierquälerischen Käfigeier – da kann ich „beruhigen". Die sind in verarbeiteten Produkten von Kuchen über Mayonnaise bis hin zu Ei-Aufstrich drin.[88]

Oder: Immer noch ist wahnsinnig viel Obst und Gemüse verpackt – meistens sind es die Bioprodukte, die von Plastik, Netzen oder Karton umhüllt sind. Seit Jahren habe ich in Gesprächen mit Nachhaltigkeitsverantwortlichen der Supermärkte immer wieder darauf hingewiesen, wie frustrierend es für Kon-

---

86 Das Problem ist übrigens nicht das Öl selbst, es ist die schiere Masse, in der es produziert wird. Es ist in Unmengen an verarbeiteten Lebensmitteln drin, und – in meinen Augen der größte Skandal – es wird in Form eines Treibstoffgemischs sogar als „Biodiesel" verkauft. Nichts daran ist auch nur irgendwie bio.

87 Die Tierschutzorganisation Vier Pfoten schreibt über die Bio-Freilandhaltung: „Mindestens ein Drittel der Stallfläche ist ein eingestreuter Scharrraum, Legenester und Sitzstangen stehen zur Verfügung. In einem Stall dürfen maximal 3.000 Hennen untergebracht sein. Prophylaktischer Medikamenteneinsatz ist verboten. Das größte Plus gegenüber allen anderen Haltungsformen ist hier die biologische Wirtschaftsweise der Betriebe. Das heißt zum Beispiel, dass die Tierhaltung flächengebunden ist: Es werden nur so viele Tiere gehalten wie von der Fläche ernährt werden können."

88 https://nachhaltigkeit.greenpeace.at/18-kaefigeier/

sumentInnen ist, sich zwischen Bio *oder* unverpackt entscheiden zu müssen. Die Antwort war jahrelang, dass das leider seitens der EU so sein müsse, weil die Bioprodukte von den konventionellen getrennt sein müssen. Das heißt, eine der beiden Chargen muss verpackt sein, und weil die Supermärkte ja so umweltbewusst sind, verpacken sie die Bioprodukte, weil das die kleineren Chargen sind. Irgendwann reichte es mir und ich machte mich auf die Suche nach der EU-Richtlinie, die genau das vorgab. Als ich sie fand, musste ich sie dreimal lesen (und das nicht nur, weil auch ich manchmal ein bisschen länger brauche, um Gesetzestexte zu kapieren):

„Unternehmer können ökologische / biologische und nichtökologische / nichtbiologische Erzeugnisse nur dann im Sammeltransportverfahren gleichzeitig abholen, wenn geeignete Vorkehrungen getroffen wurden, um jedes mögliche Vermischen oder Vertauschen mit nichtökologischen / nichtbiologischen Erzeugnissen zu unterbinden und die Identifizierung der ökologischen / biologischen Erzeugnisse gewährleistet ist.“[89]

Das heißt, dass die Bioprodukte zwar beim Transport eindeutig so verpackt werden müssen, dass sie nicht mit konventionellen, die gleichzeitig transportiert werden, vermischt werden können. Auf gut Deutsch steht da: Wenn man in einem Lkw konventionelle Äpfel und Bioäpfel transportiert und der Lkw einen Salto die Böschung runter macht, dann müssen nach dem Unfall die Äpfel immer noch getrennt voneinander identifizierbar sein. Davon, dass sie am Point of Sale, also in den Filialen, auch noch voneinander durch Verpackung einer Charge getrennt sein müssen, steht in der gesamten Richtlinie genau … nix.

---

89 https://eur-lex.europa.eu/LexUriServ/LexUriServ.do?uri=OJ%3AL%3A2008%3A250%3A0001%3A0084%3Ade%3APDF&fbclid=IwAR1acoOveVdm8XBbImzFouFqft-CGU_9-rXhlxQwxn334KWZ4BrQAzMEEYk

Dass das Argument im Grunde auch nicht gültig ist, beweist der momentane Trend zur Verpackungsfreiheit: Plötzlich geht's, dass ich im Supermarkt Bio-Äpfel *und* konventionelle Äpfel offen geschichtet und ohne Plastikverpackung bekomme. Oh Wunder! Aber immer noch ist viel zu viel verpackt. Ich verstehe zwar das Argument der Händler, dass es Wege geben muss, die Produkte auch an der Kasse eindeutig in bio oder nicht bio unterscheiden zu können. Dennoch: Das Ärgernis über die Verpackungsmassen bei Obst und Gemüse bleibt uns wohl noch eine Weile erhalten.

Mir fallen noch viele Beispiele ein, aber um mich kurz zu halten: Der Anteil von Bioprodukten am Gesamtangebot eines durchschnittlichen österreichischen Supermarkts bewegt sich selten über den einstelligen Prozentbereich hinaus, lag in den vergangenen Jahren bei etwa neun Prozent, erst Corona sorgte für eine leichte Steigerung. Unter den nichtökologischen Produkten befinden sich jede Menge umweltschädliche Produkte, von den Fertignudelgerichten, in denen sich wohl mehr Emulgatoren als Nudeln befinden, über ein absolutes Überangebot an Fleisch aus tierquälerischer Haltung bis hin zu Erdbeeren im Jänner. Das ist definitiv kein guter Konsum für unsere Umwelt. Aber den Supermärkten ist es unglaublich wichtig, darauf aufmerksam zu machen, wie umweltbewusst und nachhaltig sie agieren. Ah ja.

Ein paar Fakten

Doch es ist nicht nur unser Lebensmittelkonsum, der über die Maßen unökologisch ist, weil wir über unsere Ressourcen leben. Obwohl viele bereits Bescheid wissen, wird es Zeit, auch ein paar Fakten rund um die Textilproduktion hier niederzuschreiben. Denn obwohl wir inzwischen wissen, dass die Menschen in Bangladesch und anderen Billiglohnländern nicht gerade im Luxus leben, wenn sie unsere Kleidung produzieren, tut sich immer noch viel zu wenig. Mit dem Effekt, dass die Textilindustrie inzwischen der zweitgrößte Klimakiller weltweit ist. Mehr als fünf Prozent der globalen CO_2- und Schadstoffemissionen werden allein für neue Kleider verbraucht, das ist mehr als das Fliegen und die Schifffahrt gemeinsam zustande bringen.[90] Einer Untersuchung der britischen Ellen-MacArthur-Stiftung zufolge könnte die gesamte Textilindustrie bis 2050 für ein Viertel des klimaschädlichen CO_2-Ausstoßes verantwortlich sein.[91]

- In den Jahren 2000 bis 2015 hat sich global die Kleidungsproduktion verdoppelt (!) – 2015 wurden 100 Milliarden Kleidungsstücke produziert. Jeder Mensch auf der Welt hätte im Jahr 2015 also 13 neue Kleidungsstücke gehabt, wäre diese Menge an Kleidern komplett fair aufgeteilt worden. Wird sie aber nicht, oh Überraschung.
- Und wenn doch Kleidung übrigbleibt? H&M macht's vor (und ich wage zu vermuten: sehr viele machen's nach): Unverkauftes aus vergangenen Kollektionen wurde schlicht und einfach verbrannt, und zwar seit 2013 durchschnittlich zwölf Tonnen pro Jahr allein in Dänemark.[92] Zack und weg, Lagerplatz ist halt einfach teurer als Neuproduktion (ja, auch das muss man sich erstmal auf der Zunge zergehen lassen). H&M argumentierte damals, die Produkte hätten verbrannt werden müssen, weil sie entweder durch Wasserschäden in den Lagern schimmelten oder zu stark schadstoffbelastet

---

90 https://www.nature.com/articles/s41558-017-0058-9

91 https://www.ellenmacarthurfoundation.org/assets/downloads/publications/A-New-Textiles-Economy_Full-Report.pdf

92 https://kurier.at/style/hm-verbrennt-tonnenweise-neue-kleidung/292.998.788

waren, um den Kriterien von Greenpeace zu entsprechen (Greenpeace hatte H&M in seiner Detox-Kampagne zuvor dazu gebracht, die Lieferkette von umweltgefährlichen Chemikalien zu befreien). Kirsten Brodde von Greenpeace reagierte mit deutlichen Worten: „Wer vertraut noch einem Vorzeige-Konzern, der einen hochglanzpolierten Nachhaltigkeitsbericht hat, der so lang ist wie Kleists Werke, aber in dem kein Wort steht, dass sie seit Jahren tonnenweise Klamotten in Rauch aufgehen lassen? Das Eis ist ganz schön dünn, wenn man so dick aufträgt."[93]

- Eine Studie der Christlichen Initiative Romero[94] (einer NGO, die im Bereich Textilproduktion sehr aktiv ist) ergab, dass Näherinnen von Primark in Sri Lanka pro Woche bis zu 80 Stunden arbeiten, gesetzlich erlaubt sind neben den 45 regulären Arbeitsstunden „nur" 12 Überstunden, also 57 Stunden. Dafür bekommen einige nicht einmal den gesetzlichen Mindestlohn von umgerechnet 79 Euro – obwohl die Asia Floor Wage Alliance ausgerechnet hat, dass man in Sri Lanka mindestens 296 Euro zum Leben brauchen würde. Gewerkschaften gibt es in keiner der Fabriken, in denen Primark produzieren lässt.
- Der Baumwollanbau ist nicht einfach – die Baumwolle ist eine sehr zickige Pflanze. Mal braucht sie sehr viel, dann wieder gar kein Wasser, geschätzte 99,5 Prozent sind aus gentechnisch verändertem Saatgut und somit einjährig, was für die Bauern bedeutet: Sie müssen jedes Jahr neu einkaufen.[95] Ein Drittel aller weltweit produzierten Insektizide landet auf ihr, und damit sie vor der Ernte gut durchtrocknet und so die

93 https://blog.greenpeace.de/artikel/skandal-um-hm
94 https://www.ci-romero.de/kritischer-konsum/produkte/kleidung/
95 https://utopia.de/ratgeber/bio-baumwolle-wissenswertes/

fasrigen Blüten leichter vom Rest der Pflanze gelöst werden können, bekommt sie auch noch eine große Portion Glyphosat ab – so viel, dass es sogar in fertig produzierten Tampons nachgewiesen wurde. Sieht man sich die Zahl der gesamten Pestizidproduktion an (also inklusive Fungizide und Herbizide), dann beläuft sich die wissenschaftliche Schätzung auf 20 Prozent. Der Baumwollanbau verbraucht etwa 2,5 Prozent aller wirtschaftlich genutzten Flächen, aber 20 Prozent aller weltweit produzierten Pestizide landen dort. Sauber!

■ Doch Baumwolle hin oder her, in den vergangenen Jahren nimmt der Anteil von umweltschädlichem Polyester an der Gesamtfaserproduktion stetig zu und liegt inzwischen bei über 60 Prozent.

■ Was gestern noch in Mode war, ist heute bereits Müll: Bei Greenpeace gaben wir 2019 eine Umfrage zum Umgang der ÖsterreicherInnen mit ihrer Bekleidung in Auftrag, die Schockierendes ergab: „Im Schnitt besitzen die ÖsterreicherInnen 85 Kleidungsstücke, das sind hochgerechnet auf ganz Österreich mindestens 547 Millionen Teile. Jedes achte davon, landesweit etwa 72 Millionen Teile, wird sehr selten oder gar nicht getragen. Die Hälfte der Befragten gibt an, Kleidung auszusortieren, wenn etwa Oberteil oder Hose nicht mehr gefällt – selbst wenn das Stück keine Mängel hat. Das meiste davon landet dann in erster Linie im Müll.", schrieben wir damals in die Presseaussendung.[96]

■ Doch es sind nicht nur Großkonzerne wie Primark, die dieses schnelle Konsumieren von Kleidung antreiben, es sind sämtliche Textilunternehmen gleichermaßen schuld: Sie alle

---

96 https://www.ots.at/presseaussendung/OTS_20190605_OTS0002/greenpeace-umfrage-72-millionen-kleidungsstuecke-ungetragen-in-oesterreichs-kleiderschraenkenm

sind daran beteiligt, dass sich die Produktionsketten auf Kosten von Umwelt und ArbeiterInnen massiv beschleunigt haben. Von früher zwei bis maximal vier oder fünf werden pro Jahr von Fast-Fashion-Marken bis zu 50 neue Kollektionen produziert. Diese Geschwindigkeit hat auch das Anspruchsverhalten der KonsumentInnen verändert: Die KundInnen schauen öfter vorbei, weil das Sortiment sich schnell ändert. Man könnte ja etwas verpassen.

■ Das Resultat sind dann Katastrophen wie der Zusammenbruch von Rana Plaza, einem Fabriksgebäude in einem Vorort von Dhaka, wo über 1200 Menschen starben und über 2500 teilweise schwer verletzt wurden. Noch einen Tag vor dem Unglück am 24. April 2013 hatten sich viele NäherInnen versucht zu weigern, weiter in dem Gebäude (das illegal zweifach aufgestockt wurde) zu arbeiten, da die Risse im Mauerwerk immer größer geworden waren. Aber da die Kollektionen für Kik und Co. fertig werden mussten, kannten die Fabriksbesitzer kein Erbarmen und zwangen alle zur Arbeit. Doch auch das Danach wird von den europäischen und US-amerikanischen KundInnen gerne ausgeblendet: Wir reden hier nicht von Menschen mit Universitätsabschluss und Auslandsaufenthalt, die entweder mit dem Auto oder mit einem gut ausgebauten Öffi-System in die Arbeit fahren. Wir reden hier von Menschen, die oft mehrstündige Fußwege aus dem jeweiligen Slum, in dem sie wohnen, auf sich nehmen, um wenigstens ein paar Cents zu verdienen. Eine Mitarbeiterin einer Entwicklungshilfeorganisation, die damals mehrfach vor Ort war, erzählte mir, dass es in den umgebenden Fabriken „schwarze Listen" gab mit den Namen der Verletzten des Unglücks – die sollte man nicht einstellen, die wären nicht mehr produktiv und psychisch beeinträchtigt. Was soviel heißt wie: Von den überlebenden

Opfern von Rana Plaza fanden wohl viele keinen Job mehr. Das Unglück schaffte es damals auf viele Titelseiten weltweit, darunter auch die der New York Times. Seither kann mir wirklich niemand mehr erzählen, dass er oder sie über die Art, wie Kleidung in Bangladesch produziert wird, nicht Bescheid weiß. Aber auch sechs Jahre nach der Katastrophe ist kein kollektives Umdenken zu beobachten.

- Doch auch Spenden statt Wegwerfen hat gravierende Probleme: Erstens gehen die Spendenstellen über vor Kleidung, und zweitens gibt es immer noch viel zu viele Verwerter, die Kleidung, die sie hier in Europa als nicht mehr verkäuflich identifizieren, in großen Ballen in verschiedene Länder Afrikas bringen, wo Menschen sie auf gut Glück und ohne die Ballen vorher zu öffnen auf Second-Hand-Märkten verkaufen. Der Effekt: Die ehemals florierende Textilindustrie Ostafrikas ist am Boden, sie kann mit der unermesslichen Menge an Konkurrenz durch gespendete Kleidung (sowie mit den immer mehr werdenden Billigstimporten aus China) nicht mehr konkurrieren.

Wir haben einfach die Relation verloren. Geht man zu einer der Billigstketten, ist es nicht unwahrscheinlich, dort ein T-Shirt um zwei Euro kaufen zu können – ohne dass dieses bereits verbilligt ist. Sagen wir mal, dieses Shirt ist aus einer Baumwoll-Polyester-Mischung und somit unrecyclebar, denn einmal vermischte Fasern kann man nach derzeitigem Stand der marktbereiten Technik nicht wieder trennen. Ein Euro dieser zwei Euro ist die Marge für den Handel. Bleibt ein Euro. Von diesem einen Euro muss folgendes anteilig bezahlt werden:

- Das gentechnisch veränderte und daher nur einmal wachsende Baumwoll-Saatgut.
- Die Insektizide und das Glyphosat für den Anbau.

- Das Land, auf dem die Baumwolle angebaut wird.
- Der Bauer, der sich darum kümmert, der muss schließlich auch von etwas leben.
- Die Menschen, die die Baumwolle spinnen, weben, färben, mit den Polyesterfasern neu verweben.
- Die Menschen aus der Polyesterproduktion von der Erdölgewinnung bis zur Verarbeitung zur Faser.
- Die Menschen, die die Kleidung nähen.
- Der Transport vom Anbauort der Baumwolle (oft in Indien oder afrikanischen Staaten) über die Weberei (oft in der Türkei) bis hin zur Nassproduktion (China, also Färbung und Druck der Stoffe) und der Fertigung (oft in Bangladesch oder Pakistan, wo man Arbeitskraft am günstigsten kaufen kann) und am Ende der Transport in die weltweiten Filialen.

Und all das soll sich menschenwürdig mit einem Euro ausgehen?

Genau.

Und ich habe ein Einhorn als Haustier. Stubenrein.

Meine hochgeschätzte ehemalige Kampagnenkollegin Lisa Kernegger[97] sagte einmal etwas, was ich seither gefühlt hunderte Male wiederholt habe: „Das ökologischste Kleidungsstück ist das, das nicht produziert werden muss." Was heißt das im Umkehrschluss? Nein, damals, als es noch keine Fast Fashion gab, sind wir auch nicht in Sack und Asche, Lumpen oder gleich nur im Feigenblatt herumgelaufen (wobei, irgendwann schon, aber das ist länger her). Die meisten von uns können sich sogar noch daran erinnern: Kleidung wurde weitergegeben, getauscht, selbst genäht (und mit so viel Nahtzugabe genäht, dass man sie auch bei möglicher Gewichtszunahme noch umnähen konnte);

---

97 Die übrigens mit meiner zweiten wunderbaren Ex-Kollegin Heidi Porstner die Organisation foodwatch nach Österreich gebracht hat.

Kleidung der Kinder wurde im Freundeskreis weitergegeben. Die Kleidung passte in einen Kleiderschrank, nicht in einen ganzen Schrankraum.

Und genau da sollten wir wieder hin: Weniger kaufen, bessere Qualität, auf Reparierbarkeit achten, im Optimalfall aus fairer und ökologisch sinnvoller Produktion. Über allem sollte stehen: Lasst uns darauf achten, der Kleidung eine möglichst lange Lebensdauer zu geben. Das kann auch heißen: Wenn ich sie nicht mehr mag, kann ich sie in einen Second-Hand-Laden bringen oder online auf Tauschplattformen wie vinted.de inserieren und mir dort neue Teile suchen. Hauptsache, man macht um die Produktion von Kleidung, die von vorneherein für die Mülltonne produziert wurde, weil ihre Qualität so unermesslich schlecht ist, einen großen Bogen.

Verantwortungsverschiebung beim Textilschweden

Ich machte vor ein paar Monaten diesen von mir selbst empfohlenen Bogen nicht und ging in eine Filiale der von mir seit Jahren liebevoll „Textilschwede" genannten Fast-Fashion-Kette. Auf der Wiener Mariahilferstraße hatte dieses Unternehmen nämlich einen sogenannten Flagship-Store eröffnet, also noch größer und noch toller als die bisherigen Filialen. Obwohl ich seit vielen Jahren bei dieser Kette nicht mehr eingekauft hatte, war ich neugierig und sah mir die neue Filiale an. Nicht um einzukaufen, sondern weil sie groß als „nachhaltig" beworben wurde, oder besser: „conscious", also „bewusst". Es gäbe dort sogar eine eigene Ecke, die „Conscious Corner", wo es der Werbung nach nur nachhaltige Produkte gäbe, wo man sich seine soeben erworbenen Pullis besticken und kaputte Produkte dieser Kette reparieren lassen könne, erzählten mir Freunde. Die Ecke war schnell gefunden. Hinter einer Theke, die in einen Teil der Ecke führte, in dem die Näh- und Stickmaschinen standen, saß eine Verkäuferin, die mit gelangweiltem Blick ihre Nägel begutachtete. Kein Wunder. Während der gesamte Laden relativ gut mit KundInnen gefüllt war, kam hier kaum jemand vorbei. Vor den Nähmaschinen standen Regale mit Produkten wie ökologischem Waschmittel, Hand-Nähsets für schnelle Reparaturen und Guppyfriend, die Waschsäcke zur Vermeidung von Mikroplastik.

Ich stehe diesen Waschsäcken zärtlich kritisch gegenüber. Zwar rechne ich der Firma hoch an, dass sie selbst sagen, ihre Säcke können nicht alle Polyesterfasern, die beim Waschen entstehen, aufhalten[98] – aber ich denke, dass diese Info nicht bei allen KundInnen ankommt. Sie sind aber in jedem Fall ein erster Schritt, um die gröbsten Fasern aufzuhalten und ein bisschen weniger schlechtes Gewissen beim Waschen zu haben. In einer Onlinediskussion zu den Waschsäcken kommentierte jedoch einmal eine Frau, dass sie diese Säcke total super fände, es bleibe auch wirklich einiges darin hängen, und das ließe sich dann ganz einfach unter dem Wasserhahn reinigen. Ich lass das jetzt mal sickern, im wahrsten Sinn des Wortes …

Aber immerhin, dachte ich, als ich in der Filiale stand: Der Textilschwede verkaufte also die Waschsäcke des Startups, das

98 Wörtlich heißt es auf ihrer Website: „Der Guppyfriend Waschbeutel ist der erste Schritt für eine ganzheitliche Lösung des Mikrofaser-Problems. Nicht mehr und nicht weniger. Unser Überkonsum muss sich radikal ändern. Neue Materialien, neue Herstellungsprozesse, saubere Waschmaschinen und effektivere Kläranlagen müssen entwickelt werden. Bis dahin ist der Guppyfriend Waschbeutel eine praktische und effektive Möglichkeit, Plastikverschmutzung in Flüssen und Meeren zu reduzieren und auf die Problematik hinzuweisen."

Mikroplastik aus Textilien den Kampf angesagt hat. Gut! Je mehr Verbreitung, desto mehr Bewusstsein! Doch dann drehte ich mich um, einfach nur einmal um 180 Grad. Das Regal mit den Waschsäcken hatte ich also im Rücken. Und was sah ich direkt vor mir? Einen der vielen prall gefüllten Kleiderständer des Ladens – auf diesem hingen Blusen, eng an eng, alle uni, in fünf verschiedenen Farben, um 9,99 Euro.

Und jetzt kommt der Witz: *aus 100 Prozent Polyester.*

Ein einziger Kleiderständer in einem über 3000 Quadratmeter großen Laden beherbergt locker rund hundert reine Polyesterblusen. Wie es im Rest des Ladens in Bezug auf Polyester aussah, konnte man sich ausrechnen.

Ich wurde in der Sekunde stinksauer: Derselbe Laden, der mir diese Unmengen an Plastikblusen anbot (und dessen Polyesteranteil an seiner Gesamtproduktion wie bei allen anderen großen Textilketten in den vergangenen Jahren fühlbar gestiegen ist), erklärte mir also als KonsumentIn, dass ich doch bitte die Verantwortung habe, die Umwelt zu schützen und meine Kleidung in Anti-Mikroplastik-Waschsäcken waschen soll.

Kurz: Derselbe Konzern, der in Sachen Umweltschutz an einem riesigen Hebel sitzt, so groß, dass es weltweit spürbar wäre, würde er auf die Produktion mit Polyester und anderen fasernden Kunststoffen verzichten oder sie eindämmen, sagte *mir*, dass ich als EndkonsumentIn die Verantwortung trage? Echt jetzt?!? *Ich* bin mit einer Polyesterbluse schuld an der Meeresverschmutzung und muss alles dazu tun, sie zu verhindern, während der Textilschwede (und alle anderen Fast-Fashion-Hersteller, da gibt es beileibe nicht nur einen Verdächtigen) mir ein ganzes Meer aus Polyester anbietet und an dem Verkauf der Waschsäcke wahrscheinlich obendrein noch mitschneidet? Geht's noch?

Diese Verantwortungsverschiebung beobachte ich leider seit längerem. Langsam, aber sicher entdecken viele große Unternehmen „kritische KonsumentInnen" als neue Zielgruppe, die erreicht und befriedigt werden muss. Am besten ohne die unkritischen KundInnen zu verlieren und ohne viel in der Produktion und Lieferkette zu verändern, weil dann könnte man ja weniger Marge und Umsatz machen. Ein Konzern wie Beiersdorf, der mit flüssigem Mikroplastik in seinen Kosmetikprodukten arbeitet, entwickelt eine „nachhaltige" Linie. Samsung erklärte vor zehn Jahren, sie wollten in Zukunft nicht mehr mit den massiv umweltgefährlichen bromierten Flammschutzmitteln[99] arbeiten – und im Kleingedruckten stand dann: außer bei den Fernsehern. Zufälligerweise eine ihrer größten Sparten. Und übrigens: Umgesetzt haben sie sogar diese fernseherfreie Erklärung immer noch nicht …[100]

Der genannte Textilschwede bewirbt seit Jahren stolz seine „Conscious Collections" – in denen sich dann wiederum Polyester befindet, manchmal nicht mal recyclet. Man holt damit jene Menschen ab, die sich von einer kurzen Info ein gutes Gewissen machen lassen – hat aber kein Interesse daran haben, wirklich effektiv etwas an der Produktionsweise oder dem Geschäftsmodell zu ändern. Denn das ist viel teurer, als halt nur eine kleine Charge an Produkten ein kleines bisschen besser zu gestalten – und dann fest mit den Worten „Du hast es in der Hand" oder „Umweltschutz fängt bei dir an" zu bewerben. Damit kann ganz wunderbar davon abgelenkt werden, dass die eigentliche Verantwortung bei jenen liegt, die uns diese Wahl zwischen „guten" und „bösen" Produkten geben. Heißt: Die Produzenten

---

99 Diese Chemikalien sind hochgefährlich. Bei der Verbrennung von PVC und bromierten Flammschutzmitteln werden beispielsweise Dioxine freigesetzt, die bereits in geringer Menge für den Menschen schädlich sein können.

100 https://www.greenpeace.de/sites/www.greenpeace.de/files/publications/20171016-greenpeace-guide-greener-electronics-englisch.pdf

müssen nix ändern, aber den KonsumentInnen wird trotzdem ein schlechtes Gewissen gemacht.

In den letzten Jahren sind sie mir so oft begegnet, die Menschen, die feststellen, welche Umweltauswirkungen ihr Konsum hat und die daraufhin beschließen: Ich kann nicht viel ändern da draußen, aber ich kann ändern, was ich konsumiere. Und das ist ja auch gut so! Wir alle haben mit unseren Konsumentscheidungen Einfluss darauf, welche Firmen da draußen Gewinn machen und welche nicht.

Nur die Kehrseite dieser Medaille sind genau jene Unternehmen, die diese Überzeugung bei KonsumentInnen ausnutzen. Die zum Beispiel E-Autos produzieren (die so ganz nebenbei in Sachen Nachhaltigkeit beileibe nicht der Weisheit letzter Schluss sind), in der zugehörigen Werbung erklären, die Welt sei in Schieflage – und alle Menschen, die in der Werbung zu sehen sind, gehen schräg über dem Boden. Doch just in dem Moment, in dem die junge, sexy Frau statt zum in Plastik eingeschweißten zum unverpackten Apfel greift (diese unglaublich plumpe Allegorie auf christliche Ursprünge ist natürlich ganz sicher keine Absicht, nicht wahr?), richtet sich alles wieder auf und alle Menschen im Video gehen wieder ihren gewohnt aufrechten Gang. Weil natürlich auch das E-Auto die Schieflage, in der die Welt ist, ausgleicht. Ja, genau. Nochmal: stubenreines Einhorn.

Man könnte ja einfach nur drüber lachen – wenn es nicht so traurig wäre. Nicht nur, dass es echter Veränderung in der gesamten Konsumgüterindustrie im Weg steht, es löst auch noch ganz viel persönliches Unglück aus.

Was ich damit meine? True Story: Eine Bekannte von mir hatte sich einen superguten Thermosbecher für ihren Morgenkaffee gekauft, damit sie nicht mehr ständig mit den Wegwerfbechern von Starbucks und Co. unterwegs sein musste – der Kaffee auf dem Weg zur Arbeit war für sie subjektiv unverzichtbar. Sie war richtig stolz darauf, erzählte mir in den ersten Tagen von den Vorteilen des Thermosbechers: Er war – wie ich ihr geraten hatte – innen aus Edelstahl und nicht aus Plastik, was angesichts der Tatsache, dass Hitze und heiße Getränke unangenehme Weichmacher aus dem Plastik lösen können, gesundheitstechnisch sehr gescheit ist. Er war absolut dicht, das heißt, sie konnte den halb getrunkenen Kaffee sogar in ihre Tasche stecken und hatte die Hand wieder frei. Und das Geld, das sie sich sparte, indem sie sich den Kaffee zuhause zubereitete! Sie hörte gar nicht auf zu schwärmen! Ich freute mich total, dass sie diese Umstellung für sich entdeckt hatte. Doch eines Tages rief sie mich an:

„Nunu, ich fühl mich so schlecht!"

„Was ist denn los?"

„Ich hab heut früh verschlafen und vergessen, mir zuhause einen Kaffee zu machen, aber ohne Kaffee in der Früh bin ich ein Zombie. Hab mir daher einen beim Bäcker am Eck gekauft. Und jetzt fühl ich mich total schlecht, weil ich wissentlich die Umwelt verschmutzt habe."

Ich konnte nicht anders, ich musste kurz lachen, was sie im ersten Moment nicht allzu positiv aufnahm, also sagte ich:

„Meine Liebe, du bist die letzten neun Arbeitstage jedes Mal mit dem Thermosbecher raus, anstatt einen Coffee to go zu kaufen, oder?"

„Ja."

„Und davor hast du dir an jedem Arbeitstag einen Coffee to go geholt, oder?"

„Ja."

„Das heißt, du hast in den letzten neun Arbeitstagen neunzig Prozent Plastikmüll durch Einwegbecher eingespart, sieh es doch mal so!"

Ich hörte sie förmlich durchs Telefon nachdenken.

„Ja, aber dieser eine Becher war unnötig, ist eine Umweltverschmutzung und ich bin schuld daran, es war ja meine Entscheidung, ihn zu kaufen."

„Ja, war es. Aber wem nutzt es jetzt was, dass du dich den ganzen Tag furchtbar fühlst, weil du einen Rückfall hattest, und die Richtung ja weiterhin stimmt? Ich denke, das kannst du dir selbst verzeihen."

So ganz überzeugt hatte ich sie noch nicht, sie war trotzdem noch nachdenklich und wirkte, als ob ihr Tag gelaufen wäre – und das wiederum machte mich traurig. Unternehmen schaffen es inzwischen wirklich, durch ihr „Du hast es in der Hand" den KonsumentInnen die gesamte Verantwortung für den Klimawandel emotional auf deren Schultern zu laden. Die logischerweise darunter zusammenbrechen oder unnötige Scheißtage haben wie die Freundin mit dem Thermosbecher – und niemandem ist geholfen, der Umwelt ist unsere Tagesverfassung nämlich wirklich ziemlich egal.

Natürlich hat das Argument Berechtigung, dass KonsumentInnen es in der Hand haben – aber eben nur bis zu einem gewissen Grad innerhalb unseres oft eher kleinen Wirkungskreises. Innerhalb dieser Möglichkeiten ist es absolut empfehlenswert, seinen Konsum auch nach Umweltaspekten zu gestalten. Aber dass große Unternehmen, die an riesigen Hebeln sitzen, das Argument zu ihren Gunsten drehen, um von der eigenen Verantwortung abzulenken, das ist schon eine Schublade sehr weit unten.

Wenige Tage nach meinem Besuch beim Textilschweden kam der nächste Wutanfall: Ich entdeckte auf Facebook ein Posting eines erbosten Bauern. Es zeigte ein Foto eines Aufstellers im Supermarkt, auf dem zwei Sorten Topfenaufstrich zu sehen waren, darüber stand wörtlich: „Zur Zeit nicht im Sortiment! Liebe Kunden, der Lieferant DMK (Deutsches Milchkontor) hat für seine Produkte, u.a. die Marke Milram, eine massive Preiserhöhung gefordert, die wir so nicht akzeptieren können, da wir diese an Sie als Kunden weitergeben müssten. Daher führen wir diese Produkte derzeit nicht im Sortiment. Danke für Ihr Verständnis."

Im ersten Moment war ich sprachlos. Wenn man sich anschaut, was Milchprodukte kosten und wie wenig vom Erlös die Bauern bekommen, kann man allein deshalb schon etwas angefressen sein. Ich hätte jetzt schon länger nicht mehr mitbekommen, dass Milchbauer ein Job ist, bei dem man im Geld baden kann und der Verdienst verlässlich über die Jahre steigt. Ihr? Ich kenne eigentlich nur die Geschichten (von ProduzentInnen), dass der Lebensmitteleinzelhandel – also die Supermärkte – den ProduzentInnen teilweise „das Weiße aus den Augen rausverhandelt"[101]. Doch sich dann auch noch als Lebensmittelhandel hinzustellen, die Hände unschuldig in die Höhe zu strecken und zu sagen „Uh, das tut uns jetzt aber leid, liebe KundInnen, aber das *können* wir euch nicht antun!" – da geh ich leider verlässlich in Saft.

Erstens darf das bitte ruhig die Entscheidung der KonsumentInnen sein und zweitens, noch viel wichtiger: Der Lebensmitteleinzelhandel (LEH) macht so richtig viel Gewinn. Der kann sich das leisten, für ein paar Produkte im Einkauf mehr zu bezahlen, damit seine Zulieferer und ProduzentInnen das Weiße in ihren Augen behalten können. Vor allem: Ich finde, der LEH hat durchaus die Verantwortung dafür, eben im Sinne fairen Wirtschaftens. Der LEH muss den Preis nicht eins zu eins an die Kunden weitergeben, das ist kein Gesetz, das ist keine feste Regel, das liegt einzig und allein im Ermessen und Berechnen des LEH selbst. Und er muss vor allem nicht so vor den Kunden

101 Originalzitat eines Lebensmittel-Startups

inklusive Markennennung argumentieren, damit er diese Molkerei, die es wagt, realistischere Preise zu verlangen, gleich mal imagetechnisch in den Boden stampft.

Immer wieder hörte ich Argumente von Bio-ProduzentInnen aus Österreich, die de facto alle so oder so ähnlich argumentierten: „Schön und gut, wenn man bio oder speziell klimafreundlich produziert – am Ende des Tages geht es den Einkäufern beim LEH um den Preis, und die drücken so lange, bis du keine Luft mehr hast."

Es ist nicht nur beim Essen so, auch bei Textilien ist es an der Tagesordnung. Wiiiie oft hab ich schon das Argument gehört, man könne NäherInnen in Bangladesch keinen Existenzlohn zahlen, weil man den Mehrpreis ja weitergeben müsste an die KundInnen und die würden das dann nicht mehr kaufen, das ganze System würde kippen und niemand hätte mehr einen Job, quelle horreur!

Kleines Rechenbeispiel, vor ein paar Jahren von der Clean Clothes Campaign angestellt: Würde ein großer Fast-Fashion-Hersteller von heute auf morgen alle seine NäherInnen existenzsichernd bezahlen, es würde sich auf den Preis des fertigen Shirts mit fünfzig Cent auswirken. *Fünfzig Cent!* Die woanders den Unterschied machen zwischen Leben und gerade mal Überleben. Man kann sich vorstellen, dass der Betrag beim Topfenaufstrich nochmal um einiges geringer gewesen wäre. Der LEH bewahrt seine KundInnen vor Preisfallen und Armut – ja nee, is klar.

Sonst geht's dir eh noch gut?

„Sag mal, du machst es dir aber schon ein bissl sehr einfach", sagte mein alter Freund Martin, nachdem ich ihm ausführlich von meinen Erkenntnissen rund ums Thema Konsum und von meinem Polyesterblusenerlebnis beim Textilschweden erzählt hatte.

„Ja gut, wenn es um guten Konsum geht ist aber eh klar, beim Textilschweden kauft man nicht, Punkt und fertig", sagte Martin. Ich stimmte ihm zu. Es gibt wirklich viel fair produzierte Mode aus ökologisch verträglichen Materialien am Markt. Aber er hatte noch nicht fertig argumentiert: „Wenn du jetzt den Leuten erklären willst, dass sie bitte die bösen Konzernchefs und die Politiker obendrauf mit der Mistgabel aus der Stadt jagen sollen, dann läufst du Gefahr, dass sie ihre eigene Verantwortung komplett aus den Augen verlieren. Natürlich ist es immer noch wichtig, was sie sich kaufen. Das Argument, dass jede Kaufhandlung eine politische Handlung ist, wird ja deshalb nicht obsolet!", meinte er.

Und ja, ich musste ihm schon wieder recht geben. Diese Gefahr sehe ich auch. Aber ich traue Menschen zu, dass sie sowohl individuell für sich die Entscheidung treffen können, auf Plastikflaschen zu verzichten, als auch sich lautstark für eine Wiedereinführung des Pfandsystems mit anständiger Mehrwegquote einzusetzen. Es geht beides. Und natürlich ist es ein wichtiges Zeichen, konsequent Biolebensmittel zu kaufen (und auch gesünder für uns selbst), und natürlich ist es sinnvoll, auf die Produktionsweise zu achten. Jede Person, die sich dafür entscheidet, in ihren Kaufhandlungen auf Umwelt und Fairness zu achten, sollte darin unterstützt und motiviert werden – solange halt auch weiterhin klar ist: Guter Konsum heißt weniger Konsum.

Aber man darf in diesem „Wie konsumiere ich richtig?" nicht hängen bleiben. Es reicht einfach nicht, ausschließlich bei The Body Shop zu kaufen, wenn man sich gegen Tierversuche in der Kosmetik aussprechen will. Man muss auch darüber hinausgehend gegen den L`Oreal-Konzern protestieren, bei dem Tierversuche an der Tagesordnung stehen. Und eigentlich ist das ein fantastisches Beispiel, das richtig wütend machen sollte: The Body Shop wurde 2006 aufgekauft. Vom L'Oreal-Konzern. Die versprachen damals zwar, dass keine Einkünfte aus Verkäufen von Body-Shop-Produkten in Richtung Tierversuche gehen würden, aber dennoch zeigte es die Grenzen auf, an die wir stoßen, wenn wir durch unseren Konsum „ein Zeichen setzen" wollen. Denn egal, was genau mit den Geldern passiert, wer profitierte am Ende des Tages von unserem Einkauf bei The Body Shop? Der Konzern, in dem auch Tierversuche stattfinden. Glücklicherweise wurde The Body Shop 2017 an den brasilianischen Natura-Konzern weiterverkauft, der sich gegen Tierversuche einsetzt.

Ja, wir haben mit unserer Geldbörse Macht – denn alle, die uns etwas verkaufen wollen, wollen nur eines: unser Geld. Das gibt uns den Schlüssel in die Hand. Aber wir müssen uns halt auch im Klaren sein: Diese Macht ist endenwollend. Wir müssen mehr tun als nur „anders konsumieren", um wirklich etwas zu verändern.

Wie ist das jetzt eigentlich mit dem Palmöl?

„Nunu, weißt du, wo ich palmölfreien Strudelteig herbekomme?"

In meiner Zeit als KonsumentInnensprecherin wurden mir Fragen wie diese immer wieder gestellt. Und ich hasste sie – denn ich hatte keine schnell befriedigende Antwort. Palmöl ist überall drin, wo Produkte verarbeitet werden, also aus mehr als nur einer Zutat bestehen. Palmöl ist in Fertigpizza, Packerlsuppe, Nussnougat-Creme, Keksen, Cremespinat, Pesto, Strudelteig, und, und, und …

De facto kann man davon ausgehen, dass die Wahrscheinlichkeit, im Supermarkt Palmöl in einem verarbeiteten Produkt zu finden, extrem hoch ist. Der Grund: Palmöl ist billig, hat keinen Eigengeschmack und einen hohen Schmelzpunkt. Es ist geruchlos und lange haltbar. Ideal also zur Weiterverarbeitung. Palmöl ist aber auch der Grund, warum vor allem in Südostasien mittlerweile insgesamt Regenwald in der Fläche von ganz Neuseeland gerodet und abgefackelt wurde und immer mehr gerodet wird, um Platz zu schaffen für Monokulturen aus Ölpalmen. Die grüne Lunge der Welt wird dem minderen Geschmackserleben der Menschen geopfert.

Natürlich ist es gut, dass nach diversen Kampagnen zu dem Thema das Bewusstsein der Menschen und auch der Verantwortlichen im LEH gestiegen ist und es nun immerhin einige deklariert palmölfreie Produkte im Angebot gibt. Doch mir bereitet die ganze Thematik immer noch Unbehagen. Denn was passiert, wenn ich von jetzt auf gleich in jeder Fertigpizza der Welt Kokosöl statt Palmöl verwende? Richtig, ich habe dasselbe Problem in himmelblau, dann sind es eben die Kokospalmen, für die ursprüngliche Natur gerodet wird und die in Reih und Glied aufgestellt werden, soweit das Auge reicht.

An keinem Thema sieht man den Unterschied zwischen einer klassischen Gut-gegen-Böse-Kampagne und einem echten Wandel des Lebensstils so deutlich. Natürlich ist es wichtig, auf die Umweltthematik rund um Palmöl hinzuweisen und den Verantwortlichen die Rute ins Fenster zu stellen, damit sie nicht so weiterarbeiten. Natürlich ist es unabdingbar, den Menschen klarzumachen, dass es so etwas wie nachhaltiges Palmöl so gut wie nicht geben kann. Ihnen zu zeigen, dass Initiativen wie RSPO – „Round Table for Sustainable Palm Oil" –, mitgegründet vom größten Nutznießer von Palmöl überhaupt, dem Konzern Unilever, an der Grenze zu Greenwashing hart entlangschrammen (und sie nicht nur in meinen Augen sogar übertreten).

Als (Medien-)KonsumentInnen haben wir gelernt: Voll super, es soll sich bitte eine Umweltorganisation mit Unilever, Nestlé und wie sie alle heißen anlegen. Die sollen bitte für uns kämpfen und dafür sorgen, dass wir palmölfreie Packerlsuppe bekommen. Damit wir im Supermarkt kein schlechtes Gewissen haben müssen, wenn wir – müde vom langen Tag im Büro – zur fertigen Tiefkühllasagne greifen, die wir zuhause in die Mikrowelle stopfen, weil wir zu erschöpft zum Kochen sind. Natürlich wollen wir mit unserem Einkauf den Regenwald nicht zerstören, aber wir wollen bitte das Angebot bekommen, die richtige Entscheidung treffen zu können.

Doch so einfach ist es leider nicht. Ich tat mir immer schwer, zum Thema Palmöl einfache Antworten zu geben, auch wenn sie von mir erwartet wurden. Das Thema geht nämlich viel tiefer. Ich möchte nicht nur die Antwort auf die Frage geben, wo es palmölfreie Fertigpizza gibt, ich möchte vielmehr darüber reden, warum wir unzählige Sorten Fertigpizza von drölfzig unterschiedlichen Firmen brauchen. Wer sagt, dass wir einen Anspruch darauf haben, im Supermarkt zwischen zehn verschiedenen Sorten Nuss-Nougat-Creme auswählen zu können? Warum erfreuen sich diese Fertigprodukte solch extremer Beliebtheit, dass wir nicht mal auf den Gedanken kommen, dass nicht nur das Palmöl darin problematisch ist? Führt man diesen Gedankengang weiter, landet man bei einer der grundsätzlichsten aller Fragen: Wie wollen wir eigentlich leben?

Wollen wir in der Früh ins Büro hetzen, uns am Weg schnell mit dem Coffee-to-go das Koffein in die Blutbahnen hauen, in der Arbeit darauf angewiesen sein, dass wir entweder Essen mitbringen oder unser Gehalt ins Beisl am Eck tragen, weil die Küche im Büro über einen Minikühlschrank, einen Wasserkocher, eine Mikrowelle, ein Waschbecken und nicht mehr verfügt? Wollen wir täglich um kurz vor sieben noch in den Supermarkt krachen, müde nach schnellen Sattmachern greifen, die wir zuhause in zehn Minuten zubereitet haben und zwecks Seelenstreichelei danach noch mit dem Löffel ins Nutellaglas fahren? Oder wollen wir ein Leben führen, in dem wir gleichwertig Zeit dafür haben, Geld zu verdienen und dafür, uns um uns selbst und die Art, wie wir uns ernähren, zu kümmern? Das sind Fragen, die sehr gern ins elitäre Eck gestellt werden – „so etwas muss man sich leisten können."

Ja, in einer Kultur, in der Fleisch aus Massentierhaltung billiger ist als regionales Bio-Gemüse, in der wir unsere Lebensqualität rein darauf aufbauen, wie viel wir haben, wie viel wir verdienen, ist es das. Noch dazu kommt aus den USA noch eine weitere Welle angerollt: Dort kann man vielfach nur noch überleben, wenn man zwei bis drei Jobs gleichzeitig hat, weil Jobs immer schlechter bezahlt werden, sodass immer mehr Menschen im Prekariat landen, obwohl sie sich auf gut Deutsch den Hintern aufreißen. Doch dann zu sagen, dass es ja ein Elitendenken ist, sich das gute Leben mit weniger Arbeit leisten zu können, halte ich für viel zu kurz gedacht.

In einem System, in dem Produkte ihren wahren Preis haben – der nämlich sämtliche Umweltauswirkungen einberechnet – und in dem wir kollektiv darauf achten und ein Bewusstsein dafür entwickeln, dass unsere eigenen Körper und unsere Gesundheit die Basis eines funktionierenden Wirtschaftssystems sind, dass dem von wirtschaftlicher und staatlicher Seite Raum gegeben wird, sei es durch ein bedingungsloses Grundeinkommen oder durch die massiv verringerte Besteuerung von Arbeit, in einem solchen System wäre uns nämlich bewusst, dass die schnelle Extrawurstsemmel (auch da ist häufig Palmöl drin) zwischen zwei gehetzten Terminen uns nichts bringt und nur den Wurstsemmelhersteller leidlich reich macht.

Sollten wir nicht viel eher ein Ende der legal möglichen Scheinselbstständigkeit, die viele an den Rand der Existenz drängt, als das Ende von Palmöl in der Fertigpizza fordern? Es ist eine Lebensstilfrage, es ist eine Zeitfrage.

Was bei mir die Fertigpizza, ist bei Kathrin Hartmann die Packerlsuppe, die sie als Deutsche Tütensuppe nennt: „Für mich ist es mittlerweile die Tütensuppe, die diesen existenziellen Ekel hervorruft. Ich empfinde sie als ein Symbol für die Zurichtung zum schlechten Leben, ein Konzentrat des Weltwahnsinns. Das Pulver, hergestellt aus den nur denkbar primitivsten Zutaten Fett und Stärke, versehen mit künstlichen Aromen und Farben, bietet dieselbe erbärmliche Situation von Essen und Genuss, wie auch das neoliberal und konsumistisch geprägte Gesellschaftsmodell nur eine künstliche und erbärmliche Situation des guten Lebens ist. Die Tütensuppe versorgt den Erwerbstätigen, der kurz vor Ladenschluss noch in den Supermarkt rennt und keine Muße hat zu kochen und zu genießen, mit schneller Energie für den nächsten Arbeitstag. Sie lügt ihm mit ihren ungezählten absurden Geschmacksrichtungen vor, dass er frei sei, weil er die Wahl hätte. Und dass für diese Zumutung Wälder vernichtet, Menschen verjagt und teilweise sogar umgebracht werden, das hat seine ganze eigene widerwärtige Logik. Wir brauchen keine ‚besseren Unternehmen', die mit ‚besserem Palmöl' eine ‚bessere Tütensuppe' herstellen. Wir brauchen ein selbstbestimmtes Leben, in dem die Tütensuppe keinen Platz mehr hat, bessere und weniger Arbeit, die Zeit lässt, um mit anderen Menschen die wichtigen Fragen zu diskutieren, ein neues, starkes Miteinander, das das schale Glück des Konsums ersetzt. Wir müssen aufhören, den Heilslehren der Tütensuppenheilande dieser Welt zu lauschen. Wir müssen sie sogar bekämpfen."[102]

---

102 Kathrin Hartmann: Aus kontrolliertem Raubbau: Wie Politik und Wirtschaft das Klima anheizen, Natur vernichten und Armut produzieren. Karl Blessing Verlag, 2015

So schnell kann es gehen vom Palmöl zur Revolution. Aber jetzt ernsthaft: Guter Konsum bedeutet eindeutig nicht, konsequent nur palmölfreien Strudelteig zu kaufen, sondern sich auch mal die Zeit zu nehmen, den Strudelteig selbst herzustellen. Oder die Pizza. Und ja, das kann, aber nein, das muss nicht automatisch ein privilegiertes Argument sein. Es gibt viele Wege, sich sein Essen selbst zu kochen und damit günstiger zu fahren als mit den Fertigprodukten. Ich will das nicht als neoliberales Argument missverstanden wissen. Es ist inzwischen Tatsache, dass vielerorts verarbeitete Produkte die Günstigeren sind – ein praktisches Überlegen, ob Selbstkochen nicht trotzdem billiger ist, darf nie genau da enden. Es muss zu Systemkritik führen, weil die Packerlsuppe um einen Euro ist und bleibt absurd.

Greenwashing

Aber warum ist es eigentlich so, dass „bessere Tütensuppen" mit „besserem Palmöl" immer noch nicht aus den Supermarktregalen verschwunden sind? Die Antwort ist einfach: Greenwashing. Die Aufmerksamkeitsspanne von KonsumentInnen ist kurz. Man redet uns schnell mal ein, wie schön grün und nachhaltig und naturnah die Packerlsuppe nicht ist, und weiter … denken wir gar nicht nach. Wir sind davon schon befriedigt. Weil wir unbewusst nicht davon ausgehen, dass ein Konzern uns gerade anlügt. Schon klar, bewusst wissen wir es, aber wer hat vorm Packerlsuppenregal nicht auch schon mal gedacht, oh, super, diese eine Suppe hier ist aus „natürlichen Zutaten", aber umgekehrt nicht überlegt, woraus die anderen Suppen dann gemacht sind?

Ich kann's nur immer wieder wiederholen: An sich ist der Weg zu gutem Konsum nicht wirklich Raketenwissenschaft: Wir sollten weniger kaufen und das, was wir kaufen, sollte bitte bio und fair und nachhaltig sein. Klingt super. Und jedes Mal, wenn wir es wirklich schaffen, der Verführung des Billigjoghurts zu widerstehen und erst recht zum doppelt so teuren Bio-Joghurt im Mehrwegglas zu greifen, freuen wir uns, weil wir das Gefühl haben, wir haben gerade aktiv dazu beigetragen, dass diese Welt eine bessere wird. Das ist jetzt nur halb so ironisch gemeint, wie es klingt, dieses Glücksgefühl bei ökologischem Konsum ist eine Tatsache – und genau diese wird von vielen Unternehmen eiskalt ausgenutzt. Einem Produkt einen grünen Anstrich zu geben, ist verkaufsfördernd – und praktischerweise lassen sich solche Produkte auch gleich teurer verkaufen. Aus Profitgründen ist es aber wichtig, dass eben nur der Anstrich grün ist – echt nachhaltige Produktion würde die Margen viel zu sehr verringern.

Und es passiert andauernd.

Beispiele gefällig? Hier mal ein paar der bekanntesten:

- Der Luxusmode und -taschen-Hersteller Louis Vuitton arbeitet mit sehr viel Leder, also tierischem Material, und mit vinylgetränkter Baumwolle. Erstens: Zur Herkunft des Leders und möglicher Chrombelastung bei der Produktion ist auf der Homepage des Labels nichts zu finden. Zweitens ist mit ziemlicher Sicherheit Vinyl voller Weichmacher, die Baumwolle nicht bio und durch die Beschichtung nicht recyclebar. Es gibt viele Möglichkeiten, innerhalb der eigenen Produktionskette für Verbesserungen zu sorgen, und das schon seit langem. Doch anstatt auf die eigenen Materialien zu achten, sprang Louis Vuitton 2011 auf das damals sehr beliebte Thema der Rettung der Bienen auf und stellte auf Hausdächern in Paris Bienenstöcke auf. Macht ein tolles grünes Image, hat aber nichts mit ihrem Kerngeschäft zu tun.
- McDonalds beschloss 2009, den roten Hintergrund des weltberühmten Logos durch einen grünen auszutauschen und erklärte selbst, dass der Farbwechsel „als Bekenntnis zum

Respekt vor der Umwelt zu werten" sei.[103] Ich weiß gar nicht, wo ich da anfangen soll: Der Konzern verkauft weltweit Billigfleischprodukte aus Tiere quälenden Betrieben, die obendrein ungesund und fettig bis dorthinaus sind, in Einwegverpackungen. Viel unökologischer geht's eigentlich nicht, außer sie hätten auch noch eigene Tankstellen vor den Filialen.

■ Genauso berühmt: Saufen für den Regenwald. Die deutsche Brauerei Krombacher warb wiederholt damit, dass sie beim Kauf einer Kiste Bier einen gewissen Betrag an den WWF spenden würde, der dadurch einen Quadratmeter Regenwald in Zentralafrika schützen würde. Das war, zumindest zu Beginn, eine reine Imagekampagne, die Geld an den WWF regnen ließ, weil die Deutschen sich brav Quadratmeter für Quadratmeter ersoffen. Im eigenen Unternehmen auf Nachhaltigkeit zu schauen, das kapierte Warsteiner erst Jahre später. Das schadete ihnen aber nicht. Um aus einem taz-Artikel zu zitieren, in dem der damalige Pressesprecher von Warsteiner, Franz-Josef Weihrauch, zu Wort kommt: „Für die Bierbrauer ein Erfolg, der sich in ihren Absatzzahlen ausdrückt: ‚Wir sind gegen den Trend im Markt gewachsen', sagt Weihrauch. ‚Und unsere Werte bei Authentizität, Sympathie und Glaubwürdigkeit sind deutlich gestiegen.' Der Imagetransfer vom Panda zum Bier hat gut funktioniert. Wegen des großen Erfolgs gibt es seit 2011 jetzt das Projekt in Indonesien, wo Klimaschutz dringend nötig und deutlich billiger ist: Hier gibt es einen Quadratmeter Klimaschutz schon pro Flasche."[104] Echt jetzt, ich krieg Ausschlag bei sowas.

■ Ein ganz beliebtes Tool bei Greenwashern: Sie gründen Initiativen. Zum Beispiel die Better Cotton Initiative. Die

---

103 https://www.diepresse.com/523492/mcdonalds-logo-wird-grun
104 https://taz.de/Greenwashing-mit-Krombacher/!5085828/

wurde 2005 unter anderem von adidas, Ikea und H&M sowie einigen NGOs wie dem WWF[105] gegründet. Die BCI erklärte, sich um „bessere Baumwolle“ – daher der Name – bemühen zu wollen. In den Standards der BCI stand aber ganz klar: Wir sind offen für gentechnisch verändertes Saatgut. Newsflash: Gentechnikbaumwolle (die den Markt inzwischen zu fast 99 Prozent beherrscht) ist nicht „besser“. Sie ist einjährig, kann daher nicht vermehrt werden, und die Bauern, die dank Klimawandel und Druck der Weltwirtschaft sowieso nur noch prekär leben, müssen jedes Jahr neues Saatgut kaufen. Außerdem gibt es zwar eine Liste an Pestiziden, die nicht eingesetzt werden dürfen, aber kein allgemeines Verbot des Einsatzes chemisch-synthetischer Pestizide, wie es bei der Biobaumwolle der Fall ist. Der Oberclou: Man muss sich nicht mal an alle Maßnahmen der BCI halten, sondern nur um die notwendigsten, um die Baumwolle als BCI-Produkt verkaufen zu können – es zählt lediglich der Nachweis kontinuierlicher Verbesserung. Das ist total praktisch, das heißt nämlich, man kann als IKEA theoretisch Baumwolle von einem komplett konventionell und umweltzerstörerisch produzierenden Werk kaufen, das kurz zuvor gesagt hat: Hey, wir wollen bei BCI dabei sein und exakt diese Baumwolle den KundInnen bereits als „besser“ und ergo „nachhaltiger“ verkaufen. Wikipedia schreibt: „Ebenso werde nicht auf die Herkunft, sprich Ernte, und Verarbeitung Rücksicht genommen. Effektiv werde damit Kinder- und Zwangsarbeit in Kauf

105 Wundert es euch, hier den Namen dieser Organisation zu lesen? Nun ja, ich bin sehr vorsichtig, den WWF zu kritisieren, weil ich immer noch der Meinung bin, dass es Umweltarbeit aus vielen Perspektiven braucht, aber: Grund für Kritik gibt's da schon. Wer sich genauer damit auseinandersetzen will, kann im Schwarzbuch WWF von Wilfried Huismann (Gütersloher Verlagshaus, 2012) mehr darüber lesen.

genommen, während die BCI-zertifizierten Produkte aber als ‚grüne', sprich ‚saubere' Baumwolle verkauft werden."[106]
Was obendrein noch schwierig ist bei der BCI, gelinde ausgedrückt: Sie arbeiten mit dem System der Massenbilanz[107]. Das heißt: Als Hersteller kann ich beschließen, dass nur ein Anteil meiner bestellten Baumwolle von der BCI kommen soll, der Rest ist komplett konventionell. Auf seine Produkte darf er das Logo dann draufgeben, denn ein BCI-zertifiziertes Produkt bedeutet per definitionem nur, dass es sich um ein Produkt handelt, dessen Produzent sich dazu verpflichtet hat, „bessere" Baumwolle zu beziehen. Aber erklär das mal den KundInnen einzeln. Die sehen das Logo und denken sich: „Juhu! Ein durch und durch umweltfreundliches Produkt!" Kurz: Große Konzerne haben sich die Regeln selbst geschrieben und erklären uns nun, das sei nachhaltig. Nö, ist es nicht.
■ Das gleiche Beispiel in himmelblau – wobei, eigentlich ozeanblau – ist das Marine Stewartship Council, genannt MSC. Das Logo kennen alle, die im Supermarkt mal im Tiefkühlregal nach Fisch gesucht haben – weißer Fisch auf blauem Hintergrund. MSC ist ebenfalls eine Unternehmensinitiative[108] und ebenso butterweich in ihren Standards wie die BCI. Auch hier reichten Absichtserklärungen, um zertifiziert zu werden. Wenn also eine Fischerei in einem Fanggebiet fischte, in dem die Fischbestände eigentlich als gefährdet

---

106 https://de.wikipedia.org/wiki/Better_Cotton_Initiative
107 https://www.ispo.com/maerkte/id_79693094/better-cotton-initiative-fuer-nachhaltige-baumwolle.html
108 Und hui, schon wieder hat der WWF als Gründungsmitglied die Finger im Spiel. Ich nehme ihnen sogar eventuell ab, dass sie damals wirklich dachten, eine solche Initiative wäre gut, weil man im konventionellen Bereich für Verbesserungen sorgen kann. Doch wenn man die Standards des MSC genauer anschaut, muss man sagen: Das ist ihnen wohl entglitten.

galten, konnte der dort gefangene Fisch trotzdem als „nachhaltig" mit dem MSC-Siegel ausgezeichnet werden: Es reichte, wenn die Fischerei sagte, in fünf Jahren wolle sie dort nicht mehr fischen. Bis etwa Mitte 2019 war ich bei Greenpeace in die Kampagne gegen den MSC involviert – auf die der MSC mit einem zögerlichen „Ja, wir werden unsere Standards verbessern" reagierte. Der letzte bekannte Beschluss (neben einer Ankündigung einer tiefgreifenden Überarbeitung der Standards, die bei Schreiben dieser Zeilen noch nicht veröffentlicht waren): Ein und derselbe Kutter durfte seit 2019 nicht mehr bei einer einzigen Ausfahrt MSC-Fisch *und* konventionellen Fisch fischen. Boooooaaah. Wow. Toll.

- Diese Liste wäre nicht komplett, ohne meinen liebsten Greenwasher zu erwähnen: den Textilschweden. Um dessen vollmundige Ankündigungen, dass bis 2020 alle Produkte aus Better Cotton (merkste watt?) oder anderen „nachhaltigeren" Materialien wie recycletem Polyester sein würden, ist es inzwischen ruhiger geworden. Dafür besteht ihre sogenannte Conscious Collection, also die eine oder, ok, zwei Vorzeigekollektionen, die aus den restlichen grob geschätzt fünfzig Kollektionen, die stinknormal umweltschädlich produziert wurden, herausstechen soll, gar nicht mal nur aus nachhaltigen Materialien. Es finden sich zwar manchmal innovative Materialien wie Tencel, das wirklich umweltfreundlich ist, aber eben auch konventionelle Seide (anstelle von Tussa-Seide, bei der die Raupen nicht umgebracht werden müssen) oder konventionelles Polyester. Das ist so daneben, dass der norwegische Verbraucherschutz H&M 2019 für seine „irreführende Vermarkung" ihrer Conscious Collection kritisierte.[109]

109 https://www.diepresse.com/5671621/greenwashing-vorwurf-gegen-hm

Und alles, damit ein Unternehmen sich als umweltfreundlich darstellen und durch den Wunsch der KonsumentInnen nach einer sauberen Umwelt die Umsatzzahlen raufschrauben kann. Oft merkt man an Kleinigkeiten, wie es um das Mindset der Unternehmen eigentlich steht: 2019 war ich auf einer Veranstaltung, auf der sich der Handel in Österreich mit dem Thema Verpackung, Plastik und Umwelt auseinandersetzte. Superspannendes Programm, tolle Initiativen, spannende Speaker. Auf jedem Platz lag eine Mappe. Als ich sie aufmachte, traute ich meinen Augen kaum. Ich fand:

- Eine einzelne Portion Waschmittel in einer Einzelverpackung, wie man sie in Zeitschriften eingeklebt findet.
- Einen Plastikkugelschreiber, der noch dazu eingepackt war in eine Zellophanhülle,
- Eine Mini-Flasche Shampoo. Nicht bio, die Verpackung auch nicht in irgendeiner Form abbaubar.

Kannst du nicht erfinden.[110] Bei dieser Veranstaltung hielt auch ein Mann einen Vortrag über einen komplett plastikfreien Supermarkt. Frage aus dem Publikum, das hauptsächlich aus HandelsvertreterInnen bestand: „Warum nehmen Sie den Konsumenten die Verantwortung ab? Plastik landet ja nur im Meer,

110 Sehr bezeichnend auf dieser Veranstaltung war folgende Unterhaltung: Ein Vertreter eines riesigen Waschmittel-Unternehmens sprach darüber, wie wichtig es sei, Plastik zu recyceln und was die Herausforderungen dabei seien. Frage aus dem Publikum: „Aber Sie können doch nicht ernsthaft für ein Pfandsystem für Plastikflaschen sein!" Er antwortete sofort sehr klar mit ... Trommelwirbel ... „NEIN!" Und dann wundern wir uns, warum in Sachen Umweltschutz kaum etwas passiert und warum der Handel immer wieder Greenwashing-Vorwürfen ausgesetzt ist. Wenn man Scheiße produziert, sollte man bitte nicht permanent versuchen, ihn als Rosendünger zu verkaufen.

wenn Konsumenten es falsch entsorgen." Ich traute meinen Ohren nicht: Glaubten die das wirklich? Es landet täglich pro Minute (!) eine Lkw-Ladung Plastikmüll in unseren Meeren – weil es in den meisten Ländern keine anständigen und tragfähigen Abfallwirtschaftssysteme gibt, weil es immer noch Duschgels und Zahncremes voller Mikroplastik gibt, das wir direkt in den Abfluss spülen, weil uns immer mehr Polyesterkleidung verkauft wird, die wir waschen müssen. Aber wir, die KonsumentInnen, machen es falsch, die Industrie macht es richtig im Umgang mit Plastik. Ich war fassungslos, vor allem, weil ich weiß, dass diese Einstellung in der Industrie weit verbreitet ist. Das Selbstbild der Branche ist entlarvend. Die eigene Verantwortung wird nicht wahrgenommen, sie lässt sich ja leicht auf die Kunden schieben.

Von einzelnen KonsumentInnen kann man nicht erwarten, dass sie bis ins Detail über die Produktionsweise der von ihnen gekauften Produkte informiert sind – oft sind das sogar große Bereiche des produzierenden Unternehmens selbst nicht. Außerdem arbeiten sogar viele tunlichst daran, die Herkunft ihrer Produkte ordentlich zu verschleiern. Und nicht nur wird uns KonsumentInnen die Schuld für die Umweltverschmutzung zugeschoben, nein, unser Wunsch nach einer sauberen Umwelt wird sogar noch per Marketing und Werbung eiskalt ausgenutzt. Niemals würde ich die Verantwortung für die eigenen Kaufhandlungen in Frage stellen, aber wie soll ich wissen, ob mein Shirt wirklich aus „besserer" Baumwolle und „eh halbwegs fair" produziert ist? Erzählen kann man es mir. Ich sehe nämlich nur das fertige Produkt und den Preis. Ich kann am Material nicht erkennen, ob es bio ist oder nicht. Und genau das wird ausgenutzt. Man spekuliert darauf, dass KundInnen sich im Detail nicht auskennen.

Inzwischen haben wir gelernt: Plastiksackerl sind böse. Vor allem Einwegplastiksackerl aus dem Supermarkt. Was wir aber nicht wissen: Papiersackerl sind nicht besser. Sie brauchen in der Produktion locker achtmal so viel Energie wie ihr Plastikpendant und halten noch kürzer. Aber denken wir an Papier, wenn möglich noch schön hellbraun-ungebleicht, dann denken wir an Umweltschutz. Und genau das wird ausgenutzt. Eine österreichische Supermarktkette warb noch vor wenigen Monaten damit, dass man jetzt als einzelne / r KundIn zum Umweltschutz beitragen kann, indem man sich für ein Papiersackerl entscheidet.[III] Nein, echter Umweltschutz wäre es, wenn ich mein Stoffsackerl von zuhause mitnähme. Aber das hieße ja, dass der Supermarkt 20 Cent weniger Umsatz mit mir macht.

Übrigens, schon der Ursprung des Begriffs Greenwashing zeigt die Verhältnismäßigkeiten und Verantwortungsverschiebungen auf, um die es (mir) geht. Er wurde in den 1980er Jahren vom Umweltaktivisten Jay Westerveld aufgebracht, der in einem Aufsatz die Zustände der damaligen Hotelindustrie kritisierte. Damals begannen Hotels, in den Badezimmern Schilder aufzuhängen, auf denen darum gebeten wurde, dass man doch das Handtuch aufhängen solle, wenn man es weiterverwenden wolle – oder auf den Boden werfen, wenn es gewaschen werden soll. Man erklärte den Hotelgästen, dass sie damit einen relevanten Beitrag dazu leisten konnten, dass im Hotel Wasser, Waschmittel und Energie gespart werden würde. Im Vergleich zu den sonstigen Dingen, die sich in einem konventionellen Hotel abspielen, von Klimaanlagen über sonstige Energiefresser bis hin zu der großen Lebensmittelabfallmenge, die bei großen Hotels anfällt, ist das aber genaugenommen nicht mal der Dreck

---

III Dieselbe Supermarktkette erklärte übrigens, dass die waschbaren Mehrwegsackerln im Obst- / Gemüsebereich sich leider, leider nicht verkaufen. Na no na net, wenn ich sie mit 1,70 Euro bepreise und sie direkt neben die Gratisrolle von Einwegsackerln hänge.

unterm Fingernagel. Beim Gast blieb aber hängen: Hey, super, die achten sogar in Details auf den Umweltschutz, und ich kann etwas beitragen.

Ja, mit gutem Gewissen lässt sich verdammt gut Umsatz machen.

Achtsamkeitsmagazine, my ass

Apropos gutes Gewissen und gutes Gefühl: Klar ist das ein großer Motivator, um zu kaufen. Und ebenso klar ist, dass die Industrie weiß, wie man unser Kaufverhalten zum eigenen Vorteil ausnutzt. Doch in den vergangenen Jahren war zu beobachten, dass vielen Menschen diese bunt schillernde Konsumwelt langsam, aber sicher zu viel wird. Das Tempo, mit dem unser Kaufverhalten sich immer weiter beschleunigt, schmeißt viele aus der Kurve – manche aus finanziellen Gründen, weil sie es sich schlicht nicht mehr leisten können, andere, noch schlimmer, treten in Fallen namens „Konsumkredit“[112]. Wiederum andere wollen schlicht nicht mehr mitspielen. Dass sogenannte Mindstyle-Magazine wie *Flow* oder *Happinez* derzeit zu den erfolgreichsten Druckwerken im deutschsprachigen Raum zählen, ist daher nicht überraschend. Das allererfolgreichste hat weniger Yoga, dafür mehr Bäume zu bieten, die gestresste StädterInnen vom romantisch verlangsamten Leben träumen lassen: *Landlust* hat fast eine Million Auflage pro Ausgabe.

Ich war neugierig und machte einen Spaziergang zum Zeitschriftenhändler am Bahnhof bei mir in der Nähe – dort bekam

---

112 Wobei, ich rate allen, die sich mit ihrem Konto im Minus befinden, mal bei ihrer Bank nachzufragen, ob die Zinsen für einen Konsumkredit nicht geringer sind als die Sollzinsen bei Überzug des Kontos. Meist ist es nämlich so.

ich normalerweise immer alles, was mein Herz begehrt, aber: *Landlust* war ausverkauft. „Die ist immer gleich nach zwei Tagen im Regal weg“, erklärte mir die Verkäuferin, als ich nachfragte. „Und die Flow?“ – „Auch aus! In einer Woche kommt die neue Ausgabe!“, wurde mir erklärt. Also entschied ich mich für eine Ausgabe von *Happinez* und bezahlte erschreckende sechs Euro siebzig. Echt? Für die persönliche Seelenreinigung zahle ich also mehr als das Dreifache als für eines dieser Klatsch-Schundblätter, in denen die Cellulite der Stars in zehnfacher Vergrößerung gezeigt und jedes zu- oder abgenommene Kilo irgendwelcher C-Promis kommentiert wird? Na gut, soll sein.

Zuhause angekommen braute ich mir in meinem Wasserkocher, der inzwischen aufgrund seines vergleichsweise hohen Alters bereits als „nachhaltig“ durchging, einen schwarzen Tee und begann zu blättern. Auf den ersten Seiten blätterte ich mich durch diverse Bilder und Zitate, die mich anscheinend inspirieren sollten, dann las ich von einer Frau, die sich ihren Traum erfüllt hatte, indem sie in ein Cottage in England gezogen war und dort vor sich hin kochte. So erfolgreich, dass sie ein Kochbuch herausgebracht hatte. Nein, der Artikel war natürlich keine Präsentation des Kochbuchs, es ging ausschließlich darum zu zeigen, wie glücklich man sein kann, wenn man sich seinen eigenen Traum erfüllt (und genug Geld auf der Seite hat, um sich schnell mal ein Cottage in England zu kaufen).

Das „Workbook für deine Berufung: Finde dein Warum“ in der Mitte des Hefts, gleich mal auf anderem, rauerem Papier gedruckt, damit ich schon beim Blättern merke, uh, jetzt wird’s ernst, brachte mich hart an meine Grenzen: Darin erklärte mir ein Mond-Coach, dass alles, was gehen soll, gehen darf, und dass alles, was kommen soll, kommen darf. Ja, eh! Auf der Website des Magazins konnte ich mir übrigens exklusiv meine vom Mondcoach zusammengestellte Meditation runterladen. Das

Unbehagen wurde größer: Ich habe nichts gegen ein bisschen Energiearbeit, ich weiß, wie wichtig es ist, die innere Mitte nicht nur zu spüren, sondern sich dort auch zu befinden und dafür gute Methoden zu finden – aber trotzdem hatte ich das Gefühl, ich wurde hier in einen Bewerb namens „Wer spürt sich besser?" gezwungen. Es war ein Gefühl der Beklemmung, das ich vom Lesen klassischer Modemagazine kenne: Dort fühle ich mich unwürdig, weil ich zirka den doppelten Umfang eines klassischen dort abgedruckten Models habe. Es ist ein Gefühl der Unzulänglichkeit. Und jetzt wurde es mir beim Lesen einfach zu viel mit der Selbstfindung. Vielleicht sollte ich mir sicherheitshalber doch den meinem Sternzeichen entsprechenden Kristall kaufen, dachte ich, vielleicht macht mich der ja ruhiger.

Einen ersten echten Schwächeanfall hatte ich beim nächsten Artikel: „Selbstachtsamkeit – 21 Ideen für dein bestes Ich". Ich konnte nicht weiterblättern, aber statt achtsam wurde ich sattsam sauer. Was sollte das bitte? Ich, ich, ich, ich? Diese Selbstoptimierung auf emotionaler Ebene, die mir da eingeredet wurde, folgte in meinen Augen dem gleichen Prinzip wie die körperliche Selbstoptimierung, die uns von Werbung und Magazinen seit Jahren als das Nonplusultra verkauft wird, inklusive entsprechender Produkte. So Zen, wie die selig lächelnden Menschen in dem Magazin wirkten, kann ich gar nicht werden.

Auf den nächsten Seiten wurde mir erklärt, dass der „Waldkauz der Botschafter zu meiner Seele" ist und „Räuchern die Schnellstraße zu unseren Gefühlen". Etwas überraschend dann ein doch recht spannender Artikel über Paris – doch leider ging es unmittelbar danach wieder um die Sinnsuche und den Tipp, dass ich eine Kakao-Zeremonie machen sollte, weil die den Raum schafft, „in dem wir uns mit unserer ureigenen Kraft verbinden". Ich weiß nicht, ich habe Kakao am liebsten, wenn ich ihn gemeinsam mit einer Freundin trinken und mit ihr übers Leben lachen kann. Leben passieren lassen anstatt drüber nachdenken, oder wie hieß es im Interview ein paar Seiten weiter vorne, nüm?

Und dann, endlich: der Shop! Bestellbares abgebildet auf mehreren Seiten! Ich konnte Kristalle kaufen, Hamamschalen, die Räuchermischung „Licht-Liebe-Energie", Yogamatten, Mini-Altare oder Herz-Chakra-Ketten (um wohlfeile 199 Euro). Auf der letzten Seite gab mir der Chefredakteur noch ein Laotse-Zitat auf den Weg: „Übe dich im Nichtstun und alles fügt sich zum Guten." Aha, dann würde ich all diese von euch angebotenen Produkte also nicht kaufen, ok, einverstanden!

Nicht nur mein Schwarztee war inzwischen bitter, auch der Nachgeschmack dieses Magazins war und ist es immer noch: In einem Magazin, für das ich ein paar hart verdiente Euro hinblättere, wird mir erklärt, wie ich glücklich werde und welche Produkte ich dafür brauche, und das unter dem Deckmäntelchen einer Kultur, bei der es eigentlich um Konsumfreiheit und nichtmaterielle Werte gehen sollte. Echtes Glück liegt meines Wissens und wissenschaftlichen Erkenntnissen nach eindeutig nicht darin, mir zwei neue Kristalle aufs Fensterbrett zu legen und mir eine Herz-Chakra-Kette, wahrscheinlich umweltzerstörerisch made in China, um den Hals zu hängen. Meditation, Yoga, ja, das sehe ich alles ein. Aber ich will mich nicht in dieses System einkaufen müssen, indem ich die „richtige" Yogamode kaufe. Diese Selbstoptimierung ist neoliberal bis ins Mark.

Was diese Magazine eint? Sie schüren die Lust aufs einfache Leben, auf die Natur statt der grauen Betonwüste, nach echter Erfüllung statt ödem Bürojob. Und was ich immer wieder absurd finde: Die Achtsamkeitsbewegung steht für den Fokus aufs Innere, anstatt sich mit Äußerlichkeiten zu umgeben, betont Meditation, Yoga und sonstige Körper und Seele gleichzeitig ansprechende Techniken und erklärt es zum großen Ziel, viel Zeit in der Natur zu verbringen, weil nichts anderes noch heilsamer für von einem stressigen Alltag geschundene Psychen ist.

Der Haken daran ist aber: Für alle diese Dinge muss ich mir im Grunde nix kaufen, schon gar kein Magazin, das voll ist mit bunten Mandalas in geschmacklosen Farbkombinationen. Und offen gestanden macht es mich sauer: Es wird gerade so vielen Leuten merkbar zu viel. Wir sind „übershoppt" und überfordert vom Angebot, überall um uns ist es so schnell, bunt und laut geworden, dass wir uns regelmäßig in der vollen Ubahn zur Rushhour in ein einsames Baumhaus mitten im Wald wünschen. Aber anstatt aktiv an einem großen gesellschaftlichen Wandel zu arbeiten, ziehen wir uns in unsere Vorstellungswelten zurück, um die Realität zu ertragen.

Was dabei aber auf der Strecke bleibt, ist die Motivation für eine Veränderung des Systems. Klar können wir uns ans System anpassen und bei Überforderung Mechanismen wie Yoga oder Meditation entwickeln, wie wir persönlich wieder halbwegs ins Lot kommen – aber wenn es nur um mich geht und ich einfach nur passiv abwarte, dann spiele ich dieses kapitalistische und menschenfeindliche Spiel ja nur weiter mit!

Ich frage mich, ob ich allein bin mit diesem Störgefühl – und finde schnell heraus: Ich bin es nicht. Der berühmte Soziologe Hartmut Rosa ist da ganz auf meiner Seite. Auch er hält die moderne, boomende Achtsamkeitsbewegung für unpolitisch. Sie schiebe das Problem, sich im immer schneller werdenden Arbeitsumfeld zu behaupten, dem Einzelnen zu: „Weil die Achtsamkeitsbewegung schon die Tendenz hat zu sagen: Wenn du nur achtsam genug bist, wenn du nur achtsam genug mit dir und anderen bist, den Dingen und der Welt umgehst, dann ist alles in Ordnung. Die Frage nach dem gelingenden Weltverhältnis wird ausschließlich als Persönlichkeitseigenschaft verstanden. (...) Man sieht ja auch tatsächlich, dass das etwas ist, was von Managern oder von erfolgreichen Eliten gesucht und praktiziert wird. Die dann im Radikalfall sagen: Sie hatten Skrupel und Schwierigkeiten, Menschen zu entlassen und seitdem sie Achtsamkeit praktizieren, fällt es ihnen viel leichter. Also da sieht man eine Funktionalisierung der Achtsamkeitslogik."[113] In anderen Worten: Wir vergessen dank des ganzen Achtsamkeitsklimbims auf die Ethik, den verantwortungsvollen Umgang der Menschen untereinander.[114]

Noch radikaler sieht es Ronald Purser, Professor für Management an der School of Business der University of San Francisco. Er erklärt in seinem Buch *McMindfulness* gleich zu Beginn: „Ich bin skeptisch. Alles, was in unserer ungerechten Gesellschaft Erfolg bietet, ohne zu versuchen, sie zu ändern, ist nicht revolutionär – es hilft nur den Menschen, damit umzugehen. Es könnte jedoch auch die Situation verschlimmern. Anstatt radikale Maßnahmen zu fordern heißt es, dass die Ursachen des Leidens überproportional in uns liegen und nicht in den politischen und wirtschaftlichen Rahmenbedingungen, die unser Leben prägen."[115] Weiters meint auch er: Hey, man muss die Achtsamkeit nicht abschaffen, man muss auch nicht alle, die sich dafür interessieren, als weltfremd bezeichnen. Natürlich darf es immer ein Ziel sein, das persönliche Leid zu verringern – und wenn man das durch Achtsamkeit und Meditation hinbekommt: Super! Nur sollte man auch sehen, dass

---

113 https://www.deutschlandfunk.de/kritik-an-der-achtsamkeitsbewegung-von-innen-ruhig-nach.886.de.html?dram:article_id=373136

114 Genau zu diesem Thema gibt's einen echt lustigen Roman. Karsten Dusse: Achtsam morden. Heyne Verlag 2019 – ich empfehle das Hörbuch.

115 Ronald Purser, McMindfulness. Repeater Verlag 2019, gibt's derzeit leider nur auf Englisch

persönlicher Stress oft gesellschaftliche Ursachen hat und man daher auch bei der Gesellschaft oder unserem politischen System ansetzen sollte.

Es ist verachtenswert, wie die Industrie diesen Wunsch der Menschen ausnutzt, zur Ruhe zu kommen. Das System, in dem wir leben, ist absurd: Wir sind, was wir kaufen, wir brauchen einen Job, um uns all das kaufen zu können, wodurch wir uns identifizieren, und weil die Jobs immer schlechter bezahlt sind, müssen wir immer mehr arbeiten – und weil uns das Hemd näher ist als die Hose, werden wir auch immer egoistischer, weil wir ja mehr Geld haben wollen. Und in Wahrheit leiden wir alle.

Praktisch, wenn uns gleich eine ganze Industrie einredet, dass es ja nur an uns selbst liegt und wir uns ganz allein selbst aus der Misere rausholen können, wenn wir dabei nur die richtigen Räuchermischungen kaufen und ein bissl bauchatmen. Und apropos Achtsamkeitsmethoden: Viele davon haben ihren Ursprung im Buddhismus. Aber inzwischen sind sogar schon buddhistische Mönche sauer: Bhikkhu Bodhi, amerikanischer buddhistischer Mönch, sieht den Buddhismus in einem unhinterfragten Konsumismus aufgehen. „Ohne eine scharfe Gesellschaftskritik“, warnt er, „könnten buddhistische Praktiken leicht verwendet werden, um den Status quo zu rechtfertigen und zu stabilisieren und so den Konsumkapitalismus zu stärken.“[116]

Echt, langsam krieg ich Ausschlag. Ist es nicht inzwischen hoch an der Zeit, mal aus der Ich-Perspektive rauszukommen, uns mal auf die Gemeinschaft zu besinnen und gemeinsam für ein menschenfreundlicheres und vor allem faireres Wirtschaftssystem zu arbeiten, damit es uns wirklich allen besser geht? Objektiv, nicht nur subjektiv? Diese Individualisierung anstelle der Solidarität hat laut der Politikwissenschaftlerin Wendy Brown

116 Ebenda.

dazu geführt, dass es keine politischen Einheiten mehr gibt, sondern „nur noch eine Gruppe von individuellen UnternehmerInnen und KonsumentInnen“[117].

Achtsamkeitsmagazine kaufe ich mir jedenfalls nicht mehr. Lieber lache ich über die gekonnte Wortwahl jener, die diese Magazine kritisieren. Schöner als Andrea Diener in der FAZ könnte ich es auch nicht auf den Punkt bringen – sie rezensiert eine *Flow*, die große Schwester der *Happinez*: „‚Die Erzählgeschwindigkeit ist fast literarisch‘, sagte die Chefredakteurin Sinja Schütte zur ersten Ausgabe. Ich widerspreche: Nein, ist sie nicht. Die Texte zu lesen ist ungefähr, wie Bob Ross beim Malen zuzuschauen, und es lobotomiert einen in ähnlich willenlose Bewusstseinszustände. Das ist wahrscheinlich dieses Achtsamkeitsding. Man atmet so lange in sich hinein, bis man mit Freunden einen Baum umhäkeln möchte. Ich möchte das nicht. Ich möchte nicht gelobt werden, weil ich das Abenteuer unternehme, einen Knopf anzunähen. Ich möchte bitte nicht behandelt werden wie meine eigene lernschwache kleine Schwester. Mein feministischer Antrieb besteht hauptsächlich aus dem Bedürfnis, nicht verarscht werden zu wollen, und dieses Magazin gehört leider in genau diese Kategorie: Es nimmt mich und meine Probleme nicht ernst, sondern will sie wegstreicheln. Da kann man sich schon mal aufregen. Und wissen Sie, was einer der besten Antriebe für kreative Produktivität ist, noch vor Blümchenporzellan und einem Moodboard? Genau: Wut.“[118]

---

117 Ebenda.
118 https://www.faz.net/aktuell/feuilleton/medien/magazin-flow-lasst-uns-einen-baum-umhaekeln-13541888.html

Ich Kondo nicht mit

Wir kennen sie alle, die Erleichterung, wenn wir ausgemistet haben. Ich bekomme regelmäßig den Rappel und miste meine Wohnung radikal aus. Bei mir ist es meistens der Wunsch, wieder einen Überblick über meinen Besitz zu haben – was befindet sich eigentlich in meinen ganzen Schreibtischschubladen und Kisten im Regal? Nicht nur, dass ich bei einer Ausmistaktion vor kurzem eines der berühmten Weihnachtskuverts meiner Eltern gefunden habe – es war von 2014 und es waren 100 Euro drin. Nein, ich suche seit mittlerweile mehreren Wochen nach all den dicken, warmen Strumpfhosen, die ich letzten Winter getragen habe. Ich weiß, dass es nicht nur zwei oder drei sind, sondern mindestens sechs Stück – sie gehören im Winter zu meiner Grundausstattung. Und sie sind weg. Wenn ich ausmiste, muss ich dafür mindestens drei Tage durchgehend Zeit haben. Dann wird wirklich jedes Teil in die Hand genommen, weggeworfen oder neu einsortiert.

Währenddessen hasst man es. Man fühlt sich schrecklich, weil man es schon wieder so weit hat kommen lassen, so viel Krempel zu haben, und noch dazu so unsortiert. Man ist überfordert und denkt, dass man nie fertig wird. Man wundert sich darüber, wie es der mit sechzehn im Stammlokal des großen Bruders gestohlene Aschenbecher durch die letzten drei Ausmistaktionen geschafft hat und was die seit zwei Jahren abgelaufenen Glasnudeln in der Schreibtischschublade (!) machen.

Aber wenn man fertig ist – boah, fühlt sich das gut an. Alles aufgeräumt. Alles hat seinen Platz. Die Bücher sind nach Farbe, die Taschen nach Größe sortiert. Es gibt keine dieser Laden mehr, in die man halt mal schnell alles reinstopft, was verschwinden muss. Im Regal sind freie Flächen, im Schreibtisch sogar zwei Laden leer. Man setzt sich aufs Sofa, überblickt das eigene

Reich, seufzt zufrieden und denkt sich, dass man jetzt endlich wieder die Kontrolle und den Überblick hat. Über den eigenen Besitz, ach was, über das eigene Leben! Und man kann sich plötzlich viel besser konzentrieren. Kann entspannt am Schreibtisch sitzen, diese Zeilen tippen. Bei einem ruhigeren Anblick ohne Chaos kann auch ein gestresstes Hirn zur Ruhe kommen.

Eine, die riesengroßen Erfolg damit hatte, genau diesen Vorgang und dieses Gefühl danach Menschen näherzubringen, ist Mari Kondo. Die Japanerin hat drei Bücher über die „Kunst des Aufräumens" geschrieben, die in 27 Sprachen übersetzt wurden und sich insgesamt über sieben Millionen Mal verkauft haben. Ihr Konzept ist spannend: Gib deinen Sachen einen Wert. Sie alle haben Bedeutung für dich, und das sollte wertgeschätzt werden. Nimm jedes Teil in die Hand und überlege (oder spüre in dich rein), ob du diesen Gegenstand in deinen Händen eigentlich noch brauchst, ob er dir Mehrwert gibt und ob er – um bei ihren Worten zu bleiben – einen Funken der Freude in dir auslöst.[119] Dann darf er bleiben. Wenn nicht: Weg damit. Und der Rest muss gut sortiert, am besten alles thematisch in verschiedene Kisten eingeteilt werden.

Als zum Jahreswechsel 2018/2019 ihre Serie auf Netflix veröffentlicht wurde, ging ihre Popularität durch die Decke. Mari Kondo, eine kleine, zierliche Japanerin, besuchte typische US-amerikanische Familien und erklärte ihnen, wie man ausmistet. Gut, die eine oder andere Szene darin war etwas befremdlich, beispielsweise als sie meinte, man müsse Bücher „aufwecken", indem man auf Bücherstapel klopft. Aber die Serie war weltweit derartig erfolgreich, dass in den ersten Jännertagen weltweit die

---

119 Auf Englisch: See if it sparks joy. Und dieses „spark joy" wurde inzwischen zum Idiom, das auch im deutschsprachigen Raum häufig verwendet wird.

Filialen eines berühmten schwedischen Möbelhauses gestürmt wurden – und kurz darauf meldeten enttäuschte KundInnen einen Engpass bei Kisten und Schachteln in allen Formen und Größen.

So gut ich all die Ausmisterei und Sortiererei nachvollziehen kann – bei der Aussage, dass man nur 30 Bücher im Regal braucht, war ich raus. Sorry, aber: Nein, no, njet.

Aber ja, Mari Kondo und ihr Erfolg zeigen sehr gut: Minimalismus ist ein sehr brauchbarer Ansatz, der weitaus mehr mit uns macht als unsere Regale leer. Es gibt einen Zusammenhang zwischen persönlichem Freiheitsgefühl und Besitz, vor allem dem Besitz, von dem wir uns definieren lassen. Wer kennt nicht dieses Gefühl der Überforderung und Erschlagenheit, weil man genau spürt, man hat viel mehr als man braucht?

Als die Serie gerade rauskam, war ich bei meiner Freundin Steph zu Besuch, die damals in Edinburgh lebte. Nachdem wir beide es lieben, in Second-Hand-Läden zu stöbern, beschlossen wir, in die Universitätsgegend der Stadt zu gehen, wo sich ein Charity Shop an den nächsten reiht. Hach, Charity Shops in Großbritannien, ich liebe sie. Da wird nicht groß aussortiert, sondern das verkauft, was direkt dort abgegeben wird.[120] Bei allen Läden hingen Zettel in der Auslage, auf denen stand, dass man außerhalb der Öffnungszeiten bitte keine Ware vor die Geschäfte legen solle, das sei feuerpolizeilich verboten (und auch wirklich gefährlich, wenn nur eine Person eine brennende Zigarette auf so einen Kleiderhaufen wirft und es blöd kommt, brennt in kürzester Zeit das halbe Haus). Wir lachten darüber und diskutierten mal wieder über die Konsumgesellschaft –

120 Heißer Pro-Tipp für SchnäppchenjägerInnen: In London empfiehlt es sich, in teure Wohngegenden zu fahren und dort durch die Charity Shops zu stromern.

schon irre, wie spendabel die Menschen geworden sind. Kein Wunder, wenn man dauernd neues Zeug anhäuft, aber die Wohnungen seltsamerweise nicht größer werden wollen.

Zwei Tage ging ich wieder die gleiche Straße entlang. Es war Abend, dunkel, nach Geschäftsschluss. Und es standen vor jedem einzelnen Laden zwei bis drei große Müllsäcke voll mit Kleidung und „Zeugs". Einige waren aufgerissen, da interessierte Passanten sich wohl bereits vorab ein paar gute Stücke gratis sichern wollten (was angesichts des schottischen Schnürl-Regens eine fulminant blöde Idee war, der Rest des Inhalts war nicht mehr zu gebrauchen). Die Hinweise der Läden wurden völlig ignoriert, die Mengen waren absurd!

Zurück in Wien las ich in der Zeitung, dass die Second-Hand-Läden in Wien ebenfalls vor Spenden übergingen. Elisabeth Mimra, die die Caritas-Lager der Stadt leitet, berichtete, dass „ungewöhnlich viele" Menschen ihre aussortierte Ware abgaben.[121] Während normalerweise die Hauptzeit des Spendenaufkommens die Weihnachtsferien seien, hörte es diesmal nach dem 6. Jänner nicht auf. Am Wochenende standen die Menschen sogar Schlange, um ihre alten Möbel, Haushaltsgegenstände, Kleidungsstücke oder Bücher abzugeben. Auch für Mimra war klar: Das liegt an Mari Kondo.

Was mich durchgehend bewegte an diesem Hype: Wohin mit all dem ausgemisteten Zeug? Während viele glaubten, mit der Spende täten sie auch noch Gutes, war das Gegenteil der Fall: Vor allem die Lager für Kleidung platzten aus allen Nähten, und auch noch Jahre später ist kein Ende der Spendenmasse absehbar. Da durch die schlechte Qualität der Kleidung vieles nicht mehr verkäuflich ist, liegt es nun in der Verantwortung

---

121 https://kurier.at/chronik/wien/wien-mistet-aus-second-hand-geschaefte-gehen-ueber/400387178

der Kleidersammler, die Kleidung möglichst kostengünstig zu verarbeiten – oder zu entsorgen.

Mari Kondo steht also für Minimalismus, Ausmisten und die Frage, was uns eigentlich wirklich glücklich macht. Irgendwie ist es ja leiwand, doch ein Gedanke nagte bereits jahrelang in mir munter vor sich hin: Sie hat einen Trend ausgelöst. Trends zeichnen sich dadurch aus, in einem schnellen Hype von irre vielen Leuten umgesetzt zu werden und dann relativ zügig wieder an Relevanz zu verlieren. Wenn es blöd hergeht, dreht sich der Trend sogar noch ins Gegenteil um. Sicher, es gab sehr wahrscheinlich ein paar Leute, die von dem Moment an, als sie die Mari-Kondo-Methode ausprobierten, von da an für immer so lebten. Reduziert, minimalistisch, sortiert. Aber ich trau mich wetten: Der Großteil der LeserInnen ihrer Bücher und ZuschauerInnen der Serie hat aus diesem Lebensstil keine dauerhafte Gewohnheit gemacht. Die ganzen jungen Mädchen, die in YouTube-Videos begeistert ihre leeren Regale zeigten – bei vielen von ihnen spürte ich: Die freuten sich unbewusst über den Platz, den sie gewonnen hatte, um ihn mit neuen Produkten anzufüllen. Der biologisch begründete Wunsch nach Ressourcenansammlung und die immer stärker zunehmende Identitätsfindung durch Konsum ließ die Regale schnell wieder voll werden. Und damit dreht sich das Konsumrad dann doch munter weiter.

Doch dann passierte etwas, mit dem ich nie gerechnet hätte: Genau die Personen, die nach Anleitung von Mari Kondo ausgemistet hatten und nun eben viel Platz hatten, bekamen die Möglichkeit, diesen Platz wieder anzufüllen – von Mari Kondo höchstpersönlich selbst. Im Winter 2019 präsentierte sie der Welt stolz ihren Webshop, in dem es nicht nur – logisch – ihre Bücher und viele verschiedene Kisten zu kaufen gab, sondern auch eine Auswahl an Produkten, von denen ich vorher wirklich keine Ahnung gehabt hatte, dass ich sie brauche:

- Eine Teedose. Ok, kann man brauchen. Aber eine um 200 Dollar? Ohne Tee drin?
- Unterschiedliche Kristalle, jeweils mit einer kleinen Stimmgabel zum an den Kristall schlagen, weil jeder Kristall schallwellt ja unterschiedlich. In anderen Worten: Zwei Dinge, die wirklich einfach nur zum Herumliegen gedacht sind. Und so nebenbei 75 US-Dollar kosten.
- Kerzen um 85 US-Dollar, Mini-Seifenstücke um 22 US-Dollar. Geht's noch?
- Mein besonderer Favorit: die „Flower Bouquet Tote". Was das ist? Eine stinknormale Einkaufstasche aus Baumwolle. Mit der man romantisch zum Markt geht und dort einen Blumenstrauß kauft, den man dann in der Baumwolltasche heimträgt. Der Killerangebotspreis für die – ich wiederhole – stinknormale Baumwolltasche, wie man sie in jedem Drogeriemarkt um zwei Euro bekommt: 42 US-Dollar.

„Ich versteh die 200 Dollar nicht, das ist einfach nur eine Teedose, und nicht mal aus Gold!", schrieb ich einer Freundin.

„Weil's extra Joy sparkt? Ich find das super. Esoterikschmarrn verscherbeln war eh immer mein Plan B …", antwortete sie.

„Au ja, ich mach mit und stricke ab jetzt Wellnesswaschlappen", meinte ich, begeistert von ihrer Idee.

„Die laden wir dann energetisch auf und verkaufen sie um 200 Euro!", brachte sie die Sache auf den Punkt.

All der zynische Humor in mir ist eigentlich nur eine Bewältigungsstrategie, weil ich einfach fassungslos bin. Fassungslos, wie absurd dieser Onlineshop ist. Fassungslos, dass eine Frau, die mit ihren Büchern und Serien zur Multimillionärin geworden ist, den Hals nicht vollkriegen kann. Absurd genug, dass sie reich wird, weil sie Menschen ihr Konzept des Ausmistens verkauft (und somit Teil des Konsumkreislaufs ist), nein, jetzt merkt sie, dass Menschen gerne kaufen und bietet ihnen – sorry – völligen Schwachsinn um horrende Preise an. Und wieder regiert die Gier den Markt.

Mein Verdacht, dass der Trend zum Ausmisten nur weiteren Konsum anheizt, bestätigt sich nicht nur, sondern wird noch dazu von der Königin des Ausmistens angefeuert. Oder ist irgendjemand hier der Meinung, für echtes minimalistisches Leben braucht es einen zehn mal zwölf Zentimeter großen Messingspiegel um 150 US-Dollar?

Aber: Wenn man nicht alles ausmistet, weil plötzlich leere Regale in sind, und damit eigentlich nur Platz für Neues schafft, sondern sich stattdessen mit der Psychologie und den Wirkmustern unseres kollektiven Hoardings auseinandersetzt, ist Minimalismus ein spannendes Konzept. Aber auch all die echten Minimalisten identifizieren sich im Endeffekt über ihren Konsum. Identifikation durch Nichtkonsum ist nämlich auch eine Identifikation durch Konsum.

Black Friday und Kaufnixtag

Apropos bewusstes Nichtkonsumieren: In den USA ist der Freitag nach Thanksgiving, dem dort sehr groß zelebrierten Erntedankfest, *der* Shoppingtag schlechthin – es ist immer ein Fenstertag, an dem sämtliche Händler mit Prozenten nur so um sich werfen. Genannt wurde er bald Black Friday[122], und von diesem Black Friday stammen meistens die Bilder von Menschen-

122 Das hat übrigens nichts mit Rassismus zu tun: Den Namen bekam der Black Friday von der Polizei in Philadelphia, die in den Fünfzigerjahren von den Menschenmassen, die aufgrund der vielen Angebote in der Stadt waren, überfordert waren.

massen, die beispielsweise die Filialen von Elektronikhändlern stürmen und drei Plasma-TV-Geräte auf einmal raustragen. In den vergangenen Jahren hat sich dazu eine Gegenbewegung formiert, der „Buy Nothing Day", hier Kaufnixtag genannt. Es ist traditionell in den USA der Samstag, der auf den Black Friday folgt, in Europa der Freitag selbst. Konsumkritische Organisationen riefen bereits in den frühen Neunzigern dazu auf, als Zeichen gegen den Kaufwahn am Black Friday einen Tag lang wirklich gar nichts einzukaufen.

Thanksgiving hat es bis heute nicht nach Europa geschafft, obwohl es eigentlich eine schöne Tradition ist, aber der zugehörige Black Friday sehr wohl. Hauptsache, der Kommerz kann es ausnutzen. Und auch wenn ich die Menschen in meinem Umfeld verstehe, die sagen: „Hey, ich kann mir wirklich wichtige Dinge für den Haushalt jenseits des Black Friday grad nicht leisten, ich bin auf Angebote angewiesen" – die bilden nicht die Mehrheit und vor allem nicht die Zielgruppe der Anbietenden. Black Friday wird uns gerade anerzogen als der Tag, an dem wir Schnäppchen um Schnäppchen die Geldbörse leeren können. Aber: *Es sind keine Schnäppchen*. Erstens ist erst kürzlich eine Untersuchung erschienen, die zeigt, dass viele Produkte teurer gemacht werden[123], um am Black Friday zum Normalpreis als Supersonderangebot verkauft werden zu können, und zweitens: In diesem Schnäppchenrausch kaufen wir unfassbar viel Unnötiges.

Vor allem Kleidungsgeschäfte gilt es am Black Friday großräumig zu meiden. Warum? Im dortigen Kaufrausch kauft man sich den Kleiderschrank mit Schrankleichen voll. Oder es sind zumindest einige dabei unter den Käufen. Und dann liegen

123 https://www.derstandard.at/story/2000111592155/black-friday-bei-der-rabattaktion-gibt-es-kaum-preisnachlass

Ressourcen im Kleiderschrank, unter menschenrechtswidrigen Umständen produziert, damit man sie um ein paar Netsch am Black Friday erstehen kann, für nix und wieder nix, und effektiv hat man aber genau die paar Netsch weniger am Konto. Wozu also?

Lieber wirklich ein Gegenzeichen setzen und an diesem Tag bewusst *gar* nichts kaufen. Ein Experiment, dass man jederzeit für einen beliebigen Wochentag durchführen kann (es muss ja nicht unbedingt der letzte Freitag im November sein). Es ist nämlich ganz schön augenöffnend, wie locker unser Geldbörsel teilweise sitzt.

Ich bin lustigerweise in den vergangenen Jahren schon ein paarmal dran gescheitert – und zwar jedes Mal beim Lebensmittelkauf. „Wenigstens nix Unnötiges", war dann meine gedankliche Ausrede, wenn mir nach dem Zahlen an der Kasse wirklich siedendheiß eingefallen ist, welcher Tag war. Diese körperliche Reaktion, wo es dich in der Sekunde heiß durchfährt, wie ich sie hasse. Doch letzten November freute ich mich drüber, weil es mir zeigte, wie fest dieser Kaufnixtag inzwischen in mein inneres System eingebaut ist. Und genau das ist der Sinn des Kaufnixtages: Der symbolische Wert und das Reflektieren des eigenen Konsumverhaltens anlässlich dieses Tages bewegt weitaus mehr als der tatsächlich wirtschaftliche Effekt bringen würde.

Und wenn ich nix kaufe?

Ich habe mal nicht nur einen Tag, sondern ein Jahr lang nix gekauft. Also nix in dem Bereich, der meine große Schwäche war: Mode. Ein Jahr, nämlich das Jahr 2012, ohne neue Kleidung, neue Schuhe, neuen Schmuck, neue Taschen, neue Accessoires. Essen und so kaufte ich schon. Das Ganze hatte damals zunächst null ökologischen oder sozialen Hintergrund, nein, ich wollte schlicht und einfach unter Beweis stellen, dass ich konsequent sein konnte. Erst nach dem Beschluss zum Nixkaufen kam die Idee: „Na Moment, dann schau ich mir an, wo meine Sachen herkommen!" Gesagt, getan, und meinen Blick auf Textilproduktion und Konsum für immer verändert: Ich sah mir nicht nur an, wo meine Kleidung im Schrank herkam, sondern auch, was die Alternativen zum Neukauf von Fast Fashion sind.[124] Seither achte ich beim Neukauf so gut es geht auf ökologische Stoffe und faire Produktionsweise (manchmal geht's leider nicht: Dünne Socken, Sportmode und Funktionskleidung, BHs und Schuhe sind da meine Problemfelder. Schuhe aber vor allem, weil ich den typischen Ökoschuhlook nicht mag, Auswahl gäbe es genug …) – und noch viel mehr darauf, möglichst wenig neu zu kaufen. Ich habe vor allem das Tauschen und Second Hand für mich entdeckt.

In eine Fast-Fashion-Filiale zu gehen und dort etwas zu kaufen, erfüllt mich seither regelrecht mit Scham. Ich schäme mich dafür, trotz allen Wissens, wie die angebotene Kleidung produziert wird, dort einzukaufen. Und gleichzeitig erwische ich mich dabei, wir mir manchmal Teile wirklich gut gefallen. Aber die Scham ist meistens größer.

Rund um die wunderbare Greta Thunberg und die weltweiten Fridays for Future-Organisationen machte sich das Thema „Flugscham" breit – Scham, ins Flugzeug zu steigen, weil es die mit Abstand umweltschädlichste Form der Mobilität ist. Ich dachte bereits damals, ok, und was ist mit Konsumscham? Schließlich ist unser Konsum einer der größten Treiber des Klimawandels – einer neuen Studie zufolge sogar *der* Treiber

---

124 Darüber gibt's übrigens auch ein Buch: Nunu Kaller, Ich kauf nix!, Kiepenheuer & Witsch 2013

schlechthin: Wissenschaftler aus Australien, UK und der Schweiz haben errechnet, dass der stetig steigende Konsum sämtliche technologischen Fortschritte im Kampf gegen den Klimawandel zunichte gemacht hat. Sie bezweifeln, dass es so etwas wie „grünes" oder nachhaltiges Wirtschaftswachstum geben kann.[125]

Wenige Monate später las ich dann zum ersten Mal wirklich von Konsumscham. Allerdings auf sehr absurde Weise: Karl-Johan Persson, Chef von H&M, erklärte in einem Interview, dass Konsumscham „schreckliche gesellschaftliche Folgen" hätte. Weil dann die Menschen in Bangladesch, die für H&M nähen, keinen Job mehr hätten.

Nochmal langsam und zum Mitschreiben: Ein Mann in Schweden besitzt ein riesiges Unternehmen und ist schweinereich. Er produziert Kleidung, und zwar unter anderem in Bangladesch, in der Türkei, in Vietnam, in Äthiopien – also überall dort, wo Arbeitskräfte billig sind und Arbeitsrechte nicht so wirklich gelebt werden. Verkauft wird die Kleidung überall dort, wo es Shoppingcenter und Einkaufsboulevards gibt, und zwar hauptsächlich im Westen. Warum er so reich ist? Weil sein Vater einer der ersten war, die das mit der Globalisierung durchschaut hatten und bereits Anfang der Neunziger Jahre fest in Billigstproduktion investierte. In den vergangenen dreißig Jahren hat seine Firma ganz schön viel auf dem Gewissen: Einerseits Unmengen an verschmutzten Flüssen und Feldern durch den hohen Chemikalieneinsatz bei der Textilproduktion und die fehlenden Umweltsicherheitsstandards in den Produktionsländern (logisch, dass er dort produziert, weil billiger), andererseits unzählige Menschen, die in Armut leben, obwohl sie den ganzen Tag arbeiten müssen.

---

125 Das ganze Papier findet man auf https://www.nature.com/articles/s41467-020-16941-y#auth-4

Irgendwann vor etwa zehn Jahren begann man aber, seine Firma und ihre Produktionsweise öffentlich zu kritisieren. Dass das ja nicht ok sei, wie er sich auf Kosten der Ärmsten bereichere und dabei auch noch die Umwelt zerstöre. Persson reagierte mit einer Ankündigung: Bis 2018 sollten alle seine ArbeiterInnen zumindest einen Existenzlohn bekommen – das ist ein Lohn, von dem die ArbeiterInnen in ihrem jeweiligen Land ein menschenwürdiges Leben führen können. Der Existenzlohn liegt immer ziemlich weit über dem gesetzlichen Mindestlohn der jeweiligen Länder. Persson versuchte auch noch auf viele andere Weisen, den Menschen klarzumachen, was für ein soziales und umweltfreundliches Unternehmen er nicht führt. Doch ein Skandal nach dem anderen poppte auf, zum Beispiel wurde ihm nachgewiesen, dass er Neuware, die sich nicht verkaufte, verbrennen ließ. Das Image bekam regelmäßig kleine Knackser.

Also kam er auf eine neue Idee: Er redete den Menschen einfach Schuldgefühle ein, damit sie weiter bei ihm kaufen. „Wenn ihr nicht bei mir kauft, verhungern Menschen", sagte er und musste dabei wahrscheinlich nicht mal blinzeln.

Lieber Karl-Johan: Die Menschen hungern auch, obwohl sie Kleidung für dich nähen. Der Einzige, der von einem höheren Umsatz profitiert, bist wohl einfach nur du. Da nutzt auch jede Schuldverschiebung nichts. Ich habe übrigens recherchiert: Einen Existenzlohn bekommen seine ArbeiterInnen auch im Jahr 2020 noch nicht alle.

Konsumscham also. Wieder so ein Zugang, der von industrieller Seite schamlos (haha) ausgenutzt werden kann und der auf dem schlechten Gewissen der Menschen aufbaut. So gut es ist, wenn man dadurch weniger konsumiert: Als nachhaltigen Weg in Richtung guten Konsum sehe ich es immer noch nicht.

Was ist denn nun „guter Konsum“?

Im Grunde ist der Weg zu gutem Konsum doch eigentlich watscheneinfach, dachte ich eines Tages, als ich gerade über eine große Einkaufsstraße spazierte und in die Auslagen schaute: Wir kaufen einfach viel zu viel in einer immer ungerechter werdenden Welt. Während immer mehr Menschen auch in einem so reichen Land wie Österreich im Prekariat leben, kriegen die, die es sich leisten können, scheinbar den Hals nicht voll. Und egal, welchen Aspekt des Konsumierens ich mir angesehen habe: Es geht immer um die Steigerung desselben. Egal ob wir dazu sozialisiert werden, uns über die Dinge, die wir kaufen, zu identifizieren, ob wir den Verführungen im Handel ausgeliefert sind, weil diese direkt auf unser Unterbewusstsein einwirken oder ob wir uns selbst biochemisch einen kurzen Urlaub von unserem stressigen und unglücklichen Leben gönnen wollen: Immer geht's darum, noch mehr zu kaufen.

Ich erinnerte mich plötzlich an einen Aufenthalt 2008 in New York. Einer meiner liebsten Freunde war vor kurzem hingezogen und ich besuchte ihn. Damals fuhren am Times Square, dem Platz mitten in Manhattan, wo die Leuchtreklamen bis in den Himmel strahlen, noch Autos – hauptsächlich dicke Hummer und Stretchlimos, die gelben Taxis dazwischen sahen richtig klein aus. Auf unzähligen Stockwerken leuchtete mich ringsum Werbung an. Man sah makellose Frauen, sportliche Surfer, glückliche Familien, luxuriöse Uhren, bunte Lippenstifte, egal, wo man hinsah: Es war bunt, laut und kreischend. Der ganze Platz schrie „Kaufen!"

Alle Touristen starrten fasziniert hinauf zu den Reklamen. Doch ich sah den Autos nach. Als eine meterlange weiße Stretchlimousine sich ihren Weg über den Platz gebahnt hatte, gab sie den Blick frei auf den Gehsteig. Dort saß – nicht weit entfernt vom Eingang eines riesigen Spielzeugladens – ein Obdachloser.

Von den Passanten wurde er übersehen – zu verführerisch, zu bunt, zu schreiend waren die Werbungen, die die Aufmerksamkeit von den Einzelnen einfingen. Der Obdachlose passte nicht ins Bild dieser glitzernden Welt, die ihn umgab, also wurde er nicht wahrgenommen. Er war schmutzig, hatte zerrissene Kleidung an, kaputte Schuhe. Er strahlte viel mehr Armut aus, als ich es in Wien je gesehen hatte. Ja, auch zuhause gab es leider viele Obdachlose, doch das Bild dieses Mannes am Times Square, sein vom Dreck komplett dunkelgraues Gesicht, das werde ich nie vergessen. Die Gesellschaft hatte ihn aufgegeben, und man sah, dass er selbst sich auch aufgegeben hatte. Der Anblick tat fürchterlich weh. Als ich zu ihm ging, um ihm ein paar Dollar zu geben und ihn zu fragen, ob ich ihm einen heißen Kaffee holen solle, starrte er durch mich durch. Für mich wurde der Times Square zum Symbol, wie löchrig ein soziales Netz werden kann, wenn alles nur auf den Konsum und damit den Erfolg der Personen, die ihn sich leisten können, fokussiert wird.

Seitdem erinnere ich mich immer wieder an diese Situation, ich kenne kaum eine bessere bildliche Beschreibung der

Tatsache, dass in manchen Fällen das Ich nicht über dem Wir stehen sollte.

Was das mit weniger Konsum zu tun hat? Ich denke, etwas Verzicht würde uns allen guttun. Auf die Bremse treten, sich hinsetzen, überlegen, ob man etwas wirklich braucht. Oder warum man unbedingt etwas kaufen will. Überlegen, ob es so sinnvoll ist, immer mehr sinnloses Zeug anzuhäufen, das man eh schon in doppelter und dreifacher Ausführung zuhause hat. Natürlich kann man jetzt argumentieren, dass das eine sehr privilegierte Perspektive ist – schließlich gibt es genug Menschen, die sich nichts leisten können und für die Konsum eben ein wichtiges Instrument für eine grundlegende Teilhabe an der Gesellschaft ist. Menschen, die am Existenzminimum und darunter leben, gibt es auch hier in Österreich. Wer den Blick nur darauf richtet, was er oder sie sich als nächstes kaufen kann, sieht jene nicht, die sich das nicht leisten können.

Und apropos Menschen „nicht sehen“: Im Journalismus gibt es eine einfache Regel – je weiter weg ein Unglück geschieht, desto mehr Tote muss es geben, damit hier darüber berichtet wird. Emotional sind für uns unsere „Nächsten“ wichtig, die, die weiter weg sind, erfassen wir nicht. Carl Tillessen schreibt dazu: „Wir entziehen uns unseren humanitären Pflichten, indem wir uns hinter einer veralteten und provinziellen Vorstellung von ‚Nächsten‘-Liebe verstecken. Mag sein, dass es zweitausend Jahre lang genügte, die Menschen in unserer direkten Umgebung zu lieben, um ein guter Mensch zu sein. Die weltumspannenden wirtschaftlichen Verflechtungen sind aber inzwischen so eng, dass wir – direkt (durch Produktionsverträge) oder indirekt (durch unser Konsumverhalten) – auch über die Lebensbedingungen der Menschen am anderen Ende der Welt entscheiden. So stellt uns die Globalisierung vor eine neue und viel dringendere moralische Aufgabe als die der ‚Nächsten‘-Liebe: Wir müssen lernen, auch die, die weit weg von uns sind, also unsere ‚Fernsten', wie Menschen zu behandeln."[126]

Doch auch und vor allem aus Umweltsicht führt kein Weg daran vorbei: Wer gut konsumieren will, muss *weniger* konsumieren. Das ist wohl die bittere Pille Wahrheit, die nicht alle schlucken wollen. Doch das ist inzwischen genauso wissenschaftlicher Konsens wie die Tatsache, dass der Klimawandel nicht nur existiert, sondern in beängstigendem Tempo fortschreitet. Wir können noch so viel von der Energiewende reden, solange die Menge der Geräte, die wir in unseren Wohnungen angeschlossen haben – vom Handyladekabel bis zur Eiswürfelmaschine, vom Fernsehgerät auf Standby bis zum doppeltürigen Kühlschrank, von der Kaffeemaschine bis zu … ok, ich glaube, es ist langsam klar, worauf ich hinauswill – immer weiter zunimmt und solange wir glauben, dass e-Mobilität vom Scooter bis zum Auto die Lösung ist, solange können wir uns selbige Energiewende einfach aufzeichnen. Der (in leider ferner Zukunft liegende) Wechsel zu einer Vollversorgung mit Energie, die nur aus erneuerbaren Quellen wie Wasser, Wind oder Sonne besteht, funktioniert nur in Kombination mit einer Steigerung unserer Energieeffizienz.

Doch es geht nicht nur um den eigenen Energieverbrauch, sondern auch um den, der in der Gesamtproduktion aller verfügbaren Waren zum Einsatz kommt. Und es geht um Ressourcen. Ein einziges Paar Jeans verbraucht in der Produktion von der Bewässerung des Baumwollfeldes bis zur letzten Waschung, bevor sie ins Regal kommt, 8000 Liter Wasser.[127] Zum Vergleich:

---

126 Carl Tillessen: Konsum – Warum wir kaufen, was wir nicht brauchen. HarperCollins 2020

127 https://www.nachhaltigleben.ch/mode/virtuelles-wasser-eine-jeans-hat-wasserverbrauch-von-8000-litern-2729

Eine durchschnittliche Badewanne hat eine Füllmenge von etwa 150 Litern. Für ein einziges Paar Jeans könnte ich also 53-mal ein gemütliches Bad nehmen, also ein Bad pro Woche für ein Jahr sowie ein zusätzliches am Geburtstag (wahrscheinlich sogar weitaus mehr, weil mein Alabasterkörper wohl große Teile der Füllmenge verdrängt). Wir sehen das nicht, haben aber der Modezeitschrift InStyle zufolge im Durchschnitt acht Paar Jeans im Kleiderschrank. Damit ginge sich über ein Jahr und zwei Monate täglich ein Vollbad aus.

Die Ressourcen, die wir verbrauchen, sind enorm. Würden alle Menschen auf der Welt so leben wie wir in Österreich, müsste die Erde 1,7-mal, also fast doppelt so groß sein, wie sie ist, damit sich das mit dem Ressourcenbedarf ausgeht.

Mir geht es vor allem um jene Menschen, für die Konsum etwas Selbstverständliches ist. Die vielleicht sogar mehr als acht Paar Jeans im Kasten haben und für die das nichts Besonderes ist. Die „Shoppen" als Hobby bezeichnen, um abzuschalten vom stressigen Alltag, und die sich dieses Hobby leisten können. Es kann nicht nur darum gehen, ausschließlich die besten Produkte mit dem erfreulichsten Preis-/Leistungsverhältnis an uns zu raffen, obwohl man wirtschaftlich nicht davon abhängig ist. Im Grunde geht es auch nicht ausschließlich darum, den eigenen Konsum komplett auf nachhaltige Produkte umzustellen. Vielleicht geht es schlicht und einfach darum, den eigenen Konsum individuell runterzuschrauben.

Doch worum es auf alle Fälle geht: Jegliches Verständnis dafür, warum wir konsumieren, und auch die Erkenntnis, dass in Sachen Klimawandel andere an viel größeren Hebeln sitzen, darf uns nicht davon abhalten, ganz individuell immer die optimale oder in der Situation beste Konsumentscheidung zu suchen. Für den Zustand der Welt haben manche (z.B. KonzernchefInnen und PolitikerInnen) mehr Verantwortung als andere, doch der Beginn verantwortungsvollen Verhaltens liegt am Ende des Tages bis zu einem gewissen Grad eben doch bei uns selbst.

Value Action Gap

So, und das bringt mich automatisch zu der Frage, die ich mir seit Beginn meiner Recherchen stelle: Warum wissen so viele Bescheid, wie guter Konsum ginge, handeln aber nicht danach?

Bei mir in der Nähe gibt es einen großen Supermarkt der luxuriöseren Sorte. Fast die gesamte Seitenwand des Marktes ist ein einziges riesiges Kühlregal für Fleisch und Wurst in jeglicher Form, in der Mitte des Marktes steht sogar eine zusätzliche Fleisch-/Wurst-Theke mit Bedienung. Ich schätze, es sind gute 20 Meter Kühlregal, die man entlanggeht. Der Teil, in dem Bio-Fleisch und -Wurst angeboten wird, ist keine eineinhalb Meter breit. Fragt man bei der Theke nach Bio-Fleisch, dann heißt es: „Ja, sehr vereinzelt, aber das meiste ist nicht bio." Mir klingeln jedoch die vielen Aussagen von Bekannten im Ohr, die sagen: „Ich esse ganz wenig Fleisch, und wenn, dann ist es bio!" Ich denke jedes Mal, dass diese Aussagen einfach nicht stimmen können, wenn ich die Verteilung von „bio" und „konventionellen" Lebensmitteln im Supermarkt sehe.[128]

Immer wieder liest man in Umfragen, dass Menschen bereit wären, für fair Produziertes einen um wenige Prozent höheren

---

128 Quer über alle Produkte beträgt der Anteil von Bioprodukten in einem durchschnittlichen Supermarktsortiment etwa neun Prozent, hat die Agrarmarkt Austria 2019 herausgefunden. Das bedeutet eine Steigerung von einem Prozent in zwölf Jahren – damals lag in einer Untersuchung der gleichen Organisation der Anteil bei knapp acht Prozent.

Preis zu zahlen. Erzähle ich SchülerInnen und StudentInnen von den Auswirkungen, die ihr Konsum von Fast Fashion auf das Leben von Gleichaltrigen in Bangladesch oder Pakistan hat, sind sie sich alle einig: Das wollen sie nicht unterstützen. Erzählt man Menschen, dass sie sich, was ihren CO_2-Fußabdruck angeht, auf Lebenszeit jegliches Mülltrennen, Radfahren und vegan essen in die Haarwurzeln einmargarieren können, wenn sie einmal in den Flieger steigen, um auf die Malediven zu fliegen, zeigen sie die entsprechende Entgeisterung, wie furchtbar schlimm der Flugverkehr ist. Übers Wochenende nach Paris fliegen sie trotzdem[129]. Es gibt bisher keine Studie, die wirklich nachweist, dass Menschen im Sinne der Ethik nicht nur anders konsumieren *würden*, sondern es auch wirklich tun. Letztendlich ist Ethik nur in sehr geringem Maß ein Entscheidungsfaktor beim Konsumieren.[130]

Woher kommt dieser Widerspruch, diese kognitive Dissonanz? Die Antwort liegt wieder einmal an der Biochemie im Gehirn: Wir suchen im Grunde immer danach, was angenehm ist. Und so entsteht der sogenannte Value Action Gap. Wir denken, Pfandflaschen aus Glas sind ursuper für die Umwelt, aber wir kaufen kurz vor der Kasse trotzdem das Wasser in der Halbliter-Plastikeinwegflasche, weil es halt praktischer ist, damit schnell

---

129 Und nur um es klarzustellen: Ich nehme mich da nicht aus, auch mir passieren solche Widersprüche. Ein rein nachhaltiges Leben ohne Widersprüche ist in der westlichen Welt außerdem in meinen Augen schlicht nicht mehr möglich.

130 Mich erinnert das ein bisschen an politische Meinungsumfragen: Bei Vorwahlumfragen waren die Grünen immer weiter vorne als beim effektiven Wahlergebnis, bei rechten Parteien wie der FPÖ war es umgekehrt. Es wirkt halt gut, wenn man sagt, dass man eh voll Öko ist und so, aber in der Wahlkabine selbst geht es schließlich geheim zu und niemand weiß, wo man wirklich sein Kreuzl macht.

unseren Durst zu löschen und danach nie wieder über die Flasche nachdenken zu müssen. Wir kaufen Dinge, weil sie uns ein gutes Gefühl geben, den Dopamin-Kick.

Nehmen wir mal ein Beispiel, das diesen Widerspruch in meinen Augen verdammt gut erklärt: Die berühmte Schale Erdbeeren, die an der Obsttheke im Supermarkt liegt – im Jänner. Sie kommt von weit her, wahrscheinlich aus einem Land in Südamerika, das man selbst noch nie besucht hat. Manche wissen, dass es ein ziemlicher Irrsinn ist, im Jänner Erdbeeren von weit weg zu kaufen, noch dazu eingepackt in eine Plastikschale, ummantelt von Zellophan, wenn man sie im Sommer auch im eigenen Land ernten kann. Andere jedoch sehen die Erdbeeren und fühlen bereits den fruchtigen Geschmack in ihrem Mund, sie wollen sich mit den Erdbeeren mitten im kalten Winter ein Stück Sommerlaune kaufen. Es kann passieren, dass das die gleichen Personen sind, die sich darüber aufregen, dass Autofahrer im Winter den Automotor laufen lassen, wenn sie stehenbleiben müssen, damit sie nicht frieren. Diese kognitive Dissonanz entsteht täglich, und viele sind permanent innerlich angetrieben, sich selbst zu erklären – vor allem vor sich selbst. Damit man nicht zugeben muss, dass diese beiden Verhaltensweisen nicht zusammenpassen, erklärt man den Kauf der Erdbeeren zur Ausnahme, die man aus reinen Sommersehnsuchtsgründen gekauft habe, und hey, schließlich werden sie ja auch angeboten, und bevor sie schlecht werden? Zack, da ist sie schon, die Rationalisierung.

Und es ist auch logisch, dass viele rationalisieren: Es ist anstrengend, immer im Kopf haben zu müssen, was die bessere Entscheidung ist – für unseren Planeten und für uns selbst. Vor allem, wenn uns permanent die schlechten Entscheidungen so leicht gemacht werden, also das Sommerobst im Jänner appetitlich im Supermarkt angerichtet ist. Sie nicht zu kaufen, fetzt definitiv weniger Dopamin ins Hirn als der Genuss von leicht gezuckerten Erdbeeren in Sauermilch mitten im Winter.[131]

Auch wenn ich persönlich niemals Erdbeeren im Jänner kaufen würde, muss ich zugeben:

Ich verstehe die Menschen, die manchmal nicht nachdenken wollen, sondern sich einfach über Schnäppchen freuen. Es ist einfach alles zu viel. Gefühlt täglich gibt es neue Reportagen und Berichte, wie umweltschädlich es bei der Fleischproduktion, beim Palmölgewinn, beim Avocadoanbau, beim Haselnussanbau, beim Baumwollanbau, beim Schafescheren zugeht. Ich verstehe, dass man da irgendwann überfordert ist. Selbst wenn man etwas Positives für die Umwelt machen will, die Probleme scheinen endlos zu sein.

Und genau aus dieser Überforderung heraus entsteht der Value Action Gap: Wir wissen eigentlich, wie es gehen könnte, aber wir handeln nicht danach. Weil Dopamin, weil Überforderung und unser Lebensstil des Mehr, Mehr, Mehr uns die Entscheidung abnehmen wollen. Genau dieser Value Action Gap ist wohl eine der größten individuellen Hürden auf dem Weg zu individuell gutem Konsum.

Leihen, Tauschen, Teilen

„Wenn du über guten Konsum schreibst, musst du doch bitte auch darüber schreiben, was eigentlich die guten Alternativen zum Konsumieren sind!“, sagt Eva, eine gute Freundin.

„Hä?“, sage ich. „Was meinst du damit? Zeit statt Geld und so? Mehr Erlebnisse als Produkte?“

131 Profi-Tipp: Im Sommer vorausschauend ein Kilo regionale Erdbeeren mehr kaufen und einfrieren ;)

„Ja, das sicher auch, aber vor allem meine ich Tauschen, Teilen und Leihen!“, sagt sie.

Sie hat recht. Der Weg zu gutem Konsum, soviel steht inzwischen eindeutig fest, führt über eine Reduktion des Konsums. Aber was soll man machen, wenn man eine Nähmaschine braucht, weil man einmal im Leben versuchen will, einen Rock zu nähen? Man kann eine Freundin oder einen Nachbarn fragen, ob er oder sie seine Nähmaschine mal verleihen kann – oder online gehen, zweimal klicken und am nächsten Tag eine günstige Nähmaschine vor der Haustür stehen haben. Welche die nachhaltigere Entscheidung ist, brauche ich jetzt nicht extra hinzuschreiben, oder?

Zuhause stolpere ich bei der Recherche über die Buyarchy of Needs und bin begeistert: Angelehnt an Maslows Bedürfnispyramide (Hierarchy of Needs[132]) entwarf die kanadische Illustratorin Sarah Lazarovic eine ebensolche Verlaufspyramide in Bezug auf die Art, wie wir konsumieren (sollten). Ihre Reihenfolge leuchtet ein:

1. Benutze, was du schon hast!
2. Borge dir aus, was du nicht hast!
3. Tausche Dinge!
4. Kaufe Second Hand!
5. Produziere selbst, was du brauchst!

Und erst an der Spitze der Pyramide steht dann das kleine Wort „buy“, also

6. Kauf es!

---

132 Der Psychologe Maslow fand heraus, dass unsere menschlichen Bedürfnisse aufeinander aufbauen. An erster Stelle stehen die physischen wie Essen, Schlafen, Fortpflanzung. Danach folgen Sicherheit und soziale Bedürfnisse (Nähe, Zugehörigkeit etc.). Erst wenn diese Bedürfnisse alle erfüllt sind, können wir uns unseren ganz individuellen Bedürfnissen und womöglich sogar der Selbstverwirklichung widmen.

Ich würde dem Ganzen gerne noch etwas vor die erste Stelle hinzufügen: Überlege, ob du es wirklich brauchst.

Und selbst wenn der Neukauf an letzter Stelle der Hierarchie steht: Auch hier kann man am Weg zum guten Konsum noch differenzieren. Gut ist, wenn man darauf achtet, wo das Produkt herkommt, wie es produziert wurde und welche Umweltauswirkungen seine Produktion und sein Transport auslösen können. Auch beim Neukauf kann man nach der besseren Alternative suchen.

Doch die Sache hat leider einen Haken, der es uns schwer macht: Uns funkt beim Leihen und Mieten wieder mal unser Hormonhaushalt rein. Die Kurzfassung ist: Beim Leihen produziert unser körpereigenes Biochemielabor weniger Dopamin als beim Kaufen. Carl Tillessen schreibt in seinem Buch: „Denn nur weil wir eine geliehene Sache annähernd so nutzen können wie eine Sache, die uns gehört, heißt das ja nicht, dass uns eine geliehene Sache auch nur annähernd so viel Freude macht wie eine Sache, die uns gehört. Uns eine Sache vorübergehend zu leihen, wird uns nie so stolz und glücklich machen, wie sie uns persönlich zu kaufen und sie exklusiv zu besitzen. Wenn man sich einen Gegenstand mit anderen teilt, teilt man sich eben nicht nur die mit der Anschaffung und dem Unterhalt verbundenen Kosten und Mühen mit anderen. Man muss auch das Dopamin, das mit dem Besitz dieses Gegenstandes verbunden ist, mit anderen teilen."

Aber die Medaille hat noch eine andere Seite: Laut Tillessen macht uns nur der Kauf jener Produkte wirklich nachhaltig glücklich, die wir auch wirklich oft und sinnvoll verwenden – die uns also zu echten VerbraucherInnen machen –, also Produkte auch wirklich (gemeinschaftlich?) „ver"brauchen, bis sie nicht mehr nutzbar sind. Mit diesem Wissen im Hinterkopf muss es doch möglich sein, immer abzuwägen, ob Leihen oder Kaufen mehr Sinn macht. Für uns ganz persönlich. Für die Umwelt ist Leihen und damit ein Teilen der CO_2-Last der einzelnen Produkte immer die bessere Lösung.

Onlineshopping – die Krux am Weg zum guten Konsum?

Es gibt etwas, das auch mich am Weg zum guten Konsum immer wieder herausfordert – das Onlineshopping. Es ist so verdammt einfach: schnell mal in die Suchmaschine das gewünschte Produkt reinklopfen, schauen, wo das gesuchte Teil günstig erhältlich ist, es bestellen und am nächsten Tag vor der Wohnungstür liegen haben. Onlineshopping hat unser Leben sehr viel einfacher gemacht, daran besteht kein Zweifel. Öffnungszeiten, das Suchen nach bestimmten Produkten in bestimmten Geschäften, Produkte aus anderen Ländern nicht bekommen: Alles obsolet.

Man kann um Mitternacht kurz vorm Einschlafen draufkommen, dass man vergessen hat, ein Schraubenzieher-Set zu bestellen, kann online aus Tausenden aussuchen und es sich per Expresslieferung zustellen lassen. Man kann kurz vor Feierabend feststellen: Ich bin zu müde, um jetzt noch in den Supermarkt zu gehen, ich lass mir die Lebensmittel vor die Wohnungstür liefern – und in unter zwei Stunden hat man den Kühlschrank voll. Ich kann mich, wenn ich Bock drauf habe, tagelang auf die Suche nach dem perfekten smaragdgrünen Samtkleid begeben und habe unendlich große Auswahl.

Diese große Auswahl ist halt fürchterlich bequem. Ich persönlich gebe dem stationären Handel immer zwei Chancen. Zum Beispiel brauchte ich vor kurzem einen Schraubenzieher mit sehr kurzem Griff, um meine Heizkörper zu entlüften (die etwas unpraktisch verbaut sind). Mein erster Versuch war in der Filiale eines großen Elektrofachhandels ein paar Ubahn-Stationen entfernt von zuhause. Fehlanzeige. Dann begab ich mich ins Internet und suchte, wo ich den Schraubenzieher in Wien bekommen könnte, fand ihn bei einem Baumarkt. Rief bei einer Filiale, die nicht allzu weit entfernt und öffentlich gut erreichbar ist, an. Leider hatten die ihn auch nicht lagernd, „uh, bestellen können wir leider nur in größeren Mengen". Also bestellte ich ihn online und empfand eine seltsame Mischung aus „Blöd, dass ich den in der Stadt nicht bekomme" und „Das ist so angenehm, dass ich nicht irgendwo hinfahren muss".

Ein anderes Beispiel: Ich brauchte einen neuen Duschschlauch. Erster Laden: Fehlanzeige, es gab keinen, der so lang war, wie ich ihn brauchte. Zugegeben, ich hatte schon am Handy den Finger am „Bestellen"-Button, als mir einfiel, dass ich am nächsten Tag einen Termin in der Nähe eines Baumarkts hatte. Dort war er nicht nur lagernd, er kostete auch weniger als online und ich hatte das gute Gefühl, den stationären Handel unterstützt zu haben.

Onlineshopping hat jedoch verdammt viele ökologische und volkswirtschaftliche Nachteile. Produkte werden quer über den ganzen Planeten geflogen, Handyhüllen werden einzeln direkt aus China geschickt und auch der von amerikanischen Ureinwohnern aus Altkleidern handgewebte Teppich, dessen Verkauf ihnen eine Einkommensgrundlage beschert, muss halt doch noch einmal über den Atlantik fliegen. Der ökologische Fußabdruck von Produkten des täglichen Gebrauchs ist „dank" Globalisierung schon enorm in die Höhe geschossen; sich dann zusätzlich noch ein einzelnes Teil persönlich liefern zu lassen, trägt ebenfalls nicht zwingend zur CO_2-Einsparung bei.

Wir lieben es, online zu bestellen, man bekommt einfach alles dort. Was wir am gelieferten Paket nicht sehen: ein Konzern wie z.B. Amazon versteuert in Europa nur einen Bruchteil seiner Gewinne[133], und selbst der Versuch, ihm mit einer Digitalsteuer das Messer anzusetzen, federt der Versandriese schulterzuckend ab: Die Mehrkosten sollen an die Produzenten der Produkte, die sie ausliefern, weitergegeben werden.[134] Der milliardenschwere Konzern könne das leider nicht stemmen. Ah ja. Und Amazon ist beileibe nicht der einzige Großkonzern, der sich durch gefinkelte Firmengeflechte und Steuertricks gewaltig viel Geld spart. Das ist Steuergeld, das dem Staat durch die Lappen geht. Millionen, die ins Staatsbudget gehen würden und möglicherweise für Gesundheit, Bildung, Pflege, Umweltschutz oder soziale Sicherheit eingesetzt werden könnten.

Eine weitere Auswirkung ist unser Stadtbild. Jede/r, der/die nur online bestellt, braucht sich nicht wundern darüber, wenn die Geschäfte im eigenen Grätzl nur noch austauschbare, gesichtslose Läden internationaler Filialisten sind. EinzelhändlerInnen mit eigenen Geschäften sind nicht nur zur Stadtbildverschönerung da, sondern haben in ihren Läden ihre Lebensgrundlage. Wenn man nicht bei ihnen kauft, können sie nicht überleben, die Rechnung sollte uns allen eigentlich sehr schnell einleuchten. Ich sehe es in mehreren Ecken Wiens, auch in der Innenstadt, dass der Trend sehr klar erkennbar ist: Es gibt Filialen großer, internationaler Konzerne – oder Gastronomie. Der Effekt: Jede Einkaufsstraße Europas ist austauschbar. Überall die

---

133 „2016 hat Amazon in Europa 21,6 Milliarden Euro Umsatz erzielt, dennoch wies Amazon Luxemburg nur einen Gewinn von 59,6 Millionen Euro aus und bezahlte darauf 16,5 Millionen Euro Steuern, was einem Wert von 0,07 Prozent des Umsatzes entspricht“: https://www.attac.at/ziele/ein-gutes-leben-fuer-alle/amazons-welt-steuertricks-ausbeutung-klimazerstoerung

134 https://www.diepresse.com/5668531/amazon-will-franzosische-gafa-steuer-an-anbieter-weitergeben

gleichen Läden, in denen man die gleichen Dinge bekommt, egal, ob man in Amsterdam, Berlin, London, Rom oder Wien ist. Da geht sehr viel Identität einer Stadt verloren.

Die dritte Auswirkung des Onlinehandels, die uns hellhörig werden lassen sollte, sind die prekären Zustände unter den Paketdienstleistern. Der legendäre Aufdeckungsjournalist Günther Wallraff recherchierte vor wenigen Jahren undercover in dem Bereich und nannte es danach „Menschenschinderei mit System“[135]. Einige der großen Lieferfirmen halten sich selbst oft risikofrei, indem sie durch Kaskadensysteme und Subfirmen die Verantwortung an die Lieferanten selbst abgeben: Die Fahrer werden als Subunternehmer engagiert, manchmal sogar ohne schriftlichen Vertrag, und werden nicht auf die unternehmerischen und finanziellen Risiken hingewiesen, die so ein Pseudo-Unternehmertum mit sich bringt. Die Arbeitsbedingungen sind katastrophal[136]. Der Standard schrieb im Februar 2020: „Sie arbeiten bis zu 16 Stunden am Stück an sechs Tagen die Woche. Netto schauen dabei monatlich selten mehr als 1.600 bis 1.700 Euro Lohn heraus.“[137]

Sie überladen ihre Lkws, sie müssen Geschwindigkeitsbegrenzungen überschreiten, damit sie rechtzeitig zuliefern und sie stehen unter enormem Zustelldruck. Gleichzeitig hat DHL – ein Unternehmen, das ja eigentlich zur Deutschen Post gehört und somit teilverstaatlicht ist – durch die Gründung von 49 Einzelgesellschaften, die sich nicht an Posttarifverträge halten müssen, zum Milliardengewinn der Deutschen Post beigetragen.

---

135 https://www.derstandard.at/story/1336698345711/mitten-in-deutschland-wallraff-stoesst-bei-gls-auf-moderne-sklaverei

136 https://helpv2.orf.at/stories/1750080/index.html

137 https://www.derstandard.at/story/2000114777492/16-stundentag-fuer-1600-euro-der-arbeitsalltag-der-paketzusteller

Kennt ihr das auch? Mir ist kürzlich passiert: Ich bestelle ein Paket (es war ein Produkt, das ich ausschließlich online bekam). Am vereinbarten Lieferdatum hatte ich einen Zettel bei der Gegensprechanlage kleben, dass ich nicht angetroffen wurde und ein neues Lieferdatum online vereinbaren solle. Das machte ich, und das Spiel wiederholt sich – dreimal. Und die Pointe an der Geschichte: Bei jedem dieser drei Male war ich zuhause. Nach dem ersten Mal bereits sagte ich, dass es auch beim Nachbarn abgegeben werden könne. Erst als ich eine wütende Mail schickte, dass ich stornieren und keine Kosten übernehmen werde, lag die bestellte Ware plötzlich vor meiner Tür. Und natürlich ist man im ersten Moment sauer auf die Lieferanten, oder? Wie kann dieser Depp die Klingel nicht finden? Was soll das, die kommen doch gleich nur mit dem Infozettel und nicht mit dem Paket daher? Die Fahrer verarschen mich doch?! Ich reagierte wie viele in meiner Situation: Ich war stinksauer auf den Paketboten. Wie konnte das sein, dass der mich nicht antraf? Wie kann man nur so faul sein, nicht mal anzuläuten?!

Doch in Wahrheit hat der Wahnsinn System, und es sind nicht die Boten, auf die man sauer sein sollte – die sind nämlich wirklich arme Schweine. Sie bekommen Druck von oben, Pakete in einem fast nicht zu schaffenden Zeitraum auszuliefern, verdienen oft nur pro abgeliefertem Paket und sind am Ende noch die, die das finanzielle Risiko tragen, während sich die Geschäftsführung abputzt und auf alle Fälle verdient, egal, ob zugeliefert oder nicht.[138] Und dieses System wird mit jeder Zunahme von Onlineshopping größer, verzweigter und noch ausbeuterischer (in den USA arbeitet Amazon bereits an der

---

138 https://www.diepresse.com/762079/arbeitsbedingungen-auch-in-osterreich-prekar

Zustellung innerhalb weniger Stunden nach Bestellung – den Druck dahinter kann man sich ausmalen).

Aber: Dieses bequeme Service durch Onlineshopping ist etwas, das uns in stressigen Zeiten vermeintlich hilft. Die riesige Auswahl, die niedrigen Versandkosten und das gute Gefühl, gegenüber klassischem Einkaufen Zeit gespart zu haben, kommt den Menschen entgegen. Und es wird auch nicht mehr verschwinden – wir haben uns in Rekordzeit daran gewöhnt und sogar ein Anspruchsverhalten entwickelt.

Was heißt das nun für meinen guten Konsum? Ist der online auch machbar? Und wie lebe ich guten Konsum angesichts der Tatsache, dass es mir online sooooo leichtgemacht wird? Wie so oft halte ich kompletten Boykott für unrealistisch. Das schaffen vielleicht ein paar sture Köpfe, aber es wird nie eine kritische Masse erreichen, die es braucht, um die Konsumwelt signifikant zu verändern. Ich denke viel eher, Alternativen müssen den Menschen ebenso leichtgemacht werden.

Es ist leider eine bittere Wahrheit: Wir können das Konsumrad nicht zurückdrehen. Der bequeme Onlinekonsum ist eine nicht mehr wegzudiskutierende Tatsache, die Vorteile überwiegen (auch wenn es manchmal trügerische Vorteile sind). Jetzt den Menschen zu erklären, sie sollen sich ihre Produkte erst nach langen Recherchen oder auf langen Wegen in ihrer Stadt besorgen, wenn es drei Klicks im Netz auch tun, wird nicht mehr funktionieren. Guter Konsum muss also auch heißen, eine alternative Infrastruktur on- und offline aufzubauen. Damit wir wieder mehr Wahl haben, eine gute Kaufentscheidung zu treffen.

Arschlochkaffee?

Apropos gute Entscheidungen: Wir leben im kompletten Überangebot und werden täglich herausgefordert, die „richtige" Kaufentscheidung zu treffen. Die kapitalismuskritische Autorin Kathrin Hartmann bringt im Dokumentarfilm *The Green Lie* dieses Überangebot an nicht umweltverträglichen Produkten im Supermarkt auf den Punkt: „Die wichtige Frage ist doch nicht: Was sollen wir einkaufen? Die wichtige Frage lautet: Warum dürfen Unternehmen überhaupt so produzieren?" Noch schöner formulierte es der Wissenschaftler und Aktivist Raj Patel im gleichen Film: „Natürlich kaufe ich Fairtrade-Kaffee – die Alternative wäre Arschlochkaffee, Kaffee, der Kinder ausbeutet. Niemand will das. Aber warum ist das eine Wahl?"

Hach, mit einem hübsch in einen grammatikalisch korrekten Satz eingeflochtenen Schimpfwort kriegt man mich verlässlich. Im Supermarkt liegen also nicht nur Arschlochkaffee, sondern auch Arschlochäpfel, Arschlochpackerlsuppe und Arschlochwurst. Ich kann in einigen Fällen eindeutig die bessere Wahl treffen, manchmal wird sie mir gleich im Supermarkt angeboten, manchmal muss ich den einen oder anderen Extra-Weg einlegen.

Ein Gedanke wird dennoch immer nagender in mir: Ist dieser Öko-Konsum, dieses Kaufen von nur korrekten, biologisch angebauten, ökologisch sinnvollen und fair produzierten Produkten, dieses überkorrekte, aber nicht reduzierte Konsumieren nicht wirklich schlicht nur die andere Seite der Konsumismus-Medaille?

Auf diese Weise konsumiert man ja weiterhin zu viel – wie vorher, nur eben wertigere und sehr wahrscheinlich daher auch teurere und somit für weniger Menschen leistbare Produkte. Und eigentlich ist das ja auch total praktisch: Wir machen nichts anders, brauchen unser Verhalten nicht zu ändern, aber wir machen es „besser". Ich kann in der Stadt nur mit den Öffis und dem Rad fahren. Ich kann im Supermarkt nur Bio-Produkte kaufen. Ich kann mich vegetarisch ernähren. Ich kann darauf achten, dass ich recyclete Produkte kaufe. Ich kann beim Neukauf von elektronischen Geräten auf deren Effizienz achten. Ich kann selbstverständlich mein Sodawasser selbst im Sprudler (natürlich mit Glasflasche) herstellen, anstatt Plastikflaschen en masse nachhause zu schleppen. Ich kann beschließen, mir die Zeit zu nehmen, mich zu informieren, um mich bei all meinen Kaufhandlungen für die beste Biovariante entscheiden zu können. All das sind zweifellos wichtige Schritte, für die ich selbst den Maßstab bestimme und die einen winzig kleinen Beitrag zur Verbesserung der Umwelt leisten. Doch in Wahrheit ist es ein sehr privilegierter und neoliberaler Zugang. Ich kann das machen, weil ich es mir leisten kann. Ich kann mir den Wassersprudler, die Bioprodukte und das Fahrrad selbst finanzieren.

Was ist mit denen, die nicht die 80 Euro für eine Sprudelmaschine haben, sondern sich an den 1,5-Liter-Flaschen Sodawasser im Zwölfer-Angebot für nur 22 Cent pro Flasche abschleppen? Sind sie deshalb schlechtere Menschen? Oder sollen sie eben Leitungswasser trinken, obwohl das Wasser aus dem Hahn in manchen Gegenden nicht wirklich gut schmeckt? Sind jene Menschen, die sich den neuen Kühlschrank aufgrund seines günstigen Preises kaufen, weil sie sich schlicht keinen teureren leisten können und auf sämtliche Energieeffizienz pfeifen, böse UmweltsünderInnen?

Und wie ist das mit den Biobaumwollsocken, die ich zufällig am Wühltisch eines großen Supermarktes finde? Wie kann ich überprüfen, dass die bio sind? Kathrin Hartmann fasst zusammen: „Tatsache ist: Die Industrie hat das Bedürfnis nach einem ethischen Konsum dankbar aufgegriffen, sodass jeder Supermarkt heute eine ganze Palette grüner Wohlfühlprodukte anbietet und jeder Konsument und jede Konsumentin eine Nische finden, in der sie sich als verantwortungsbewusste Marktteilnehmer fühlen können. In Wahrheit ist für jene aber kaum überprüfbar, wie vorteilhaft oder schädlich ihre Kaufentscheidungen ökologisch tatsächlich sind. Dazu müssten alle Lebensphasen solcher Waren überprüft und verglichen werden: von der Rohstoffgewinnung über den Transport und die Produktion bis zur Lagerung und Entsorgung."[139]

Und genau das ist in unserer globalisierten Produktionsweise derzeit scheinbar unmöglich. Ich kann nicht wissen, wie aus ein paar eingetrockneten Baumwollpflanzen am Feld ein Paar Socken entsteht. Und es ist eine traurige Tatsache, dass ich inzwischen davon ausgehen muss, dass dieses Paar Socken ökologisch unsauber und unter Nichteinhaltung der Menschenrechte in der Fabrik entstanden ist. Aber ich bin gerne bereit, mehr Geld für ein Paar Socken auszugeben, bei dem mir von der Firma durch glaubwürdige und inhaltlich starke Gütezeichen bewiesen werden kann, dass sie ökologisch und sozial einwandfrei entstanden sind. Doch auch da haben wir es wieder: Erstens muss ich mich mit den Gütezeichen auskennen, und zweitens muss ich finanziell überhaupt erstmal die Möglichkeit haben, die teureren Socken in Betracht ziehen zu können.

In früheren Interviews sagte ich oft: „Am Anfang der Änderung des eigenen Konsumverhaltens steht die Information – und die muss man suchen." Doch mit der Zeit machte mich dieses Argument selbst immer wütender: Warum wird davon ausgegangen, dass ich als einzelne Konsumentin darüber Bescheid wissen *muss*, wie sämtliche Produkte, die ich konsumiere, produziert werden?

Ich meine damit: Ich weiß, die Milch kommt aus einer Kuh.

---

139 Kathrin Hartmann: Grüner wird's nicht. Blessing 2020

Aber sämtliche oft tierquälerischen Schritte, um an diese Milch zu kommen, werden mir in der Bewerbung des Produktes (logischerweise) verschwiegen. Da sehe ich nicht die im Extremfall von einer unmittelbar zurückliegenden Geburt geschwächte und in einem engen Stall stehende Kuh, der ihr Kalb genommen wurde, damit es nicht die wertvolle Milch wegtrinkt. Da sehe ich die Kuh quasi lächelnd auf einer sonnigen Weide. Ich sehe sie nicht, die Großbetriebe, denen Tierwohl komplett egal ist, während jene Kleinbauern, die noch mit Respekt vor den Tieren leben, aufgrund eines unfassbar niedrigen Milchpreises ums Überleben kämpfen. Ich weiß auch, dass der Pulli, den ich bei Primark für vier Euro kaufen kann, in keiner Fabrik entstanden sein kann, die sich an Arbeits- und Menschenrechte hält. Doch es ist mir nicht möglich, mich schnell mal so kurz vorm Bezahlen auf die Reise nach Bangladesch zu machen und dort die Fabrik ausfindig zu machen, wo der Pulli produziert wurde. Und ich frage mich: Warum muss sowas eigentlich überhaupt von mir erwartet werden?

Warum muss ich eigentlich die gesamte Verantwortung für die Gerechtigkeit und Gesundheit der Welt in meine Geldbörse legen, während all die Konzerne, die mein Geld haben wollen, ohne den Hauch eines schlechten Gewissens, geschweige denn rechtlicher Konsequenzen, munter weiter Menschenrechte brechen und die Umwelt zerstören können? Kathrin Hartmann sieht es ähnlich: „Es ist (…) nahezu unmöglich, auf alles zu verzichten, was schädlich ist, weil die allermeisten Produkte, die wir täglich nutzen, mit Naturzerstörung und Menschenrechtsverletzungen verbunden sind. Man müsste dafür bei Avocados (hoher Wasserverbrauch) anfangen, bei Bekleidung (ausgebeutete Näherinnen) und Smartphones, Tablets und Fernsehern (Konfliktmineralien) weitermachen und bei elektrischen Zahnbürsten (Plastik, Strom) aufhören. Der Verzicht beträfe fast jedes Produkt, das in unserem Alltag selbstverständlich ist. Und vermutlich hätte selbst das global kaum wahrnehmbare Folgen."[140] Eine Untersuchung der Website Handelsdaten.de ergab 2019, dass über 90 Prozent der Produkte, die wir konsumieren, aus unfairer Produktion stammen – wir haben also gar nicht mehr wirklich die Auswahl.[141]

Was ist also echter kritischer Konsum? Wie weit reicht er und bringt er überhaupt etwas? Als einzelne Person kann ich nur bei mir selbst anfangen, logisch. Aber wenn ich in diesem System des Kaufens stecken bleibe, trage ich nur zum Systemerhalt bei, wurscht, ob das Rind in meinem Burger liebevoll totgestreichelt wurde oder – was wahrscheinlicher ist – einfach nur schnell den Bolzenschuss zwischen die Lichter bekommen hat? Und ja, natürlich kann ich als Einzelne auf den Burger verzichten, aber könnte man bitte mal erwähnen, dass es bei dieser Situation nicht mehr um Angebot und Nachfrage geht, sondern ganz klar um ziemlich ungerechte Machtverhältnisse?

Wieder finde ich spannende Überlegungen bei Kathrin Hartmann: „Natürlich ist niemand von der eigenen Verantwortung entbunden. Niemand ist gezwungen, dreimal im Jahr in den Urlaub zu fliegen. Die Überbetonung der Eigenverantwortung gegenüber gemeinsamem politischem Handeln ist allerdings auch eine Folge des Neoliberalismus und der Idee der sogenannten Konsumentendemokratie. In dieser verändern nicht Bürgerinnen und Bürger mit Widerstand und Protest die Politik, sondern begreifen Konsumenten ihre Geldscheine als Wahlzettel, mit denen sie an der Ladenkasse abstimmen. Aber aus vielen individuellen Einkaufs- oder Verzichtsentscheidungen wird nie ein großes Ganzes, sondern höchstens ein privates gutes Gewissen. (…) Die freiwillige Unternehmensverantwortung, in die die Po-

140 Ebenda.

141 https://www.handelsdaten.de/handelsthemen/fairer-handel

litik die Konzerne entlässt, ohne sie zu regulieren, geht dabei Hand in Hand mit der Eigenverantwortung, die sich ‚ethische Konsumenten' zulegen, um wiederum nicht mit Verboten behelligt zu werden. Beides hat die Produktionsweisen nicht verändert, sondern Privilegien geschützt. So kommt es, dass ein Investmentbanker, der in seiner Freizeit leere Einmachgläser in den Unverpackt-Laden schleppt, um sie dort mit Haar-Seife zu sieben Euro das Stück zu füllen, sich als Weltretter fühlen darf, auch wenn er hauptberuflich dabei mithilft, die Welt zu zerstören, um sich unverpackte Seife leisten zu können."[142]

Genau das ist der Grund, warum ich beschlossen habe, mich nicht mehr nur mit den Auswirkungen des Konsums auf die Umwelt auseinanderzusetzen, sondern mir mal wirklich zu überlegen: Was für eine Art von Konsum gibt es, die mir guttut und mich nicht in die Kaufsucht treibt? Wie finde ich einen Weg, ökologisch sinnvolle und soziale Kaufentscheidungen zu treffen, ohne mich von Unternehmensversprechen einlullen zu lassen und erst recht Umweltschädliches zu kaufen – schlicht, weil ich nicht weiß, was besser ist?

Ist guter Konsum eigentlich konsequentes Bewusstsein, weshalb ich konsumiere, ist es kompletter Verzicht (der so oder so nicht möglich ist) oder ist es im Grunde eh wurscht, weil ich als Klein-Nunu kein einziges Zahnrad in der Weltwirtschaftsmaschine bewegen kann (ich mein, ich krieg ja nicht mal meinen Duschschlauch anständig abgeschraubt, so, wie der klemmt, wie soll ich mich da bitte mit der Weltwirtschaft anlegen?)? Wo finde ich den Weg, um in unserem Konsumlabyrinth richtig gute Entscheidungen treffen zu können, die mit einbeziehen, was Konsum in uns selbst alles auslösen kann?

---

142 Ich sag's euch: Lest dieses Buch. „Grüner wird's nicht" von Kathrin Hartmann.

Shaming

„Duuuuu isst Fleisch? Das hätte ich jetzt nicht gedacht."

„Wieso?"

„Na weil du bei der Kleidung so einen auf supernachhaltig machst und überhaupt. Das ist doch voll falsch."

„Isst du Fleisch?"

„Ja, aber ich bin ja auch keine Umweltschützerin."[143]

Aha. Ich bin also „Umweltschützerin", weil ich einige Belange nachhaltigen Verhaltens lebe und darf daher nie wieder Fleisch essen.

Dass mein Fleischkonsum sich mit sehr wenigen Ausnahmen darauf beschränkt, meiner Mutter nicht reinzureden, wenn sie uns zum Essen einlädt, sage ich gar nicht. Dass ich zuhause kein Fleisch zubereite und es mir zuweilen passiert, dass ich koche und danach draufkomme: Oh, vegan! – sage ich nicht. Weil: Es ist meine Sache. Ich will mich nicht rechtfertigen müssen dafür. Es ist meine Entscheidung.

Ein Gespräch wie oben führte ich eine Zeitlang gefühlt einmal pro Woche. Und ich stehe damit nicht alleine da. Man braucht sich nur Porträts von Menschen, die in irgendeiner Form im Sinne des Umweltschutzes und der Empathie etwas anders machen, in stinknormalen Onlinemedien durchlesen. Oder besser: Die Kommentare drunter. Menschen, die vegan leben, wird vorgeworfen, dass sie Fast Fashion tragen. Menschen, die erklären, nicht mehr zu fliegen, wird vorgeworfen, dass sie hin und wieder einen Mietwagen nutzen. Menschen, die sich hier für Kinderrechte stark machen, wird vorgeworfen, dass sie sich doch bitte für die Kinder in Afrika starkmachen sollen, denen geht's doch viel schlechter. Die Liste ließe sich endlos fortsetzen.

---

143 Dieses Gespräch hat exakt so stattgefunden.

Und ich gebe zu, auch ich war früher nicht davor gefeit. Als mir eine Bekannte mal erzählte, dass sie sich dafür einsetze, dass in der Luxus-Modebranche keine Plastikflaschen mehr ausgeteilt werden sollen und dass eine Mehrwegflasche zum neuen It-Piece werden solle, dachte ich zunächst auch: Moi. Und damit willst die Welt retten? Doch dann sah ich, mit welchem Engagement, mit welchem Herzblut sie sich dafür einsetzte und was sie dabei auf die Beine stellte.[144] In Gesprächen mit ihr merkte ich: Ja, manches in Sachen nachhaltiger Konsum kennt sie noch nicht. Aber das ist komplett egal. Es ist fantastisch, wie sehr sie sich reinhaut und wie viel sie bereit ist dazuzulernen – und wie viel ich von ihr lerne.

Das Ding ist: Viele, die beginnen, ihren eigenen Konsum zu überdenken, nehmen sich selbst als Maßstab. Sobald man selbst etwas anders macht – beispielsweise kein Wasser in Plastikflaschen mehr kauft –, ist man häufig überzeugt, dass das ja wohl keine Hexerei ist und alle, die es nicht tun, dumme UmweltverschmutzerInnen sind. Die Convenience, auf die man selbst verzichtet, von der sollen alle anderen auch nichts haben. Und so viele können dir genau erklären, warum sie aus voller Umweltüberzeugung dumpstern und dass das ihren Flug zum Yogacamp auf Bali ausgleicht.[145] Zumindest ist das mein starker Eindruck aus Diskussionen der vergangenen Jahre.

Ich kann mich nur wiederholen: Jeder Schritt ist gut und zeigt, dass wir bereit sind, unseren Teil der Verantwortung zu tragen, unabhängig von der Verhältnismäßigkeit. Aber Newsflash: So

---

144 Nachzulesen auf https://www.ybitm.com – Your Bottle Is The Message

145 Nope, tut es nicht. Wir können im Leben nicht so viel Biogemüse vor der Verschwendung retten, dass es auch nur einen einzigen Flug nach Bali ausgleicht. Und zurück rudert man ja auch nicht.

gut wie niemand wird innerhalb weniger Tage vom Saulus zum Paulus. Und niemand von uns hat das Recht dazu, über die Versuche der Konsumverbesserung anderer RichterIn zu sein. Jede und jeder fängt mal an. Es bringt nichts, Menschen in nachhaltigen Konsum hineinshamen zu wollen. Ich bin überzeugt davon, dass das nicht hinhaut – eine Verhaltensänderung muss immer auf positiver Motivation beruhen, sonst wird das nix mit dem Durchhalten. Und doch ist dieses Kritisieren jener, die wenigstens erste Schritte setzen, weitverbreitet.

Das erste Mal fiel es mir auf, als ich auf Shoppingdiät war und mir ein Jahr lang keine neue Kleidung kaufte: Immer wieder traf ich auf Menschen, die mir unbedingt nachweisen wollten, dass ich doch etwas gekauft hätte. Mehr als nur einmal hatte ich Unterhaltungen in folgender Art: „Also wirklich, diesen Pullover habe ich noch nie an dir gesehen. Und der ist voll im Trend. Gib es doch endlich zu, der ist neu, du warst shoppen."

„Nein, den Pullover habe ich mir kurz vor Beginn des shoppingfreien Jahres gekauft, nicht währenddessen."

„Und die Schuhe? Die schauen funkelnagelneu aus!"

„Ich verrat dir mal ein Geheimnis: Ich gebe meine Sneakers regelmäßig im Handwaschprogramm in die Waschmaschine. Auch die mit Leder. Die Sneakers hab ich seit drei Jahren, aber ja, sie sind ganz frisch gewaschen. Freut mich, dass du glaubst, sie seien neu!"

Manche wollten es einfach nicht glauben und waren genervt davon, dass ich wirklich so stur bin und durchziehe. Dass ich den lebenden Beweis darstellte, dass man auch nach vielen Monaten des Nichtkonsums noch nicht in Lumpen herumläuft. Ich sah es reichlich entspannt, weil ich irgendwann gelernt hatte: Was jemand über mich sagt, sagt mehr über denjenigen aus als über mich. Vielleicht spricht man in Menschen, die sich noch nicht zu einer Verhaltensänderung durchringen konnten, genau den

Punkt an, der sie reizt: ihr schlechtes Gewissen. Oder vielleicht ihre unbewusste Angst vor nicht greifbaren Dingen wie dem Klimawandel – vielleicht würden viele gern einfach so tun, als ob nix wär, aber jede bewusste Änderung des Konsumverhaltens zeigt ihnen auf, dass man halt doch was tun kann. Auch ich wünsche mir manchmal, dass es völlig ok wäre, einfach mal ein Wochenende nach Berlin zu fliegen, weil Freunde dort eine Party feiern, schnell mal am Alexanderplatz bei Primark einen Hunderter für neue Kleidung liegenzulassen und den zugehörigen Koffer für das Zeug dort auch gleich um 10,99 Euro zu kaufen und das ganze Wochenende nur Sushi zu essen. Und das vielleicht sogar jedes dritte Wochenende.

Nein, es ist eben nicht ok. Die Rechnung ist zu hoch und wird ohne den Wirt gemacht – im wahrsten Sinn, die Erde bewirtet uns Menschen schließlich seit Jahrtausenden. Dennoch: Ich verstehe, dass für manche Menschen der Gedanke an guten Konsum etwas Beklemmendes hat. Weil oft gedacht wird: Man muss so viel „richtig" machen, dann fängt man lieber gleich gar nicht an.

Danke, dass du es versuchst

„Na wart mal, bei Unternehmen kritisierst du doch genau das – dass sie viel zu wenig tun und dann aber der Welt erklären, sie wären nachhaltig. Über die regst du dich doch dann auf", sagt Freundin Eva, als ich mich mal wieder darüber aufrege, wie andere Menschen sich über Menschen aufregen, die kleine Schritte in Sachen Nachhaltigkeit setzen.

Das sitzt. Ja, sie hat recht. Unternehmen, die mir erklären, sie verhielten sich jetzt nachhaltig, weil sie ihren MitarbeiterInnen einen Obstkorb in die Dienstküche stellen und außerdem in allen Abteilungen zur Mülltrennung aufgerufen haben, während sie vielleicht sogar in einer globalen Lieferkette mehr CO_2 in die Luft blasen als die Urlaubsflüge aller MitarbeiterInnen verbrauchen – ja, über die rege ich mich auf. Weil sie als Unternehmen an einem viel größeren Hebel sitzen und die nachhaltige Wirkung viel höher skaliert werden könnte. Je größer das Unternehmen, desto mehr kann es bewegen. Aber auch von Unternehmen kann man nicht erwarten, dass alles von heute auf morgen passiert – und selbst wenn sie die hoffentlich richtigen Entscheidungen treffen, liegt immer noch ein Weg vor ihnen, den sie im höchstmöglichen Tempo hinter sich bringen müssen.[146]

Aber genau das wird Einzelnen vorgeworfen – der Weg und das Tempo. Aus unterschiedlichsten Gründen. Nur: Ein Vorwurf hilft niemals am Weg zu individuellem gutem Konsum. Und der hohe Druck, der entsteht, wenn man etwas komplett richtig machen will, noch viel weniger.

Einer der Videokanäle der Medienplattform Buzzfeed beschäftigt sich ausschließlich mit Ernährung – und oft geht es um den Veganismus. Die Produzentin und Moderatorin Merle Shane O´Neal präsentiert immer wieder neue vegane Rezepte (die sich wirklich gut nachkochen lassen, ich hab es für euch getestet, bitte, danke, gern geschehen). In einem Video erzählt sie, warum sie sich dafür entschied, sich vegan zu ernähren – und wie schwer die Entscheidung war. Sie fühlte einen enormen Druck, dass man niemals Ausrutscher haben dürfe. „Es fühlt sich an, als ob man aus einem Klub ausgeschlossen wird, wenn man einmal einen Ausrutscher hat", sagt sie, und: „Die schwierigste Herausforderung, vegan zu leben, ist die extreme Kul-

---

146 Einen großen Unterschied macht es, wie Unternehmen auf diesem Weg kommunizieren. Wer ankündigt, was er tun wird und damit bereits „Ich bin so grün!" rausschreit: Das ist Greenwashing.

tur rundherum." Sie erzählt, dass sie sich permanent entweder „zu vegan" oder „nicht vegan genug" fühlte zu Beginn. Es ist so schade, dass diese Kultur, von der sie spricht, so viele davon abhält, besser (und in diesem Fall vegan) zu konsumieren. Ich kann verstehen, wovon sie spricht, ich kenne es aus den unterschiedlichsten Bereichen – sei es Zero Waste, sei es faire Mode. Das Gefühl, dass man nicht entspricht, wenn man doch einmal Himbeeren in der Plastikschale kauft oder ein Paar Sportschuhe von Nike, entsteht schnell und ist unangenehm. Es ist nicht nur der Druck, den man von außen spürt: Kann es sein, dass wir selbst in unserem Versuch, konsequent zu sein, oft viel zu streng mit uns selbst und anderen sind?

Merle bringt es in dem Video auf den Punkt: „Wenn du keine hundert Prozent geben kannst – oder sogar, wenn du es gar nicht willst –, bist du nicht schwach. Du bist nicht weniger wert als andere. Du gibst einfach nur dein Bestes. Im Endeffekt ist es besser, ein realistisches, angemessenes Ziel für dich selbst zu setzen, anstatt dieses verrückte, nicht erreichbare Ziel. Das macht dich nur frustriert und bringt dich dazu, aufzugeben."[147]

Volltreffer: Du musst nicht gleich alles hundertprozentig richtig machen, ganz egal, was andere oder du selbst von dir verlangen. Und Newsflash: Du kannst es auch gar nicht. Hundertprozentig alles richtig zu machen ist in einer Welt, in der uns Berge an unethischen Handlungsweisen angeboten werden, in meinen Augen gar nicht mehr möglich. Es wird immer Momente geben, wo man zu den Himbeeren in der Plastikschale greift. Alles auf einmal richtig machen zu wollen, überfordert.

Doch Achtung, ganz und gar inkonsequent sein haut dann aber auch nicht hin: Wer ein- oder zweimal Ausrutscher hat, läuft Gefahr, Dammbruch zu erleiden. So nennen Philosophen

---

147 https://www.youtube.com/watch?v=aC-hCRo_oHM

den Effekt, den man auslöst, wenn man sich über Regeln hinwegsetzt – und andere es dir nachtun. Dann geht der Teufelskreis los und man denkt sich: Ja mei, wozu auch, ich hab's versucht, aber es ist zu anstrengend und andere machen's eh auch nicht. Dann ist jegliches Vorhaben, das Verhalten in Richtung guten Konsum zu ändern, vergebens. Dranbleiben muss man schon – aber halt nicht gleich an jedem Detail.

Bei der jungen Psychologin Carla Borthwick finde ich die richtigen Worte für mein Gefühl: „Ich möchte mich bei der Person bedanken, die Metallstrohhalme benutzt, um die Fische zu schützen, aber Fleisch isst. Danke an die Person, die vegan lebt, sich aber über die Krise in Sachen Obdachlosigkeit nicht bewusst ist. Danke an die KlimaaktivistInnen, die sich nicht über Fast Fashion bewusst sind. An das Mädchen, das ihre alte Kleidung benachteiligten Menschen spendet, aber sich nicht mit Sexhandel auskennt. An den Mann, der am Weg vom Surfen heim den Müll auf der Straße aufhebt, sich aber mit den Selbstmordraten bei Männern nicht auskennt, danke. An die Menschen, die sich gegen Tierquälerei beim Pferderennen einsetzen, aber nicht informiert sind über die Grausamkeiten bei der Produktion von Milchprodukten: Danke. An die Influencerin, die sich auf Instagram sehr positiv zeigt, aber nicht plastikfrei lebt: Danke. An die Großeltern, die für kranke Kinder stricken, aber nicht über aktuelle Themen rund um Rassismus und Homophobie informiert sind: Danke. An die Studenten, die sich gegen Mobbing einsetzen, aber nicht wissen, dass häusliche Gewalt eine Epidemie ist: Danke. Ich bedanke mich bei FriedensaktivistInnen, FeministInnen, StraßenhundeadoptiererInnen, LehrerInnen, Freiwillige, Pflegeeltern, Menschen, die recyclen, Gebern, Machern und Glaubenden. Wir sind alle auf einem unterschiedlichen Weg und sehen die Welt aus unterschiedlichen Augen. Aktuelle Themen, die dich betroffen machen und für die du dich einsetzt, sind oft nicht jene, die auch andere Menschen verändern wollen … und das ist okay. Es ist nicht die Aufgabe von jeder Person, jeden Teil der Welt zu retten, aber es ist die Verantwortung jeder Person, sich bei den Personen zu bedanken, die *ihren* Teil zur Rettung der Welt beitragen. Kritisiere nicht, sondern wertschätze. Richte nicht, sondern informiere dich und andere. Wir alle versuchen unser Bestes. Danke."[148]

Ich finde, sie hat recht. Lass Menschen erste Schritte tun, lass sie ihr Tempo gehen, hilf ihnen, vielleicht schneller oder effektiver zu werden, aber wenn man sie dafür kritisiert, *dass* sie etwas besser machen wollen, werden sie es vielleicht nicht mehr tun. Und dann ist niemandem geholfen.

Es wäre doch viel schöner, die Kritik, die wir aneinander auslassen, zu bündeln und gegen jene zu richten, die viel mehr bewirken können als wir – die PolitikerInnen und Konzernchefs dieser Welt. Oder?

Die Leggings von Kik

Meine Reise auf der Suche nach gutem Konsum nähert sich dem Ende. Heute oder morgen wollte ich eigentlich das letzte Kapitel schreiben, das die Überlegung beinhaltet: Wohin geht das Ganze? Wie bewegen wir uns in Richtung eines guten, nachhaltigen Konsums, ohne die tief in uns liegenden Triebe nach Ressourcenvermehrung und die massiven Gegenspieler in Form von Werbung und Marketing zu ignorieren? Gibt es einen Mittelweg? Einen, der uns noch dazu nachhaltig glücklich macht?

Als ich mich Anfang März 2020 mit diesen Gedanken befasste, war in Österreich die Panik rund um das Coronavirus gerade erst voll ausgebrochen. Ich war im Ausland gewesen und hatte

---

148 https://thechalkboardmag.com/carla-borthwick-thank-you

von dort mit Spannung die Postings meiner FreundInnen auf Facebook verfolgt, die Supermarktregale abfotografierten. Leere Regale, wo Nudeln, Reis oder Konserven stehen sollten. Mitten im überversorgten Wien, weil plötzlich kollektiv die Angst herrschte, dass aufgrund des Virus bald alles zusammenbrechen würde. Es gab in ganz Österreich keine Schutzmasken mehr zu kaufen. Händewaschen sollte man, ausgiebig und mit Seife ist es am sinnvollsten – trotzdem wurden in Krankenhäusern Desinfektionsflaschen aus den Geräten am Gang vor Zimmereingängen gestohlen. Das hatte den Effekt, dass das Pflegepersonal, also jene, die es wirklich brauchten, ihre Arbeit nicht ungehindert tun konnten. Zurück in Wien sah ich die halbleeren Regale dann selbst und wurde richtig wütend. Weil es schon wieder nur ums Konsumieren, ums Raffen, ums „Ich, Ich, Ich" ging. Solidarität mit bereits Betroffenen oder systemkrelevantem Personal wie PflegerInnen oder MedizinerInnen war nicht zu spüren.

Wenige Monate nach Ausbruch der Pandemie und einen Lockdown später waren die Nachrichten für wenige Tage von einem anderen Thema dominiert: Geflüchtete hatten das Auffanglager im griechischen Moria, in dem sie seit Monaten unter absolut menschenverachtenden Zuständen leben mussten, selbst angezündet. So verzweifelt muss man erst einmal sein. Irgendwie konnte ich es nachvollziehen: Erst erklärt man dir in der Türkei, dass die Grenzen zur EU offen seien, und dann bleibst du in Moria hängen, wo dir täglich klargemacht wird, dass du nicht gewollt bist. Wo du eingesperrt bist, ohne Perspektive, dass sich daran irgendetwas ändert. Weil du zum Spielball der Politik geworden bist. Dabei wolltest du einfach nur ein besseres Leben.

Die derzeit Flüchtenden sind nicht nur solche, die aus Syrien oder Afghanistan vor Krieg und Unruhen flüchten, sondern auch vereinzelt aus Pakistan oder Bangladesch oder dem Iran. Sie gelten als „Wirtschaftsflüchtlinge". Viele von ihnen waren bereits länger in der Türkei, sprachen bereits ein bisschen Türkisch und versuchten seit längerem, nach Europa weiterzukommen. Und nun waren sie verloren im Nirgendwo – und die EU, die vor wenigen Jahren noch den Friedensnobelpreis bekam, schafft es nicht, dieses Lager, in das ich nicht mal meinen schlimmsten Feind hineinwünsche, aufzulösen und die Geflüchteten auf die einzelnen Länder aufzuteilen, wo ihnen eine Chance auf Integration geboten werden kann. Nein, man baut stattdessen einfach ein neues Lager auf, das noch schlimmer ist als Moria, und erklärt wahlweise, dass man die Geflüchteten aufgrund des drohenden „Pull-Effekts" („Leert man das Lager, kommen ja gleich wieder neue nach!" – viel zynischer kann man das eigentlich gar nicht argumentieren) oder aufgrund der Tatsache, dass sie ja nicht vor einem Krieg flüchten, sondern aus wirtschaftlichen Gründen, nicht holen will. Es ist einfach nur beschämend.

Aber Moment mal, wieso wollen Menschen aus Bangladesch und Pakistan überhaupt zu uns? Vielleicht auch deshalb, weil wir in diesen Ländern unsere Kleidung produzieren lassen und dafür einen Hungerlohn zahlen? Ich versuche, mich kurz mal in eine solche Situation zu versetzen: Ich bin eine Näherin in Bangladesch und nähe täglich 14 Stunden lang immer nur Blusen zusammen. Über drei Wochen immer die gleiche Bluse, in verschiedenen Farben. Ich bekomme dafür im Monat bei einer Sechs-Tage-Woche umgerechnet vielleicht 90 Euro – und vielleicht weiß ich sogar, dass diese Blusen in Europa um 40 Euro verkauft werden, weil meine Kollegin tagein, tagaus die Preisschilder antackert. Jede einzelne Bluse entspricht also fast zwei Wochen Lohn.

Ich sehe in Zeitungsartikeln, wie Menschen in Europa, in den USA leben, dass deren Probleme im Vergleich zu ihren alles andere als existenziell sind. Und irgendwann beschließe ich: Mir reicht's. Ich will jetzt auch in das Land, in dem in meiner Vorstellung das Schlimmste, was mir passieren kann, ist, dass das Wasser doch aus keinem goldenen Wasserhahn kommt. Allein der Gedanke, dass ich Wasser aus einem Wasserhahn trinken kann und nicht auf die Schlepperei großer Plastikflaschen angewiesen bin, ist bereits unglaublich motivierend. Also ziehe ich los. Na klar will ich auch dort hin. Ich will die Blusen nicht mehr nähen, ich will sie auch tragen.

Ich kann diese Wut, diesen Wunsch nach einer Verbesserung der wirtschaftlichen Situation für sich selbst und die eigene Familie wirklich nachvollziehen.

Wir wissen schon so lange, dass dieses System der globalisierten Welt, in dem in einem Land produziert wird, in dem man am billigsten an Arbeitskraft kommt, weil Arbeits- und Menschenrechte dort nicht ganz so ernstgenommen werden, damit wir in großer Auswahl und Luxus schwelgen können, nicht tragfähig ist. Nicht nachhaltig. Und vor allem: Nicht fair.

Guter Konsum muss also heißen, einerseits darauf zu achten, wo und wie die Produkte, die ich kaufe, hergestellt wurden – aber auch, die Verantwortung dafür zu übernehmen, wie bisher produziert wird. Ob sich die Menschen, die heute nach der Arbeit schnell einen Abstecher zu kik machen, um sich zwei neue Leggings fürs Fitnesscenter zu kaufen, darüber Gedanken machen, dass ihre Leggings etwas mit dem Lager in Moria zu tun haben können? Wird Zeit, dass man ihnen das erklärt. Das ist das, was mich an der Situation so wütend macht. Da geht es nicht nur um Menschlichkeit und darum, die Kriegsopfer aufzunehmen. Es geht verdammt nochmal auch darum, vor allem als Bewohner der sogenannten westlichen Länder, kollektiv die Verantwortung für die eigenen Taten zu übernehmen. Lieber H&M, lieber Inditex-Konzern, Benetton, Kik, wie ihr alle heißt: Die Schicksale dieser Menschen sind auch eure Verantwortung.

Hol die Menschen dort ab, wo sie stehen

Im Campaigning gibt es eine einfache Grundregel: Man muss Menschen dort abholen, wo sie stehen. Und da, wo sie jetzt stehen, stehen sie aufgrund von Konzernen wie Amazon und Co. Aufgrund der Einfachheit des Onlineshoppings, dessen Transportauswirkungen auf Mensch und Umwelt man nicht sieht. Aufgrund des sich preislich immer weiter runternivellierenden Markts für Verbrauchsgegenstände. Aufgrund der Globalisierung. Aufgrund des Kapitalismus.

Die Menschen wissen, dass sie mit einer Sucheingabe und zwei Klicks auf Amazon beispielsweise eine Bohrmaschine bereits am nächsten Tag vor der Tür liegen haben. Sie brauchen die Energie, daran zu denken, einen eigenen Becher für einen Kaffee unterwegs mitzunehmen, nicht aufzubringen, schließlich bekommen sie an jeder Straßenecke einen Coffee to go im Wegwerfbecher. Sich die Zeit zu nehmen, den Kaffee zuhause zu trinken, haben sie verlernt – schließlich müssen sie möglichst viel arbeiten, um sich möglichst viel kaufen zu können. Haben sie Durst, wartet direkt bei der Kasse fast jeden Supermarkts eine Halbliterflasche Wasser aus Plastik auf sie – mit viel, wenig oder keiner Kohlensäure. Und wenn die Flasche leer ist, muss man sie praktischerweise nicht einmal zurückbringen, sondern kann sie einfach wegwerfen. Ein neues Ball-Outfit können sie noch wenige Stunden vor dem Ball schnell bei H&M oder Zara kaufen. Sie sehen, dass Zugtickets, wenn man sie kurzfristig kaufen will, erschreckend teuer sind und kaufen sich stattdessen ein Auto, weil „sich das ja langfristig rechnet" – rechnen aber die Mehrkosten durch Benzin und Service neben der Erstanschaffung nicht mit ein. Für ein Buch braucht man nicht mehr von den Öffnungszeiten der Buchläden abhängig sein – man klickt sich am E-Reader durch den

Shop und kann drei Sekunden nach Kauf des E-Books zu lesen beginnen.

Diese neue Bequemlichkeit macht es jenen, die sich nach den guten alten Zeiten sehnen, als man am Wochenende mit dem geflochtenen Einkaufskorb den Vorrat an Obst und Gemüse am Bauernmarkt auffüllte, frei von jeglichen Plastikverpackungen, sehr schwer. Und selbst wenn KundInnen sich mehr Angebot diesbezüglich wünschen, ist nicht gesagt, dass sie nicht doch im Onlinesupermarkt einkaufen und es sich um 22 Uhr vor die Haustür liefern lassen, weil sie zu lange im Büro waren. Eine Bezirkspolitikerin einer großen Stadt erzählte mir, sie hätten in einem kleinen Viertel im Bezirk mal eine Umfrage gemacht, welche Läden die AnwohnerInnen sich wünschten. Häufig wurde der Wunsch nach einem eigenen Fisch- und einem eigenen Geflügel- und Eierladen geäußert. Schön und gut. Doch dann stellt sich immer noch die Frage nach der Frequenz. Viele der Befragten erklärten, sie würden dann so alle zwei Wochen herum mal Eier kaufen und Fisch zu besonderen Anlässen. Gemessen an den aktuellen Ladenmieten in Städten macht das das Überleben solcher Läden jedoch unmöglich.

Ich finde es immer wieder schön, wenn es im ökofairen Bereich mehr Angebot für Alternativen um Neukonsum gibt. Doch solange sich dieses Angebot nur an eine ganz bestimmte Zielgruppe richtet, wird sich nichts ändern. Das Angebot muss breitenwirksamer werden, die Ideen kreativer. Wenn wir die Menschen wirklich dort abholen wollen, wo sie gerade stehen, müssen wir ein nachhaltiges Angebot online stellen, und wir müssen – man möge mir verzeihen – die Themen bio, öko und fair weiterhin konsequent von einem gewissen verstaubten Schmuddeltouch lösen. Diesbezüglich ist in den vergangenen Jahren glücklicherweise schon wahnsinnig viel passiert – Nachhaltigkeit kommt nun häufig als jung und hip daher. Gut so.

Jahrelang habe ich auf die Frage „Aber was kann der Einzelne denn ändern?" gesagt: „Was wollen große und kleine Unternehmen denn von uns? Sie wollen nichts Anderes als unser Geld. Sie wollen nicht, dass es uns gut geht, dass wir gesund sind, dass wir glücklich sind – sie wollen schlicht und einfach unsere Kohle. Und im Umkehrschluss heißt das: Wir entscheiden mit jedem Euro, den wir ausgeben, welches System wir unterstützen. Wollen wir es großen Konzernen in den Rachen werfen, wo es ohne steuerliche Abgaben im eigenen Land verpufft, oder wollen wir kleine, inhabergeführte Betriebe unterstützen, für die Fairness und Ökologie in der Produktion keine Fremdwörter sind?"

Doch inzwischen habe ich dazugelernt und bin selbst nicht mehr davon überzeugt, dass das ausreicht. Denn wäre es so, würden all die Menschen, die sich über die globalen Konzerne aufregen, dort auch nichts kaufen. Diesen Glauben habe ich aufgegeben, als ein Bekannter in seiner Küche einen Wutanfall wegen Nestlé und dem Palmöl in Schokoriegeln hatte, mit viel Emotion und einer richtig schön heraustretenden Adern auf der Stirn – und hinter ihm die Nespresso-Kapselmaschine in glänzendem Rot leuchtete, inklusive Milchschäumer. Wie bereits bei den Erdbeeren im Winter beobachtet: Wir leben eine gewisse kognitive Dissonanz. Und der Grund ist meiner Meinung nach: Der nicht-nachhaltige Konsum wird uns verdammt einfach gemacht.

Ja, es gibt schon sehr viele Alternativen, aber in vielen Fällen muss man danach suchen. Ein Beispiel gefällig? Die Bohrmaschine. Um mir eine zu kaufen, brauche ich drei Klicks. Doch wer sagt, dass ich sie mir nicht mit drei Klicks auch einfach ausborgen kann? Ich kenne mehrere Leihläden, in denen man das tun kann, international. Doch die meisten Leihläden sind darauf angewiesen, dass ihnen Geräte gespendet werden, und die MitarbeiterInnen arbeiten ehrenamtlich. KundInnen müssen das Gerät selbst abholen und zurückbringen (in einigen Läden kann man immerhin bereits online reservieren). Man geht rein und es empfängt einen eine Optik und ein Geruch, wie man es klischeehaft aus der „Öko-Ecke" kennt. Ich muss dabei oft an den gutbürgerlichen Teil meiner Verwandtschaft oder Freunde meiner Eltern denken: Viele von ihnen würden da rückwärts sofort wieder rausgehen – schlicht, weil sie mit diesem Lifestyle nicht können. So gut diese Ansätze also sind: Sie sind noch nicht breitenwirksam.

Denken wir das mal weiter: Ein solcher Leihladen könnte in jedem Bezirk einer Stadt stehen, so wie die Filialen einer Städtischen Bücherei. In jedem Ort sollte es einen geben, ganz selbstverständlich neben dem Rathaus. Ich stelle mir das so vor: Es werden von der Stadtverwaltung qualitativ hochwertige und vor allem reparierbare Geräte angeschafft, in guter Qualität, in Absprache mit ansässigen Reparaturzentren – mit denen man auch gleich Wartungsverträge für die Geräte abschließt. Die Läden sind sauber, weiß, schön ausgeleuchtet, alles wirkt stylish und modern. Online kann man nachsehen, in welchem Laden gerade das gesuchte Teil verfügbar ist und es sofort mit einem Klick reservieren. Danach kann man es sich gegen geringes Entgelt entweder selbst abholen oder – wenn verfügbar – mit einem Fahrradkurier klimaneutral liefern und von selbigem auch wieder abholen lassen. Nach Rückgabe werden die Teile von Angestellten sofort grundgereinigt. So landet dann die Bohrmaschine nicht am nächsten Tag, sondern schon nach zwei Stunden vor der Haustüre, kostet weniger und verstaubt auch nicht nach einmaliger Nutzung im Keller oder am Dachboden. In drei Klicks zur ausgeborgten Maschine. Natürlich ginge das auch privat finanziert – aber ich sehe da die Politik eindeutig in der Verantwortung, im Sinne eines angewandten Klimaschutzes ihren BürgerInnen ein alternatives und nachhaltiges Angebot zu liefern. Übrigens: Das ist keine Zukunftsmusik, der Wiener Leihladen LEILA ist bereits gut unterwegs auf diesem Weg.[149]

Ein anderes Beispiel ist Buffalo Exchange, der einzige Textilladen, in dem auch Klein-Nunu dem Kaufrausch verfällt (allerdings gibt es die nur in den USA, die Gefahr der Sucht nach dem Rausch ist also aus geographischen Gründen verhältnismäßig gegen Null tendierend). Diese seit 1974 tätige Second-Hand-Kette macht alles richtig. Die Läden sind cool gestaltet, aber nicht zu hipsterig, modern und stilistisch immer der jeweiligen Stadt, in der die Filiale steht, angepasst. Die Filialen bezahlen direkt vor Ort für gebrauchte, gewaschene Kleidung 30 Prozent vom neu errechneten Verkaufswert oder geben Gutscheine für den eigenen Laden aus, dann aber 50 Prozent vom errechneten neuen Verkaufswert. Der Verkaufswert liegt zwischen 5 Dollar für Shirts und 40 Dollar für extravagantere und wertigere Stücke – also absolut leistbar. Immer wieder gibt es karitative Spendenaktionen, Buffalo Exchange unterstützt je nach Bundesstaat unterschiedliche Einrichtungen und gibt seit 2013 keine Einkaufstaschen mehr aus. Ich war vor eineinhalb Jahren in New York und staunte nicht schlecht, als ich sah, dass kurz vor Öffnung des Ladens Menschen Schlange standen – um ihre Sachen abzugeben. Inzwischen kann man Kleidung sogar einschicken und bekommt Gutscheine zugeschickt oder Bares überwiesen.

New York macht es vor: Die Menschen haben vergleichsweise viel weniger Platz zum Wohnen (und daher zum Verstauen ihrer Besitztümer), shoppen aber mehr im Herz des Konsumismus – in Manhattan. Das geht sich rein rechnerisch irgendwann nicht mehr aus, das Zeug muss irgendwo hin. In meinen Augen gibt es kaum Sinnvolleres, als diese Kleidung in einen neuen Kreislauf einfließen zu lassen, dafür auch noch ein

---

149 https://www.leila.wien

bisschen Geld zu bekommen oder das Incentive, neue Kleidung gebraucht zu kaufen.

Über 50 Filialen in 19 Bundesstaaten, und das seit über 45 Jahren – Buffalo Exchange macht wirklich was richtig. Und ich bin überzeugt, dass dieses System auch in anderen Städten wie Wien oder Berlin wieder Erfolg hätte, das System war ja bis vor gut zwei Jahrzehnten auch bei uns bekannt.

Natürlich ist es immens wichtig, darauf hinzuweisen, dass man weniger shoppen soll und außerdem ökologisch verträglich, bio, fair oder eben Second Hand. Aber die meisten Modebewussten stehen halt noch mit vollen Einkaufstaschen in der Fußgängerzone, überlegend, wo sie als nächstes shoppen gehen könnten. Genau diesen Menschen kann so ein Laden das Angebot machen, Schrankleichen loszuwerden und festzustellen, dass es auch Second Hand ziemlich gute Stücke zu finden gibt. Damit es zu einem echten Umdenken kommen kann. Und damit das Mädchen mit dem bei Primark gekauften Paillettenkleid es auch wieder loswird, ohne es wegwerfen zu müssen. Vielleicht findet sich dann ja doch eine junge Frau, die es „fix" anzieht.

Doch der wichtigste Punkt auf der Reise zum guten Konsum ist schlicht und einfach: Wir sind nicht nur KonsumentInnen. Wir sind BürgerInnen. Wir haben das Recht, aber auch die Pflicht, unsere Stimmen zu erheben. Wir treffen mit unserem Konsum täglich politische Entscheidungen, doch die Macht der eigenen Geldbörse ist endenwollend. Wir verändern die Welt nicht, indem wir bei H&M ausschließlich Produkte aus der Conscious Collection kaufen, um ein Zeichen zu setzen. Wir verändern sie, indem wir – ohne dass ich jetzt zu irgendeiner Form von illegaler Gewalt auffordern will – diesem Verein und all den vergleichbaren Konzernen, deren Geschäftsmodelle Menschenrechtsverletzungen und Umweltverschmutzung zur Basis haben, endlich mal alle gemeinsam aufs Dach steigen. Indem wir klarstellen: Hey, solange du so produzierst, solange kauf ich *gar nicht* bei dir – und sage auch sehr vielen anderen, dass sie es so handhaben sollen. Mit einer Kollektion, die mich als kritische KonsumentIn befriedigen soll, gebe ich mich nicht zufrieden – es geht ums Kerngeschäft, das geändert werden muss.

Das heißt übrigens nicht, dass wir alle zu kompletten GlobalisierungsgegnerInnen werden müssen: Von heute auf morgen die gesamte Textilproduktion beispielsweise aus Bangladesch abzuziehen, weil dort ausbeuterische und korrupte Zustände herrschen, würde den sozialen Untergang dieses Landes bedeuten. Der reiche Westen hat irgendwann mal angefangen, dort und in anderen Billiglohnländern zu produzieren, und hat damit – ob die Unternehmen es hören wollen oder nicht – Verantwortung übernommen. Es ist traurig, dass diese Verantwortung gegen das Profitstreben verloren hat und auch, dass es nun an uns KonsumentInnen liegt, die Unternehmen wieder an ihre Verantwortung zu erinnern. Verantwortung heißt in dem klassischen Globalisierungsfall „Produktion in Billiglohnländern" nicht nur Reduktion der dortigen Produktion, sondern auch, für faire und menschenwürdige Zustände vor Ort zu sorgen. Ich bin überzeugt, bei aller Relevanz der Rückkehr von regionaler Wertschöpfung: Globalisierung „in gerecht" sollte das Ziel all jener sein, die es sich leisten können.

Doch wer wirklich gut konsumieren will, muss in meinen Augen über die Ebene des Konsums selbst hinausdenken. Nicht nur wo ich etwas kaufe oder nicht kaufe, setzt ein Zeichen, sondern auch, ob ich selbst ein anderes Angebot stellen möchte, wie vielen ich von meinen Überlegungen erzähle, wen meiner Mitmenschen ich überzeugen kann, ebenfalls anders konsumieren und letztendlich anders leben zu wollen. Es muss darum gehen, dass wir die Solidarität wiederentdecken, untereinander und mit jenen, die für uns produzieren und arbeiten. Wir müssen laut fordern, dass Menschen, die unsere Produkte herstellen, fair behandelt werden und dass diese Produkte auf umweltverträgliche Weise hergestellt werden. Auf politischem, wirtschaftlichem und gesellschaftlichem Weg. Wir müssen wirklich endlich aufhören, uns – fast schon in einer Art Stockholmsyndrom, das Werbung und Handel in uns ausgelöst haben – selbst nur als KonsumentInnen und als Zielgruppe zu identifizieren. Reicht doch, wenn die Industrie uns nur noch darauf reduziert. Wir sind mehr als das.

Wir müssen auch aufhören, uns über unseren Besitz und Neukauf zu identifizieren. Denn das ist – für manche früher, für andere später – eine Sackgasse für das eigene Wohlbefinden. Konsum macht zwar kurzfristig glücklich, aber die Grenze zum „Zuviel" ist sehr leicht zu übersehen. Wir müssen den Verzicht als Gewinn begreifen, merken, dass es nicht nur unserem Kontostand, sondern vor allem auch unserer Psyche guttut, sich hin und wieder mal Dinge *nicht* zu kaufen, nicht dem ersten Kaufimpuls nachzugeben, nicht auf den Kick des Shoppings reinzukippen.

Aber wir dürfen dabei auch nicht zu streng mit uns sein. Ja, natürlich darf man hin und wieder sinnlosen Konsum genießen. Dieser dogmatische Zugang vieler Leute ist in meinen Augen kontraproduktiv. Natürlich kann man beschließen, ab sofort vegan zu leben. Aber wenn einen nach vielen Monaten doch mal die Lust auf eine Eierspeise mit Schafkäse überkommt und man diesem Verlangen vielleicht sogar nachgibt, heißt das nicht, dass man sich deshalb geißeln muss. Nein, es ist einfach passiert. Wenn man wandern geht und wegen der guten Heidelbeeren am Wegesrand kurz mal in ein Waldstück eintaucht, geht man dann ja auch nicht durch den Wald weiter oder dreht um, weil man den Weg verlassen hat und das eigentlich nicht geplant hatte. Nein, man geht zurück zum Weg und geht diesen weiter, bis zur Hütte, bis zum Gipfel.

Nicht nur wir sind so viel mehr als KonsumentInnen, die Wirtschaft ist auch so viel mehr als nur die bösen Konzerne. Eine liebe Freundin stellte im Gespräch mal staubtrocken fest: „Dein Textilschwede wird in diesem Leben nicht mehr gut und fair und öko werden. Das wird nicht passieren. Das geht sich mit seinem Geschäftsmodell einfach nicht aus. Aber wir sind es doch, die die Alternativen entwickeln müssen, die Wirtschaft einfach anders denken müssen."

Ja, sie hat recht. Es liegt an uns. Wir müssen nicht nur jenen, die aus Profitgier gegen unser Kollektivinteresse eines guten, umweltverträglichen Lebens anarbeiten, die Rute ins Fenster stellen – wir müssen auch selbst aktiv werden. Es liegt an uns, neue Systeme zu schaffen, unternehmerisch tätig zu sein, so wie wir uns das vorstellen. Ja, ich weiß, naiver Ansatz, weil das derzeitige turbokapitalistische System momentan dagegenarbeitet, aber: Wir müssen anfangen. Und wir müssen auf Ungerechtigkeiten klar hinweisen.

Es darf in Zukunft nicht mehr so leicht möglich sein, dass bei staatsnahen Unternehmen immer noch Menschen in prekären Dienstverhältnissen arbeiten. Es sollte sanktioniert werden, dass Einrichtungen wie Spitäler oder das Bundesheer immer noch in großem Ausmaß Käfigeier oder gar Flüssigei in Tetrapacks aus der Ukraine oder Argentinien verarbeiten, während wir KonsumentInnen uns redlich bemühen, durch unser Kaufverhalten die Bedingungen in der Geflügelhaltung zu verbessern. Kürzlich erzählte mir jemand, der einen alten Traditions-Handwerksbetrieb leitet, dass auch der Staat Österreich vor Jahrzehnten Produkte von seinem Unternehmen bezog. Die sind sehr langlebig, aber irgendwann steht eine Renovierung oder Reparatur an. Doch anstatt diese Produkte bei diesem heimischen

Traditionsunternehmen renovieren zu lassen, wird der Auftrag ins östliche Ausland vergeben, weil billiger – während das heimische Unternehmen wirtschaftlich weiterkämpfen muss. Wir alle sollten nicht nur die Konzerne, sondern auch den Staat daran erinnern, Verantwortung zu leben und uns nicht nur im Wahlkampf etwas davon zu versprechen. Nachhaltigkeit darf nicht nur Privatsache sein.

Der Konsumhistoriker Frank Trentmann sagte dazu in einem Interview: „Wir wollen, dass der Einzelne verantwortungsvoller ist – Konsum ist aber nicht eine einzelne Sache, sondern eine gesellschaftliche Sache. Sie hat mit Lebensgewohnheiten zu tun – niemand wacht in der Früh auf und denkt sich, hach, heute flieg ich wohin, sondern das entsteht ja aus den Lebensbedingungen, dem Job und so weiter. Wir müssen an die Gewohnheiten ran, zum Bespiel städtische Mobilitätsmuster verändern. Man kann das ändern, wenn man es ändern will."[150] Und unsere Rolle als Einzelne ist es daher also, diese Veränderung einzufordern und daran mitzuarbeiten. Nur: Wir tragen nicht die alleinige Verantwortung, sondern wir teilen sie uns auf, gesellschaftlich, wirtschaftlich, politisch. Das funktioniert, wenn Wirtschaft und Politik sich ihrer Verantwortung bewusstwerden und sie danach auch agieren.

Wir müssen die Art, wie Menschen konsumieren, als eine Tatsache akzeptieren und diese Tatsache für nachhaltigere Konsumkreisläufe einsetzen. Das heißt: Wir müssen Leihsysteme entwickeln, in denen es eben nur drei Klicks zur geliehenen Bohrmaschine braucht. Wir müssen es schaffen, dass Pfandbecher für den Coffee to go zur Selbstverständlichkeit werden – weil bei jeder Ubahn-Station ein Rückgabeautomat steht. Wir müssen die Alternativen zu Fast Fashion, Billigfleisch und Wegwerfplastik

---

150 https://www.youtube.com/watch?v=_9DT1NXOCRs

selbst entwickeln. Kurz: Damit faires Wirtschaften auf umweltverträglicher Basis zur Selbstverständlichkeit wird, müssen wir es vorleben. Und nicht nur die anderen machen lassen.

Wirtschaft, Konsum, Ressourcen: Das sind wir selbst. Lasst uns gemeinsam laut das gute Leben einfordern und erschaffen und lasst uns das Gute leben.

Das wäre eigentlich ein schönes Schlusswort, dieses Plädoyer nach einem Weniger an Konsum, einem Mehr an Verantwortung der Konzerne und der Politik und dass wir uns selbst nicht mehr so stark als KonsumentInnen, sondern wieder als BürgerInnen und Menschen verstehen. Um unserer selbst willen, um unserer Umwelt willen, um unserer Solidarität willen und auch um unseren eigenen Selbstwerts willen. Aber dann, dann wurde alles anders. Sowohl im Buch als auch in der gesamten Welt begann ein neues Kapitel.

Corona.

Seit Tagen lag etwas in der Luft. Man hörte zwar seit Wochen die Horrorgeschichten aus Wuhan, dass eine nicht gscheit durchgekochte Fledermaus dafür gesorgt hatte, dass sich das Corona-Virus, das primär auf die Lunge ging, aber auch andere Organe ziemlich grauslich erwischte, in einer chinesischen Stadt ausbreitete. Dass die ganze Stadt gesperrt wurde. Weit weg, dachte ich lang. Die armen Leute dort, aber es tangierte mich nicht wirklich. Ende Februar beschlossen eine Freundin und ich spontan: Wir brauchen ein paar Tage Urlaub am Meer. Gesagt, getan, Sachen gepackt und ab in mein geliebtes Kroatien.

In den Nachrichten las man bereits von einem Ausbruch in Norditalien, nicht weit weg von uns. Vorsichtshalber fragte ich eine im Gesundheitsministerium arbeitende Freundin, ob ich am Heimweg Anfang März in Triest in den Supermarkt könnte –

meine Tradition am Heimweg aus Kroatien, jedes Mal. Schnell noch richtig guten Büffelmozzarella und all die guten Pestos, die es nur in Italien gibt, einpacken und ab nachhause. „Durch Triest würd ich an deiner Stelle sehr schnell durchfahren und nicht aussteigen", war in etwa ihre Antwort. Das war der Moment, als ich das erste Mal dachte, es könnte doch bedrohlich werden.

Zurück in Wien redeten alle von Corona. Es war spürbar weniger los auf Wiens Straßen. Und ich hatte dumpfes Bauchweh. Obwohl zu diesem Zeitpunkt jede Erkrankung in Österreich auf den Kontakt mit einer Person im persönlichen Umfeld zurückzuführen war, die zuvor in Italien oder China gewesen war, spürte ich die Angst auf den Straßen, sah die leeren Geschäfte. Es war bedrohlich. Was passierte da mit Gesellschaft, Wirtschaft und unserer Gesundheit?

Jede Menge UnternehmerInnen, die ich kenne, erzählten mir, wie sehr ihr Geschäft eingebrochen war, egal ob faire Kleidung, Bücher oder sonstiges. Umsatzeinbußen bis zu 80 Prozent und mehr bereits im Februar 2020. Einige konnten ihre Lieferanten nicht mehr bezahlen, andere sagten: Wenn das jetzt noch drei Wochen so weitergeht, dass ich nur ein Produkt um 20 Euro am Tag verkaufe, kann ich zusperren.

Dann ging alles Schlag auf Schlag. Die Grenze zu Südtirol wurde geschlossen, aber auch in Tirol selbst gab es bereits Corona-Fälle, sie kamen alle aus einer Bar in Ischgl. Ischgl wurde gesperrt, doch vorher konnten noch alle UrlauberInnen abreisen – in alle Richtungen. Toll gemacht.[151]

Am 10. März sollte ich einen Vortrag in Innsbruck halten. Ich fuhr um sieben in der Früh mit dem Auto los – ich musste genau zu Mittag bei einem Radiointerview pünktlich erschei-

---

151 Dass Tirols Politik immer noch behauptet, sie hätten richtig entschieden, wird mir wohl niemals einleuchten.

nen. Als ich gerade das Auto parkte, bekam ich einen Anruf der Veranstalterin meines für den Abend geplanten Vortrags: Abgesagt. Die Regierung hatte fünf Minuten zuvor bekanntgegeben, dass sämtliche Veranstaltungen für über 100 Personen verboten waren – Corona-Schutzmaßnahme –, sich für meinen Vortrag jedoch 107 Personen angemeldet hatten. Jackpot.

Ich fuhr vom Interview direkt ins Hotel und hatte erstmal das, was an diesen Tagen wohl sehr viele Menschen hatten: einen veritablen Panikanfall. So vieles war unbekannt, es gab Unmengen an Gerüchten, und ich saß allein in einem Hotelzimmer in einem verlassenen Hotel. Auf der Rückfahrt nach Wien fühlte ich mich, als ob ich im falschen Film gelandet sei. Veranstaltungsverbot, Tanzverbot, kein anderes Thema mehr in den Medien, Angst, all das wirkte traumatisierend.

Zwei Tage nach meinem Innsbruck-Intermezzo verkündete die Bundesregierung, dass ab Montag alle nicht für die Grundversorgung notwendigen Geschäfte geschlossen würden – und auch das soziale Leben sollte „auf ein Minimum" zurückgefahren werden. Ein Bekannter rief mich spätabends an, ich heulte ihm ins Telefon, dass all meine Zukunftspläne sich gerade in Luft auflösten. Wer will schon Vortragende buchen, wenn man keinen Saal mit Menschen füllen darf? Wer braucht jetzt noch Strategien für nachhaltigen Konsum? Er, der eher der Kategorie „ruppige Arschtritte bringen dich weiter als Umarmungen" anzugehören scheint, wusch mir den Kopf. „Jetzt ist nicht der Zeitpunkt, heulend zuhause zu sitzen! Also zuhause sitzen ja, aber nicht heulen! Mach was! Zeig es denen da draußen! Du bist so eine Expertin in Sachen Konsum und wirst es grad immer mehr, und um das Thema geht's grad. Los, mach was und plärr nicht herum!", sagte er. Der Tritt saß, aber der Gedanke an eine Freundin, die als dreifache alleinerziehende Mutter nach diesem Wochenende genau null Einkommen haben würde, ließ meine Augen doch nicht so schnell trocknen. Mir taten die vielen UnternehmerInnen in meinem Bekanntenkreis, die sich tapfer selbstständig gemacht hatten, um den großen Monopolisten und Konzernen etwas entgegenzustellen, unfassbar leid.

Am nächsten Tag in der Früh wachte ich mit einer Idee auf: Ich hatte seit Monaten geplant gehabt, meine Website neu zu bauen. Die URL www.nunukaller.com hatte ich bereits gekauft, sie allerdings noch nicht befüllt. Ich rieb mir die Augen wach, klappte den Laptop auf und schrieb noch im Bett sitzend auf Facebook:

„Wollt eigentlich heute Pause vom Social-Media-Wahnsinn machen, aber ich hatte gerade eine spontane Idee: All die kleinen UnternehmerInnen, die jetzt schließen müssen, aber ihre Produkte verschicken können, bitte tragt euch hier unter diesem Posting mit Website und der Info, welche Produkte ihr anbietet, ein. Ich hab mit www.nunukaller.com grad eine brachliegende Website, die ich seit Ewigkeiten mal für mich aufbauen wollte. Die kriegt jetzt eine Zwischennutzung mit einer Übersicht aller Läden. Der Gedanke, dass die Krise jetzt Kleine umbringt, während die globalen Riesen weiterwachsen, macht mich irr, ich will dem was entgegenstellen. Und auch rein volkswirtschaftlich: Lassen wir das Geld im Land. #solidarität #schnellundunkompliziert."

Ich hatte nur zwei Bedingungen: War in irgendeiner Form kontaktfreie Lieferung möglich und hatte das Unternehmen seine Firmenadresse in Österreich, zahlte es also hier Steuern? Diese beiden Punkte waren die einzigen Voraussetzungen, um bei mir gelistet zu werden, beschloss ich.

Nach nicht einmal dreißig Sekunden hatte ich die ersten Kommentare – und kam den gesamten Tag nicht mehr vom Laptop weg. Abends hatte ich bereits 200 Unternehmen auf meiner Liste online und keinen Überblick mehr, mein Beitrag war weit über hundertmal geteilt worden. Obwohl ich bis tief in die Nacht arbeitete und immer neue Links auf die Website eintrug, es muss locker halb vier gewesen sein, als mir die Augen zufielen, wachte ich am nächsten Tag auf und hatte 700 Mails in meiner Inbox. Ich wusste, es musste etwas geschehen – und ich startete einen neuen Aufruf: Irgendwo da draußen musste ja ein Programmierer sein, der sich auch gern ehrenamtlich engagieren wollte. Es dauerte keine fünf Minuten, und mir wurde Dominik empfohlen. Und dann dauerte es genau zwei Tage, bis wir eine neue Website hatten, auf der die UnternehmerInnen sich selbst eintragen konnten. Gemeinsam mit einem Team aus zeitweise bis zu zehn Freiwilligen überprüften wir alle eingetragenen Unternehmen – nach etwa einer Woche standen über 5000 Unternehmen online. Die Wucht, mit der die Liste viral ging, schlug alles bisher Erlebte, die Zugriffe auf die Seite waren für einige Tage regelmäßig sechsstellig. Was für ein wunderschönes Zeichen von Solidarität.

Die Rückmeldungen waren enorm. Viele UnternehmerInnen schrieben mir, dass sie durch mich gut durch den Lockdown gekommen waren, KonsumentInnen erklärten meine Seite zu den neuen heimischen Gelben Seiten. Ich war nicht die einzige, wenige Stunden nach mir hatte die Stadtzeitung Der Falter die gleiche Idee – öffentliche Einrichtungen wie die WKO, die Stadt Wien oder auch der Handelsverband ließen sich etwas mehr Zeit.

Im Sommer wurde es dann ruhiger. Wenige Neuinfektionen, weniger Maßnahmen, fast alles fühlte sich wieder nach einem gewissen gewohnten Alltag an, die Läden hatten wieder offen, der Ansturm auf meine Liste ließ nach, genauso wie die im März sehr laute Kritik an Amazon und Co.

Was folgte, kennen wir alle: eine zweite Welle im Herbst, die uns mit voller Wucht überrollte. Ein zweiter Lockdown, von dem es zuvor immer hieß, er müsse verhindert werden. Frust über die schleppenden Auszahlungen aus den verschiedenen Hilfsfonds, laute Kritik am Vorgehen der Politik. Waffengeschäfte durften offenbleiben, der Buchhandel musste schließen und durfte nicht einmal mehr Abholstationen anbieten. Im für viele überlebenswichtigen Weihnachtsgeschäft konnten HändlerInnen ihre Ware nicht absetzen, gleichzeitig standen aber die 14. Gehälter für ihre Angestellten an. Corona hat nicht nur viele am Virus verstorbene Menschen zu verantworten, sondern auch eine nie dagewesene Wirtschaftskrise ausgelöst.

Die Liste, inzwischen umgezogen auf liste.nunukaller.com und mit mittlerweile über 7500 Einträgen, erfreute sich wieder regen Ansturms. Ich gab Interview um Interview und fand es persönlich recht amüsant, dass gerade ich, die Konsumkritikerin, die seit Jahren Menschen dazu aufforderte, ihre eigene Kauflust zu überdenken, nun den Menschen das Onlineshopping vereinfachte. Doch bei aller Konsumkritik war die wahre Aussage nun mal: Onlineshopping ist gekommen, um zu bleiben. Und genau wie beim stationären Handel gibt es gute und schlechte Player.

Ein für KonsumentInnen zwar wahnsinnig bequemer, aber gefährlicher Player ist Amazon. Wenn es inzwischen nur noch einen kurzen Gedanken und den Satz „Alexa, bestell 30 Stück Teelichter" braucht, damit am nächsten Tag 30 Stück Teelichter vom Lieferanten an der Wohnungstür abgegeben werden, ist das nicht nur eine Einladung zum oft sinnlosen Konsumismus, sondern eine sehr ernste Herausforderung für den stationären Handel. Wer gemütlich vom Sofa aus bestellen kann und keinen Schritt rausmachen muss, ist als KundIn für den stationären Handel verloren.

Natürlich ist Onlineshopping bequem und ich bin auch selbst Fan davon – es ist die größere Vergleichbarkeit zwischen verschiedenen Produkten, die direktere Recherchemöglichkeit, die einen riesigen Vorteil bedeutet –, aber ich mache mir große

Sorgen um unser Stadtbild. Wie wird es nach Ende der Coronakrise aussehen? Nach einer Weile mit einigen heruntergezogenen Rollläden schlägt dann wohl die Stunde der internationalen Filialisten. In Gefahr sind die tapferen EinzelunternehmerInnen, die ihre kleine eigene Buchhandlung oder Modeboutique führen.

In der Krise bekam ich viel individuelles gegenseitiges Amazon-Bashing mit. „*Du* bestellst bei Amazon? Shame on you!" Und da war es wieder, das Shaming in guten Konsum hinein – das ich für nicht zielführend halte. Natürlich ist ein grundsätzlicher Boykott von Amazon gut und richtig, aber: Wenn man hin und wieder bei Amazon Produkte bestellt, die man woanders einfach nicht bekommt, dann ist man kein schlechter Mensch, und es bringt niemandem etwas, sich selbst vor schlechtem Gewissen zu geißeln. Wichtig ist auf individueller Ebene, dass Amazon nicht zum ersten Gedanken werden darf, sondern immer letztmögliche Instanz bleiben sollte. Amazon hat klare Convenience-Vorteile, das ist nun mal Tatsache – und einerseits ist der heimische E-Commerce unter Zugzwang, hier aufzuholen, andererseits braucht es dringendst auf politischer, gesetzlicher Ebene Fairness. Die Steuerschlupflöcher, die Amazon nutzt, müssen europaweit geschlossen werden. Nur so kann man dazu beitragen, Jeff Bezos, den reichsten Mann der Welt und größten Gewinner der weltweiten Coronakrise, nicht noch reicher zu machen.

Man muss es leider sagen: Österreich hat im E-Commerce die letzten 20 Jahre sanft dahingedöst. Das zeigte sich im Jahr 2020 ganz massiv. Und welche unfassbar falschen und schlecht durchdachten Maßnahmen unsere Politik für richtig hält, zeigte sich an ihrem Projekt „Kaufhaus Österreich" – das im Grunde die gleiche Liste war, wie ich sie neun Monate zuvor veröffentlicht hatte, mit weitaus schlechterer Programmierung, aber für weitaus mehr Budget. Schade. Und traurig, da man daran sehr genau merkte, dass Politik inzwischen nur noch von Wahl zu Wahl denkt und nicht in langfristigen Maßnahmen. Die Aufgaben der Politik wären andere gewesen und wurden in Österreich nicht wahrgenommen.

Frankreich machte es vor: Im ersten Lockdown musste Amazon aus hygienischen Gründen seine Lager schließen, im Herbst dann stellten sich mehrere namhafte PolitikerInnen wie zum Beispiel Anne Hidalgo, die Bürgermeisterin von Paris, laut gegen den Internetriesen und forderten ihre BürgerInnen auf, im heimischen Handel zu bestellen. In Österreich hörte man seitens der Politik zwar wiederholte Aufrufe, doch bitte bei heimischen HändlerInnen einzukaufen, eine klare Forderung nach einer Digitalsteuer für Amazon kam nur aus der Opposition, allen voran aus der SPÖ. Zwar hatte Kanzler Kurz noch 2018 selbst eine solche gefordert und die Arbeit daran angekündigt, doch seither war es ruhig. Eine Rückfrage im Wirtschaftsministerium ergab, dass man sich diesbezüglich „seit längerem" in Gesprächen befand, auf meine Frage, welche Position Österreich auf EU-Ebene zum Thema Amazon einnehmen wolle, gab es gar keine Antwort. Hier wird sehr wichtige Zeit vergeudet.

Dass es anders geht, bewies sich mitten in der Coronakrise trotz der Rekordgewinne von Amazon: Die Nachfrage nach regionaler Produktion stieg enorm. Es herrschte mitten in der Krise richtungsübergreifender Konsens. Kein Wunder, Linke wollen Solidarität und Nachhaltigkeit, und dass Rechte lieber bei Inländern kaufen, ist wohl auch nicht die große Überraschung.

Auch nachhaltige Produkte waren extrem gefragt. „Ökounternehmen" wie Hessnatur verzeichneten Rekordgewinne.[152]

---

152 https://www.faz.net/aktuell/rhein-main/oekomode-marktfuehrer-trotz-corona-mit-umsatzrekord-17107378.html

Man spürte, dass viele Menschen angesichts von Lockdown und Zukunftsangst sich darauf besannen, dass sie nicht so viel brauchten, und wenn, dass es nachhaltig sein sollte. Diese Gedanken sind wahnsinnig wertvoll – ich hoffe, dass sie nach Ende der Krise in den Köpfen vieler erhalten bleiben. Denn genau dafür bot und bietet Corona eine unglaubliche Chance: Die bewusste Reflexion zum Thema Konsum nahm ein Tempo auf, das ich zu Beginn meiner Recherchen nicht für möglich gehalten hätte.

Doch ich bin nicht ausschließlich positiv gestimmt, was die Zeit nach der Pandemie anbelangt, zu groß ist mein Bammel vor einem „Aufholbedürfnis" der Menschen in Sachen Konsum durch die wochenlang eingeschränkten Konsummöglichkeiten aufgrund der diversen Lockdowns. FOMO, „Jetzt erst recht" und „Weil ich es mir wert bin" werden sich da sicherlich massiv auswirken. Es liegt an jeder und jedem Einzelnen von uns, jetzt nicht in diese Falle zu treten.

Dennoch: Noch nie konnten wir so viel über unser eigenes Konsumverhalten lernen wie während der Pandemie. Das Jahr 2020 zeigte zwar auch einer Konsumkritikerin wie mir, dass eine Volkswirtschaft halt leider auf Kaufkraft und nicht auf Arbeitskraft beruht. Doch genau dieses System anders zu denken, in diese Richtung trieb es signifikant mehr Menschen als zuvor. Dieser Stock, der uns da ins immer schneller werdende Konsumrad geworfen wurde, war wahrscheinlich überfällig (gut, es hätte aber dafür kein todbringendes Virus gebraucht).

Dieses System umzudenken, neue Systeme und Unternehmen nicht nur zu denken, sondern selbst aktiv zu werden, zu leben – das ist das langfristige Ziel. Doch „langfristig" passt hier vielleicht gar nicht so gut: Wir haben nicht mehr viel Zeit. Ein rasend voranschreitender Klimawandel zeigt ganz klar auf: Wir müssen *jetzt* handeln. Und zwar ganzheitlich, jenseits unseres Konsumverhaltens.

Konsum wird es immer geben. Konsum ist dann gut, wenn er nicht als Identifikationsgrundlage, sondern als Tool zur Änderung des kaputten Systems Kapitalismus gesehen wird. Er ist dann gut, wenn wir ihn ganz individuell bewusst reflektieren. Und er kann nur dann gesund sein, wenn wir lernen, wie wir unsere innere Leere und unser äußeres Geltungsbedürfnis nicht mehr durch materielle Werte abdecken. Gar nicht so einfach. Aber dass es einfach sei, hat auch nie jemand behauptet.

Danksagung

Nachdem ich bisher verlässlich jedes Mal in meinen Danksagungen mindestens eine Freundin oder einen Freund vergessen habe, namentlich zu nennen (und die dann enttäuscht waren), nenne ich diesmal gar keine mit Namen, sondern gehe es anders an:

Das, was mein Leben, meinen Alltag ausmacht, sind die Menschen, die mich umgeben, die mich unterstützen, die ich versuche zu unterstützen, die an mich glauben, die mich lieben, die ich liebe und an die ich glaube. Ihr alle macht mein Leben bunt, gebt mir neue Inputs, diskutiert mit mir, fordert mich heraus, zeigt mir neue Möglichkeiten auf (oft ohne, dass ihr es merkt), lacht mit mir, weint mit mir. Ihr, das sind meine engsten Lieben, die ich täglich sehe, lese und höre, meine tollen FreundInnen, die ich selten bis nie sehe, lese oder höre, die aber einen festen Platz in meinem Herzen haben und ihr, die ihr flüchtige Bekanntschaften seid, die ich zufällig getroffen habe und mit denen ich einzelne Momente teile, die noch keine Freundschaft, aber sehr wohl Sympathie ausmachen.

Kurz: Ohne mein Umfeld wäre ich nicht ich und ich bin sehr dankbar, dass ich ich sein und ich euch alle um mich haben darf. Ok, gut, ohne ein paar Namensnennungen schaffe ich es dann doch nicht:

Liebe Steffi, weltbeste Verlegerin aller Zeiten: Ohne dein Lachen wäre alles viel schwerer.

Liebe Familie: Ohne euch ginge gar nix. Wirklich nix.

Liebe Steph: Ohne dich wäre mein Hirn nur halb so schnell.

Liebe / r VroniAnnaJonasBernhardChristoph: Ihr könnt euch drauf verlassen, ich bleib die uncoole Tante, die euch Bücher schenkt. Und die euch unpackbar lieb hat.

www.kremayr-scheriau.at

ISBN 978-3-218-01222-5

Cover, Graphische Gestaltung, Satz, Typographie: Sophie Gudenus
Cover unter Verwendung eines Fotos von rawpixel.com
Lektorat: Stefanie Jaksch
Druck und Bindung: Finidr, s.r.o., Czech Republic